Michaelis Johann David

Mosaisches Recht

Michaelis Johann David

Mosaisches Recht

ISBN/EAN: 9783744702850

Hergestellt in Europa, USA, Kanada, Australien, Japan

Cover: Foto ©ninafisch / pixelio.de

Weitere Bücher finden Sie auf **www.hansebooks.com**

Johann David Michaelis
Mosaisches Recht.

Vierter Theil.

Zweite vermehrte Ausgabe.

Mit Kaiserlichem Allerhöchst-Gnädigsten Privilegium.

Reutlingen,
bey Johannes Grözinger, 1785.

Kirchensachen.

§. 183.
Vorerinnerung.

Da ich in dem Polizeirecht Mosis zu den Kirchensachen fortfahre, finde ich eine Vorerinnerung nothwendig, um nicht unrecht verstanden, und einigen Gutmeinenden, die aber zu wenig an die Absicht des Buchs denken möchten, anstößig, von andern aber verketzert zu werden. Ich muß hier von manchen Levitischen Gesetzen reden, die Gott als Vorbilder auf etwas zukünftiges verordnet hatte, und die dem Israelitischen Volk, obgleich auf eine etwas dunklere Weise, aber doch nach authentischer Erklärung des Alten

Testaments, die Lehren des Evangelii sagten: allein von dieser Religionsseite betrachte ich sie hier nicht, sondern blos, wie sie dem Rechtsgelehrten, oder dem über gesezgebende Klugheit philosophirenden, in die Augen fallen. Dadurch aber leugne ich ihre vorbildliche Bedeutung und prophetische Absicht auf Christum nicht, sondern rede nur deswegen nicht von ihr, weil sie hier nicht her gehöret. Verlanget jemand diese Zeremonialgesetze auf der andern eigentlich theologischen Seite zu betrachten, und ist er auch so eigensinnig, daß er mich durchaus, und zwar unter Strafe des Verketzerns, falls ich es abschlüge, zum Führer oder Begleiter haben will, so hat er weiter nichts nöthig, als meinen Entwurf der typischen Gottesgelahrtheit, die Ausgabe von 1763, nachzulesen: und ich bitte ihn, weder zu verlangen, daß ich zum Verdruß anderer Leser hier am unrechten Ort schreiben soll, was ich schon in einer Schrift, die in mehrerer Händen ist, als mein Mosaisches Recht seyn kann, geschrieben habe, noch den Schluß zu machen, ich klugnete, was ich meinem Zwek nach im Mosaischen Recht nicht sagen kann.

Ein einziges Beyspiel mag dies billigen Lesern erläutern. Daß ich die Opfer, die Moses verordnet hat, für Vorbilder auf Christum halte, und daß ich glaube, sie seyn nicht blos im Neuen

Testa=

§. 183. Vorerinnerung.

Testament von den Aposteln so gedeutet, sondern auch wirklich von Gott in dieser Absicht verordnet, und bereits in den Psalmen authentisch auf diese Art erkläret, kann keinem Leser meiner Dogmatik, (*) oder Erklärung des Briefes an die Hebräer, und kritischen Kollegii über den 40sten Psalm, unbekannt seyn, wenn er auch den vorhin erwähnten Entwurf der typischen Gottesgelahrheit nie gesehen hätte. Allein im Mosaischen Recht rede ich von den Opfern nicht, in so fern sie Vorbilder auf Christum sind, sondern sehe sie blos von ihrer juristischen und politischen Seite an. Handelte ich anders, so würde ich des Zweckes, den ich mir vorgesezt habe, verfehlen, und kein Mosaisches Recht, sondern eine Mosaische Theologie in Vorbildern schreiben, und dabey allen Lesern, die nicht gerade etwas theologisches suchen, unerträglich werden.

Ich hätte an diese Vorerinnerung nicht gedacht, sondern geglaubt, man würde im Mosaischen Recht nichts anders suchen, als was der Titel verspricht: allein zwey Rezensionen des ersten Theils, eine von einem würdigen Manne, dem bey allem Guten, so er von mir dachte, doch bedenklich war, daß ich gar nichts von Christo sagte, und eine von einem anonymischen Fanatiko

(*) §. 92.

tiko in den Hallischen Zeitungen, die aber bald nachher bey einer Veränderung der Verfasser in eben den Zeitungen ohne mein Zuthun für eine Schmähschrift erklärt, und der unbekannte Auktor gebeten ist, das übrige der Schmähschrift wieder abzufodern, weil man es nicht wolle drucken lassen, haben mich bewogen, zum voraus allem Anstoß, so viel es mir möglich ist, vorzubeugen.

§. 184. Beschneidung.

§. 184.

Von der Beschneidung. Wer beschnitten werden soll?

Jede Mannsperson, die ein Glied der Israelitischen Kirche werden sollte, mußte beschnitten werden: durch diese Handlung ward man also ein Glied des Volks und der Kirche Israels. Es giebt zwar in den südlichen Ländern auch eine Beschneidung des andern Geschlechts, allein die gehet uns hier gar nicht an, denn sie war bey den Israeliten nicht eingeführt, und Moses redet in seinen Gesetzen blos von Beschneidung alles Männlichen.

Dreyerley Personen waren es, die beschnitten werden sollten:

1) Alle geborne Nachkommen Abrahams, folglich auch alle geborne Israeliten. 1 B. Mos. 17, 9—14. 3 B. Mos. 12, 3.

Bey diesem Gesez muß ich ein Paar, die Geschichte betreffende Anmerkungen machen. Erstlich, die Ismaelitischen Araber haben dies Gebot so heilig bis auf Muhammeds Zeit beybehalten, daß eben daher die Beschneidung der Muhammedaner rühret. Muhammed hat im Koran nirgends ein Gebot der Beschneidung gegeben: allein er selbst war ein Ismaelitischer Araber, und predigte seinen Landsleuten. Dies Volk nun, dem er seine Religion zuerst predigte, und das sie bald durch Siege ausbreitete, hatte vorhin schon die Beschneidung als einen heiligen Gebrauch, und führte sie (in der That aus einem Mißverständniß) überall als ein Stük der Religion ein. Die Muhammedanische Beschneidung ist vermuthlich keine Nachahmung der Juden, sondern ein uralter Ismaelitischer Gebrauch, den Ismaeliter und Israeliten von ihrem gemeinschaftlichen Stammvater, Abraham, haben, und als göttlichen Befehl verehren. Hieronymus, der nicht völlig zweyhundert Jahre vor Muhammed lebte, und die Sache wissen konnte, sagt uns bey Jerem. 9, 24. 25. daß die Sarazenen, die in der Wüste wohnen, beschnitten wären, (*) und das ist gerade so viel als, die Ismaelitische Beduinen, und wenn ja noch jemand zweifeln wollte, so nennet er sie bald nachher, die Ismaeliten in der Wüste (**). Also 200 bis 150 Jahre vor Muhammed waren die Ismaeliter gewiß beschnitten, und er führte die Beschneidung nicht unter ihnen ein, sondern nahm sie von ihnen als Volkssitte in die Religion.

Die zweyte historische Anmerkung ist: als der Jüdische König Johannes Hyrkanus 129 Jahre vor Christi Geburt Idumäa eroberte, stellete er den Edomitern frey, entweder auszuwandern, oder unter der Bedingung, daß sie sich beschneiden ließen, im Lande zu bleiben. (Josephus l. XIII. Antiqu. c. IX. §. 1.) Sie wählten das leztere, und wurden von der Zeit an mit den Juden Ein Volk. Joseph sagt es zwar nicht dabey, aber es ist doch wahrscheinlich, daß Hyrkanus sich auf das 1 B. Mos. 17. allen Nachkommen Abrahams gegebene Gebot der Beschneidung berufen haben mag. Die Edomiter waren so gut, als die Juden, Nachkommen Abrahams: und aus Jeremiä 9, 24. 25. wo die Edomiter mit zu den **am Fleisch beschnittenen und am Herzen unbeschnittenen** Völkern gezählet werden, scheint so viel zu folgen, daß die Beschneidung unter ihnen noch zu Jeremiä Zeit, das ist zu der Zeit, als Nebukadnezar Jerusalem das erstemal zerstörte, üblich war. Sie muß aber nachher, vermuthlich unter

---

(*) *Multarum ex quadam parte gentium, et maxime, quae Judaeae Palaestinaeque confines sunt, usque hodie populi circumciduntur, et praecipue — — — omnis regio Saracenorum, quae habitat in solitudine.*

(**) *Cum praeter Aegyptios, Idumaeos, Ammonitas, Moabitas, et Ismaelitas in solitudine commorantes, quorum pleraque pars circumcisa est, omnes aliae nationes in terra incircumcisae sint.*

§. 184. Beschneidung.

ter Antiochus Epiphanes, (*) in Abgang gekommen seyn, denn sonst hätte Hyrkanus nicht nöthig gehabt, sie wieder einzuführen. Es scheint, dieser Eroberer wollte die Edomiter völlig zu Einem Volk mit den Juden machen, und verlangte deshalb von ihnen die vorhin übliche Beschneidung: wenigstens ward dieser für einen Eroberer ganz schikliche Endzwek so vollkommen erreicht, daß Josephus schreibt: *von der Zeit an ist es, daß sie Juden geworden sind.* Eigentlicher Religionszwang war dies nicht, (wiewohl man es nicht einmal Religionszwang nennen könnte, wenn den anders denkenden das Emigrationsrecht gelassen wird) sondern mehr Naturalisationszwang. Auch muß wohl eine Ursache vorhanden gewesen seyn, die ein ganzes Volk so folgsam machte, sich die, nicht eben angenehme, und mit Schmerzen verbundene Bedingung des Siegers gefallen zu lassen, und im Lande zu bleiben: denn unter uns würde man doch viel Hunderttausende von Auswandernden, oder ihr Leben von neuem für ihre Grundstücken Wagenden, finden, wenn etwan ein Muhammedanischer Sieger uns die Beschneidung beföhle. Allein, wie gesagt, die Beschneidung war nicht so wohl eine Religions= als Nations=Veränderung; nur dies ausgenommen, daß man sich durch sie verpflichtete, blos dem Einen Gott, den nach Hagedorns erstem Gedichte, **Weise, Heilige, Barbaren, glauben, fühlen und bekennen,** Gottesdienste zu erzeigen. Und dabey war die Beschneidung noch vor kurzem, vermuthlich vor nicht völlig 40 Jahren, bey den Edomitern väterliche Sitte gewesen, und war es damals noch bey den benachbarten und verwandten Ismaeliten. — Einen Religionszwang hätten wir auf die Weise in der Historie weniger: bliebe er aber auch, so wäre es doch keiner von der Art, als wenn Ludwig der Vierzehnte wider

A 5 heilige

(*) Siehe, 1 Makkab. 1, 51. und meine Anmerkung daselbst.

§. 184. Beschneidung.

heilige Verträge Hugenotten katholisch machen, und nicht einmal aus dem Lande lassen wollte, sondern eine von den erträglichern und billigern, deren Beyspiel der Erzbischof von Salzburg, Leopold Anton Eleutherius, seyn mag, der 1730. 20,000 bis 30,000 Unterthanen der Religion wegen emigriren ließ, nur mit dem Unterschied, daß er Schaden davon hatte, und Hyrkanus Vortheil.

Aus eben dem Grunde, und weil sie von Abraham herstammeten, (*) scheinen auch die Iturder von Aristobulo zur Beschneidung genöthiget zu seyn, falls sie nicht emigriren wollten. Josephus Antiqu. l. XIII cap. XI. §. 3.

2) Jeder leibeigene Knecht der Israeliten, oder vielmehr überhaupt der Nachkommen Abrahams, mußte beschnitten werden. 1 B. Mos. 17, 12. 13. 27. 2 B. Mos. 12, 44. Ob dies geschehen sollte, oder nicht, stand nicht in seiner Willkühr; auch wird nichts von seinem vorhergehen sollenden Unterricht gesagt, oder die Bedingung hinzugesetzt: **wenn er von der Wahrheit der den Israeliten geoffenbarten Religion überzeuget sey.** Die Beschneidung war also nicht, was wir eine Religionsveränderung nennen, auch nicht ein Sakrament von der Art, als wir im Neuen Testament haben, dadurch eine geistliche Gnade mitgetheilet werden soll, (**) sondern bey Leibeigenen blos eine politische Verpflichtung, keinem Gott außer dem einzigen, den alle Menschen erkennen, Gottesdienste zu erzeigen; und dies war ohnehin in Palästina bey Lebensstrafe verboten. Verpflichtete sich der Knecht zu einer Religion, so war es nicht die den Israeliten geoffenbarte und im Herzen geglaubte, sondern die natürliche und durch äußere Zeichen sichtbar werdende Religion. Dieser

lezten

(*) 1 B. Mos. 25, 15.
(**) Wer hiervon mehr verlanget, wird es im 133sten §. meiner Dogmatik finden.

§. 184. Beſchneidung.

lezten zuwider ſollte kein äußerlicher Götzendienſt getrieben werden; zum innern Glauben des Herzens konnte wohl eine dem Knecht aufgedrungene Beſchneidung nicht verbinden. Doch ich habe dies ſchon §. 128. vollſtändiger geſagt.

3) Verlangte ein Fremder ein Glied der Iſraelitiſchen Kirche und Nation zu werden, und das Oſterlamm mit zu genießen, ſo mußte er ſich beſchneiden laſſen: 2 B. Moſ. 12, 48. Es ſtand alſo ganz in ſeiner Willkühr, ob er ſich wollte beſchneiden laſſen, oder nicht; nur ward er im leztern Fall nicht nationaliſirt: ja ordentlich ward zum voraus geſezt, ein Fremder, auch dann, wenn er im Lohn und Brodt der Iſraeliten, und nur nicht ihr Leibeigener ſey, ſolle das Oſterlamm nicht eſſen, folglich wird er als unbeſchnitten bleibend angeſehen. Moſis eigene Worte ſind, in eben dem Kapitel v. 45. Fremdlinge und Taglöhner dürfen nicht davon eſſen: v. 48. wenn ein Fremder, der unter euch wohnet, Jehova zu Ehren das Paſcha feyren will, ſo müſſen alle Mannsperſonen in ſeinem Hauſe beſchnitten werden, und dann wird er wie ein Einheimiſcher geachtet, und darf dieſe Mahlzeit halten. Kein Unbeſchnittener aber darf davon eſſen. Ein Uebertritt zum Glauben war alſo hier die Beſchneidung nicht; denn den Glauben der Juden konnte auch der Unbeſchnittene annehmen; ſondern ſie war Naturaliſation und Entſagung des äußern Götzendienſtes.

Dies erfordert noch eine weitere Ausführung und eine deutliche Anzeige derer, die weder nach dem bürgerlichen Recht Moſis, noch auch ſonſt irgend nach einem göttlichen Gebot, beſchnitten zu werden bedurften. Ausländern, die unter den Iſraeliten wohneten, war es mit keinem Wort geboten, ſich beſchneiden zu laſſen,

§. 184. Beschneidung.

lassen, sondern sie hatten hierinn ihre völlige Freyheit. Ein Fremder konnte auch in dem Tempel Opfer bringen, (*) ohne beschnitten zu seyn: und dies folget nicht blos aus dem Stillschweigen Mosis, und Mangel eines Verbots, sondern auch unter dem zweyten Tempel, da die Juden noch viel strenger waren, wurden von Heiden, von eigentlichen Götzendienern, Opfer im Tempel angenommen. Den wahren Gott konnte verehren, und ihm Opfer bringen, wer da wollte, wenn er auch noch mehr als unbeschnitten war.

Auch wer die geoffenbarte Religion der Juden für göttlich erkannte, hatte nach ihr nicht die geringste Verpflichtung, sich beschneiden zu lassen: ein Saz, der so oft miskannt ist, weil man sich immer die Beschneidung als ein der Taufe gleichgeltendes Sakrament vorstellet, und ohne einen einzigen Ausspruch der Bibel blos aus diesem willführlichen System folgert, daß seit Abrahams Zeit die Beschneidung zur ewigen Seligkeit für alle und jede nöthig gewesen sey.

Moses hat nirgends einen Befehl gegeben, auch nicht einmal eine Ermahnung, daß sich jemand, der nicht Abrahams Nachkomme, oder Leibeigener, oder Leibeigener seiner Nachkommen ist, beschneiden lassen soll, es wäre denn, daß er das Osterlamm mit essen wollte: auch in der ältern Verordnung der Beschneidung 1 B. Mos. 17, ist blos von Abrahams Nachkommen und Knechten die Rede. In den sämtlichen historischen Büchern des A. T. findet man nirgends eine Spur von einer zur Seligkeit für Ausländer, die den wahren Gott erkennen, nöthigen, oder nur irgend zum Bekenntniß ihres Glaubens erfoderlichen Beschneidung, nicht einmal in der ausführlichen Geschichte Naemans, 2 Könige 5: vielmehr siehet in der alles so aus, daß man an keine Beschneidung Naemans denken kann. In spate-

---

(*) Dies erwartete Salomon in seinem Einweihungsgebet, 1 Könige 8, 41. 42. 43.

§. 184. Beschneidung.

späteren Zeiten, lange nach der babylonischen Gefangenschaft, entstanden zwar unter den Juden unvernünftige Eiferer, mit denen Paulus in seinen Briefen viel zu thun hat, welche auch den Heiden die Beschneidung als zur Seligkeit nothwendig vorschrieben. Allein dieser widersprach nicht blos Paulus, sondern auch schon vor ihm, und ohne Absicht auf das Christenthum, andere bescheidene und dabey sehr religiöse Juden. Josephus hat uns davon im zwanzigsten Buch der Alterthümer Kap. 11, §. 5. ein merkwürdiges Beyspiel aufgezeichnet. Izates, König von Adiabene, (d. i. von Assyrien im engeren Verstande) hatte vorhin als ein appanagirter Prinz einen Juden, Namens Ananias, kennen lernen, und war durch ihn von der Wahrheit der Jüdischen Religion überzeuget worden. Als er nach seines Vaters Tode zur Regierung gelangete, erfuhr er, daß seine Mutter, Helena, eben dieser Religion sehr geneigt war: und bald darauf bekam er einen Gewissenszweifel, ob er auch ohne Beschneidung ein wahrer Jude seyn könnte? Er wollte sich also beschneiden lassen; allein seine Mutter, die wohl nicht ein so enges Gewissen haben mochte, sezte sich aus politischen Gründen sehr dagegen, weil es zu gefährlich wäre, und die Assyrier vermuthlich einen von seinen Brüdern auf den Thron setzen würden. Sein Lehrer in der Jüdischen Religion, Ananias, ward also befragt: dieser erklärte sich sehr nachdrüklich für das, was die Mutter gesagt hatte, und fügte hinzu: er selbst werde den König sogleich verlassen, wenn er die Beschneidung annähme, denn er stünde in Gefahr, als einer, der dem Könige etwas ungeziemendes beygebracht hätte, (διδασκαλος τῳ βασιλει απρεπον εργον γινομενος) zur Verantwortung und Strafe gezogen zu werden: der König könne auch ohne Beschneidung den wahren Gott verehren; dies sey, falls er die väterlichen Sitten der Juden annehmen wolle, das Wesentliche. — Dieser Ananias antwortete vollkommen vernünftig, und dem Gesez Mosis gemäß.

§. 184. Beschneidung.

gemäß, das keinem an die wahre Religion gläubigen Heiden die Beschneidung vorschreibt: er antwortete ohngefähr so, wie der Apostel Paulus, oder die christliche Kirche zu Jerusalem, deren Ausspruch wir im fünfzehnten Kapitel der Apostelgeschichte finden, geantwortet haben würde. Der König Izates folgete ihm auch eine Zeit lang, und beruhigte sich dabey: allein ein thörichter Eiferer aus Galiläa, Namens Eleasar, kam nachher an, und drang auf die Beschneidung, (recht so, wie Paulus in seinen Briefen die Eiferer für die Beschneidung beschreibt:) der König gab ihm Gehör, und ließ sich beschneiden. Zum Glük hatte es keine nachtheilige Folgen, und die assyrischen Unterthanen nahmen es nicht übel, daß ihr König ein völliger Jude geworden war. In der That war dies damals keine so ganz unmodische Religion auf dem Thron, sondern mehrere syrischen und arabischen Könige, sonderlich der Beherrscher des glüklichen Arabiens, waren um die Zeit dieser einzigen vernünftigen Religion, die nur Einen Gott glaubte, zugethan. Eifer der lezten Zeiten vor der Zerstörung Jerusalems war dies Dringen des Galiläers auf die Beschneidung, und man findet vorhin in Josephi ganzer Geschichte kein Beyspiel davon; kan auch Josephum nicht lesen, ohne zu merken, daß er dem gemäßigten, die Beschneidung abrathenden, Ananias Recht giebt, und vom Eiferer für die Beschneidung blos erzählt, was er gethan und erhalten hat. Eben dieser gesezwidrige Eifer der das Gesez predigenden Juden für die Beschneidung, die sie den Heiden aufdringen wollten, ist aus Pauli Briefen bekannt genug, die denn wiederum aus der Erzählung Josephi ein Licht bekommen. Die Juden hatten damals eine neue, die Pharisäer selbst an Eifer weit übertreffende Sekte, (*) die zulezt die Nation in den Krieg stürzte, in welchem ihr ganzer Staat untergieng, und die beynahe rasend
war:

(*) Antiquit. XVIII 2, 6.

§.184. **Beschneidung.**

war: sie hatte überhaupt Pharisäische Grundsätze, trieb sie aber weiter, sonderlich in bürgerlichen Dingen, und stammete von einem Galiläer, Namens Judas, her. Das, was Josephus, der ein gemäßigter Pharisäer war, und ihnen unrecht giebt, von ihrer Standhaftigkeit beym Ende des Jüdischen Krieges erzählt, gränzt an die Raserey, ob es gleich sonst tapfer ist, und ihnen auf einer andern Seite Ehre macht. Aber Enthusiasten waren sie, und das gewiß. Doch wieder auf die Beschneidung zurük zu kommen: Josephus erzählt auch, daß die Jüdischen Rebellen, die unter seinem Kommando standen, so gar zwey Arabischen Emirs, die sich zu ihm wandten, die Beschneidung haben aufzwingen wollen: allein er sezt auch hinzu, daß er dies nicht gelitten, sondern die Seinigen bedeutet habe, in der Religion müsse kein Zwang seyn, und es sey jedem zu überlassen, wie er Gott dienen wolle. (Vita Josephi §.23.) Man wird nun sehen auf wessen Seite diejenigen Theologen sind, die sich einbilden, im Alten Testament hätte jeder, der selig werden, oder den einzigen wahren Gott verehren wollte, sich beschneiden lassen müssen: nicht auf Pauli, auch nicht einmal auf Ananiä oder Josephi seiner.

Noch ist die Anmerkung Pauli wichtig: **wer sich beschneiden lasse, sey schuldig, das ganze Gesez zu halten.** Galater 5, 3. In der That gieng jeder, der sich beschneiden ließ, hierdurch zum Israelitischen Volk über, und verpflichtete sich, alle, andern Völkern nie gegebene, sondern blos dies einzige Volk angehende Mosaische Gesetze zu halten. Paulus hätte also nichts richtigeres sagen können, als was hier stehet. Ueberhaupt wird man den Brief an die Galater besser verstehen, wenn man diese Streitigkeiten der Juden, und dabey weiß, daß Gott niemanden als Abrahams Nachkommen oder Leibeigenen je die Beschneidung befohlen hatte: nur wird man zugleich sehen, daß Paulus eben die Streitfrage, die am Assyrischen Hofe vorkam,

noch

noch genauer und mit mehr Sorgfalt für das Gewissen der Zweifelnden entscheidet, als Ananias es bey Josepho thut. Wiewohl auch Ananias noch vieles gesagt haben kann, das Josephus nicht aufschrieb, oder auch nicht wußte, daß es gesagt war: denn bey der Unterredung des Ananias mit dem Assyrischen Könige hörte der kaum gebohrne Josephus nicht zu.

§. 185.

Von der Beschneidung der Egyptier und Habessinier; und ob die Beschneidung bey den Egyptiern älter ist, als bey den Hebräern, oder umgekehrt?

Ich muß mir hier Erlaubniß zu einer beynahe antiquarischen Ausschweifung erbitten: sie betrift eine Frage, die ich sonst gemeiniglich der Historie oder den Jüdischen Antiquitäten zu überlassen pflege, diesmal aber muß ich sie aufwerfen, weil sie so viel Einfluß in das hat, was nachher vom Endzwek der verordneten Beschneidung gesagt werden soll.

Daß noch andere Völker, ausser den Israeliten, die Beschneidung gehabt, und wohl bis auf diesen Tag beybehalten haben, ist bekannt; unter ihnen aber kommen bey Untersuchung des Mosaischen Rechts nur zwey in Betrachtung, die sie von so undenklichen Jahren her, lange vor dem Anfange der griechischen Geschichtkunde, hatten, daß schon Herodotus bekennet, es lasse sich, weil die Sachen zu alt wären, nicht bestimmen, welches Volk unter beyden sie zuerst gehabt, oder von dem andern angenommen haben möchte: die Egyptier, und Aethiopier.

Der älteste griechische Schriftsteller, der von der Beschneidung der Egyptier ganz ausdrüklich redet, ist Herodotus im zweyten Buch §. 36. und 104. wo noch Weßlings Noten nachgesehen werden können. Ich will lieber, weil nur der kleinste Theil meiner Leser sich

mit

§. 185. Beschneidung.

mit griechischen Schriftstellern beschäftigen möchte, zu ihrer Bequemlichkeit die Stellen ganz hersetzen. §. 36. (oder nach andern §. 33.) heißt es: Andere Völker, nur die ausgenommen, die den Egyptiern nachahmen, lassen die Schaamtheile, wie sie von Natur sind, die Egyptier aber beschneiden sie: — und §. 104. (oder 98.) führt er unter den Dingen, darinn die Colchier den Egyptiern gleich sind, und aus denen er schliessen will, daß sie Ueberbleibsel der Armee des Sesostris wären, auch folgendes an: Noch wichtiger ist, daß bloß die Colchier, Egyptier und Aethiopier von den ältesten Zeiten her die Beschneidung haben. Denn die Phönizier (*) und Syrer in Palästina (**), sind selbst eingeständig, diese Sitte von den Egyptiern gelernt zu haben. Die am Fluß Thermodon und Parthenius (***) wohnenden Syrer

---

(*) Wegen der Phönizier scheint sich Herodotus zu irren, doch sagt auch Origenes etwas dergleichen von ihnen bey Röm. 2, 13. Seite 495. des vierten Theils der Benediktiner-Ausgabe.

(**) Dies sind, wie schon Josephus richtig bemerkt hat, die Israeliten, die bey Herodoto und andern Griechen oft Syrer heißen, und diesen Namen mit Recht tragen können, weil ihre Vorfahren aus Mesopotamien, das Hebräisch ארם נהרים (Aram naharaïm) (Aram, oder Syrien zwischen beyden Flüßen) heißt, geburtig waren, und sich deshalb selbst zu den Syrern rechneten. 5 B. Mos. 26, 5. (Was ich da übersezt habe, ein herumziehender Mesopotamier, heißt eigentlich, ein herumziehender Aramäer.) Nur irrte der Grieche, der die Geschichte der Juden nicht genau genug kannte, darinn, daß er glaubte, sie gestünden selbst, die Beschneidung von den Egyptiern zu haben. Sie waren eingeständig, daß ihre Vorfahren in Egypten gewohnt hätten, und das mag vielleicht Herodotum verführen: allein die Beschneidung leiteten sie von einem noch ältern Befehl Gottes her.

(***) Wer diese Syrer am Thermodon und Parthenius (zwey Flüßen Kleinasiens, die in das schwarze Meer fließen)

Syrer aber, und ihre Nachbarn, die Makroner, sagen, daß sie den Gebrauch erst neuerlich von den Colchiern angenommen haben. Dies sind die einzigen Völker, die sich beschneiden, und diese scheinen es alle den Egyptiern nachgethan zu haben. Von den Egyptiern und Aethiopiern selbst aber kann ich nicht sagen, welches von beyden Völkern die Beschneidung von dem andern gelernt hat, denn die Gewohnheit ist sehr alt. Daß aber andere Völker sie von den Egyptiern haben, davon giebt mir auch dies einen starken Beweis, daß diejenigen Phönizier, die mit den Griechen Umgang haben, hierinn den Egyptiern nicht mehr nachahmen, und sich nicht beschneiden.

Der zweyte, Diodorus Siculus, schreibt B. 1. Kap. 28. schon viel vorsichtiger: Auch die Colchier in

---

fließen) seyn mögen, ist meines Wissens noch nicht untersucht: Weßling schweigt in seinen Anmerkungen zum Herodotus, die sonst so viel dunkeles aufklären, ganz von ihnen. — Der aßyrische König Tiglath Pileser, hat nach Zerstörung des Syrischen Königreichs Damaskus eine Syrische Kolonie an den Fluß Cyrus (Kor, in der neuern Geographie) geführet, also wirklich in die Nachbarschaft von Colchis, oder wohl gar in Colchis selbst. Sollten von denen neue Kolonien über das schwarze Meer gegangen seyn, und sich am Parthenius und Thermodon niedergelassen haben? Diese hätten gar wohl können beschnitten seyn, denn Damaskus hatte zu Davids und Salomons Zeit lange unter den Israeliten gestanden; nicht zu gedenken, daß auch sonst noch die Alten bisweilen einigen Syrern, die nicht Israeliten sind, die Beschneidung zueignen. Vielleicht sind selbst die Colchier mit schwarzen krausen Haaren, die sich beschneiden ließen, nicht Nachkommen der Egyptier, sondern der aus Damaskus an den Kor geführten Syrer, oder wenigstens aus einer Mischung dieser Syrer mit den ältern Einwohnern entstanden. Doch das ist nur eine hingeworfene Vermuthung, an deren Schitsal mir nicht viel gelegen ist.

§. 185. Beschneidung.

in Pontus, und die Juden zwischen Arabien und Syrien, halten einige für egyptische Kolonien, weil diese Völker ihre Knaben bald nach der Geburt beschneiden, welchen alten Gebrauch sie aus Egypten mitgebracht zu haben scheinen. Doch siehet man so viel aus ihm gewiß, daß die Egyptier zu seiner Zeit schon von undenklichen Jahren her die Beschneidung gehabt haben müssen. Kap. 55. wiederholt er dies, doch abermals nur als Sage: Man sagt, daß von Sesostris Armee einige am Mäotischen See zurükgeblieben seyn, und die Stammväter des Volks der Colchier geworden sind. Zum Beweis ihres egyptischen Ursprunges — führt man an, daß sie die Beschneidung haben, wie die Egyptier, welche Sitte in den Kolonien beybehalten sey, wie sie dann auch noch bey den Juden bleibe. B. III. Kap. 32. sagt er von den afrikanischen Troglodyten am rothen Meer: alle Troglodyten beschneiden sich, wie die Egyptier, blos die ausgenommen, die man wegen ihres körperlichen Fehlers die Kurzen nennet. (d. i. die ausgenommen, die von Natur keine Vorhaut haben.)

Der dritte ist Strabo, der im 17ten Buch S. 1140. (oder 824.) zu den Sitten der Egyptier rechnet, daß sie Knaben und Mädchen beschneiden, wie auch die Juden thäten, die aber ursprünglich Egyptier wären.

Auch der Jude Philo, der in Egypten gelebt hat, folglich ein ganz unverwerflicher Zeuge ist, sezt in seinem Buch *de circumcisione* (S. 210. des zweyten Theils der Mangeyischen Ausgabe) dem Spott über die Jüdische Beschneidung das Beyspiel der Egyptier entgegen: Sie ist aber doch bey andern Völkern, sonderlich den Egyptiern, die man für eine der zahlreichsten, ältesten und gelehrtesten Nationen

nen gelten läßt, im Gebrauch, und wird sehr eifrig von ihnen beobachtet.

Josephus führt nicht blos Herodotum von der Beschneidung der Egyptier ohne Widerspruch an, Antiquit. l. VIII. c. XI. §. 3. (hier etwas übereilt, und misverstanden, aber doch mit der ganz richtigen Erinnerung, daß es in Palästina keine andere beschnittene Syrer gebe, als die Juden,) und im ersten Buch gegen Apion, Kap. 22. (hier richtiger, und mit Anhängung derselben Erinnerung:) sondern wirft auch dem Apion, der ein Egyptier war, und über die Beschneidung der Juden spottete, vor: daß die Egyptier selbst diesen Gebrauch hätten, und nach Herodoti Meinung ihn so gar zu andern Völkern gebracht haben sollten: (libr. 2. contra Apionem, §. 13.) wiewohl zugleich aus dieser Stelle erhellet, daß nicht alle Egyptier beschnitten waren; denn er sagt gleich darauf, Apion selbst, den er für einen Egyptier erklärt hatte, sey im Alter wegen eines Geschwürs beschnitten worden, er war also vorhin unbeschnitten gewesen. Die Beschneidung der Egyptier war nemlich, wie bald erinnert werden soll, blos bey den Priestern Pflicht.

Daß Pythagoras sich hat müssen beschneiden lassen, um zu der geheimen Lehre der egyptischen Priester einen Zugang zu bekommen, ist zu bekannt, als daß ich Stellen davon anführen dürfte. Sein Exempel bestätiget indeß, was vorhin von der Beschneidung der Egyptier gesagt ist. Die Stelle Origenis aber, die überhaupt sagt, daß keiner zu den egyptischen Wissenschaften und Heiligthümern den Zugang haben konnte, der nicht beschnitten war, ist so wichtig, daß ich sie ganz hersetzen muß. Sie steht in seinem Kommentario über den Brief an die Römer bey Kap. II. 13. S. 495. des vierten Theils der Benediktiner-Ausgabe. *Nam apud Aegyptios, qui in superstitionibus vestris* (sagt er zu den Heiden) *& vetustissimi habentur & eruditissimi, a quibus*

§. 185. Beſchneidung.

quibus prope omnes reliqui ritum ſacrorum & ceremonias mutuati ſunt; apud hos, inquam, nullus aut geometriae ſtudebat, aut aſtronomiae, quae apud illos praecipuae ducuntur, nullus certe aſtrologiae & geneſeos, qua nihil divinius putant, ſecreta rimabatur, niſi circumciſione ſuſcepta. Sacerdos apud eos, aruſpex, aut quorumlibet ſacrorum miniſter, vel, ut illi appellant, propheta omnis, circumciſus eſt. Literas quoque ſacerdotales veterum Aegyptiorum, quas hieroglyphicas appellant, nemo diſcebat, niſi circumciſus. Omnis hierophantes, omnis vates, omnis caeli (ut putant) infernique myſtes & conſcius apud eos eſſe non creditur, niſi circumciſus. Egyptiſche Sachen kannte gewiß der ungemein gelehrte, und in Egypten geborne Origenes ſo gut, daß niemand in ſein Zeugniß ein Mistrauen ſetzen wird.

Andere jüngere Schriftſteller, die blos aus Herodoto und Diodoro geſchöpft haben, und noch dazu Controversſchreiber gegen die chriſtliche Religion waren, Celſus, und den Kaiſer Julian, führe ich nicht an, weil ihr Zeugniß von wenigerem Gewicht iſt: ſondern erinnere blos, daß Cyrillus in ſeiner Widerlegung des Kaiſer Julians die Beſchneidung der Egyptier eingeſtehet. (*)

Selbſt die Bibel ſcheint die Egyptier als beſchnitten vorzuſtellen. Wenn es Jeremia 9, 25. 26. heißt: bald kommen Zeiten, da ich über alle Beſchnittenen, die Vorhaut haben, Gericht halten will, über Egypten, über Juda, über Edom, über Ammon, über Moab, über alle mit rundgeſchornen Haaren, die in der Wüſte wohnen: denn alle Heiden ſind unbeſchnitten, und Iſrael hat ein unbeſchnittenes Herz, ſo werden offenbar die Egyptier, Edomiter, Ammoniter, Moabiter, und

B 3 Bedui-

(*) *Contra Julianum*, libr. IX. S. 298.

Beduinischen Araber als Völker beschrieben, die so gut wie die Juden beschnitten waren, aber dabey ein unbeschnittenes Herz hatten. Noch wichtiger ist die Stelle, Jos. 5, 9. wegen des höhern Alters der Zeit, von der sie redet. Als die bisher unbeschnitten gebliebenen Israeliten bey ihrem Eintritt in Palästina beschnitten wurden, sagte Gott, **er habe sie nun von dem Vorwurf der Egyptier befreyet.** Die Egyptier müssen also schon damals beschnitten gewesen seyn, und den aus ihrem Lande ausgegangenen Israeliten die Unterlassung der Beschneidung vorgeworfen haben.

Hierbey ist jedoch schon von andern angemerkt, daß vielleicht nicht die ganze Nation der Egyptier beschnitten war, sondern eigentlich nur die Priester beschnitten werden mußten, wiewohl es auch Egyptier von anderm Stande nachahmen mochten. Die Sache ist am deutlichsten in Bonks specimine critico in varios auctores & observationibus miscellaneis, S. 60. ausgeführt. Ich will blos die Worte des Horapollo hieher setzen: **Der Cynocephalus bedeutet** (in der hieroglyphischen Sprache der Egyptier) **einen Priester, — — weil er beschnitten geboren wird, und die Priester die Beschneidung sorgfältig beobachten.**

Die Beschneidung hat sich noch bis auf diesen Tag in Egypten erhalten, und zwar nicht blos durch die Muhammedanische Religion, sondern auch als Sitte des Volks, und das selbst bey gemeinen Leuten. Aus Herrn Kapitain Niebuhrs Beschreibung von Arabien siehet man S. 76—80. daß in Egypten die Muhammedanischen Mädchen häufig beschnitten werden, ob dies gleich kein Stük der Muhammedanischen Religion, und bey den Türken nicht üblich ist, und daß die Koptischen Christen ihre Söhne zu beschneiden pflegen. Daß die Habeßinier, ungeachtet sie Christen sind, und die Beschneidung nicht für ein göttliches Gebot halten, sie

dennoch

§. 185. Beschneidung.

dennoch als Sitte des Volks haben, und zwar bey beyden Geschlechtern, ist aus Jobi Ludolphi historia Aethiopica libr. III. c. 1. bekannt: und daß so gar im westlichen Afrika zwischen dem 16ten Grad nördlicher und dem 16ten südlicher Breite, viele nicht Muhammedanische Völker die Beschneidung haben, andere aber sie nicht haben, und beide einander wechselsweise verachten, wissen wir nunmehr aus Oldendorps Geschichte der Mißion der evangelischen Brüder auf den Karaibischen Inseln Th. 1. S. 297. 298. gewiß.

Hier ist nun ein Streit entstanden, ob die Israeliten die Beschneidung von den Egyptiern, oder die Egyptier von den Israeliten haben, bey dem vielleicht keiner von beyden Theilen völlig recht hat. Das eine Volk muß sie freylich zuerst gehabt, und das andere später bekommen haben, allein daraus folgt noch nicht, daß dieses sie von jenem annahm.

Herodotus und Diodorus glaubten, die Israeliten hätten die Beschneidung aus Egypten. Man sieht gleich aus ihrem Ausdruk und untermengten Fehlern, daß sie nur wenig gewisse Nachrichten von den Juden hatten: denn sonst hätte Diodorus mit völliger Gewißheit sagen können, daß die Juden aus Egypten herkommen sind, welches er nur zweifelnd erwähnt, und Herodotus gar nicht einmal bemerkt.

Ihr Zeugniß, oder vielmehr, Meinung ist auch hier von keinem Gewicht, weil die Sache so weit in das höchste der griechischen Geschichte unbekannte Alterthum zurükgehet, daß beyde hätten sagen mögen, was Herodotus von den Egyptiern und Aethiopiern sagt, die Gewohnheit sey zu alt, als daß er entscheiden könne, welches von beyden Völkern sie zuerst gehabt habe. Aus dem einheimischen Schriftsteller der Hebräer, Mose, der über tausend Jahre vor Herodoto gelebt hat, ist gewiß, daß die Vorfahren der Israeliten schon beschnitten waren, als sie nach Egypten zogen, und nicht die

§. 185. Beschneidung.

Beschneidung erst bey ihrem langen Aufenthalt in Egypten angenommen haben. Daß Josephus Herodotum ohne Widerspruch anführt, thut nichts zur Sache: er will nur aus ihm beweisen, die Juden seyen kein unbekanntes Volk gewesen, und, Sesostris habe Judda erobert: fehlt hier Herodotus in einem andern facto, so hat Josephus keinen Beruf, beyläufig alle seine Fehltritte anzuzeigen und zu verbessern.

Hier kann nun wohl niemand, der irgend von historischer Wahrscheinlichkeit einen Begrif hat, den viel jüngern griechischen Schriftstellern beytreten, die noch dazu den Fehler an sich haben, auswärtige bey ihnen barbarisch heißende Nationen mit einer Verachtung anzusehen, und ihre einheimischen Schriftsteller und Sprache nicht zu kennen, ob sie gleich die Historie der Völker beschreiben wollten. Ihr Ja oder Nein gilt, wo wir alte einheimische Urkunden haben, die uns das Gegentheil sagen, gar nichts. Allein von dieser Frage ist eine andere, die man gemeiniglich mit ihr verwechselt hat, sehr verschieden: War die Beschneidung um die Zeit, als Gott sie nach Mosis Zeugniß Abraham gebot, noch gänzlich auf dem Erdboden unbekannt? oder war sie schon vorhin eine Sitte anderer großen Völker gewesen? etwan der Egyptier und Aethiopier? Ich kann nicht leugnen, daß ich hier das leztere glaube, und dies aus folgenden Gründen.

Das siebzehnte Kapitel des ersten Buchs Mose sieht gar nicht so aus, als wenn darinn eine vorhin ganz unbekannte und völlig neue chirurgische Operation befohlen würde, und noch dazu eine von der Schmerzhaftigkeit und Lebensgefahr, als die Beschneidung bey Erwachsenen ist: Abraham bekommt blos den Befehl, er soll sich und alles männliche in seinem Hause beschneiden lassen. Dies würde vielleicht noch jezt, da wir doch beschnittene Juden unter uns haben, mancher Europäer nicht verstehen, wenn nicht eine Beschreibung hinzugefügt,

§. 185. Beschneidung.

fügt, und ihm ordentlich gesagt würde, was Vorhaut sey (ein Name, den die meisten, die nicht Mediziner sind, blos aus der Bibel kennen, ohne recht zu wissen, was er bedeutet) und wie sie beschnitten werden soll. Wäre aber damals noch gar keine Beschneidung unter irgend einem Volk üblich gewesen, so hätte nothwendig eine sehr umständliche Beschreibung der Operation gegeben werden müssen. Allein dergleichen finden wir gar nicht; das bloße Wort: die Vorhaut der Schaamtheile beschneiden, war Abraham verständlich genug. — — Beynahe sollte man denken, so lange noch gar keine Beschneidung gewöhnlich ist, würde auch die Vorhaut kaum einen Namen in der gemeinen Sprache haben: weil sie nicht in die Augen fällt, und man nicht von ihr zu reden nöthig hat. Selbst im Deutschen haben wir den Namen, Vorhaut, blos aus der Bibel, und die Zusammensetzung ist noch kenntlich, dadurch man unserer Sprache ein Wort zu geben suchte, so sie vermuthlich zu Anfang nicht hatte. Bey Mose ist aber schon ein Wort, dessen Derivation man nicht einmal weiter nachforschen kann, *Orla*, (*) der bekannte Name der Vorhaut. — — Man kann auf mehr als einerley Weise beschneiden. Wirklich ist die jetzige jüdische Beschneidung von der Muhammedanischen, Egyptischen, Aethiopischen, verschieden. So wenig aber sagt Gott in der ersten Stelle, wo die Beschneidung eingesezt wird, daß wir nicht einmal mit einiger Wahrscheinlichkeit wissen können, welche von diesen Beschneidungsarten er befahl: allein Abraham muß ihn verstanden haben, folglich muß das Wort damals durch den Gebrauch selbst deutlich gewesen seyn.

Wollte man auch sagen, Gott habe Abraham eine Beschreibung der chirurgischen Operation gegeben, die lasse aber Moses aus, weil sie zu seiner Zeit bekannt genug war, so bliebe doch unbegreiflich, wie sie noch an

eben

(*) ערלה.

eben dem Tage, und das wird 1 B. Mos. 17, 26. 27. ausdrüklich gesagt, an dem ganzen Hause Abrahams, zu dem schon vor einigen Jahren, Kinder und gekaufte Knechte ungerechnet, 318 angeborne Knechte, die die Waffen trugen, gehörten, vollzogen werden konnte. Dies erfoderte doch gewiß Leute, die der Operation schon sehr gewohnt waren: hätte man die nicht gehabt, so würde die Sache nicht so geschwind zugegangen seyn, sondern der, der die Beschneidung verrichten sollte, würde sie erst durch Prohen und misglückende Versuche an einigen geringern Leibeigenen haben lernen müssen.

Und wie kann man, ohne das grösseste Wunder anzunehmen, davon doch Mose kein Wort fallen läßt, sich einbilden, daß, wenn alle Knechte Arahams vorhin unbeschnitten gewesen wären, sie sich einer so schmerzhaften Operation auf seinen bloßen Befehl unterworfen haben würden. Man stelle sich nur vor, was jezt geschehen würde, wenn ein Edelmann etliche hundert Bauren auf seinen Gütern auf einen Tag beschneiden lassen wollte? Sie würden sich alle wehren, und wenigstens würde keiner behülflich seyn, den andern dazu zu zwingen, wozu er selbst nachher wieder von ihnen gezwungen werden sollte. Was sollte nun der einzige Abraham, der keine obrigkeitliche Hülfe haben konnte, angefangen haben? Muß man nicht denken, daß viele unter seinen Knechten schon vorhin beschnitten waren, und er durch deren Hülfe sich bey den übrigen Wenigern Gehorsam verschaffete? dann müßte aber die Beschneidung noch ausserhalb Egyptens bey einigen andern Völkern damals nicht so gar ungewöhnlich gewesen seyn.

Im 34sten Kapitel des ersten Buchs Mose machen Jakobs Söhne es zur Bedingung für den, der ihre Schwester heyrathen will, daß er und seine ganze Stadt beschnitten seyn soll, und zwar unter Anhängung der Ursache: Wir können dies nicht thun, unsere Schwester einem Unbeschnittenen zu geben.

§. 185. Beschneidung.

Es würde uns zur Schande gereichen. (*) Dies würde doch sehr lächerlich seyn, wenn Abrahams Familie damals die einzige beschnittene in der Welt gewesen wäre: über sie würden vielleicht andere gelachet, aber niemand würde es ihr für eine Schande gehalten haben, eine Tochter an einen Unbeschnittenen zu verheyrathen. Dem Bräutigam aber kommt die Foderung so gar nicht abgeschmakt vor, daß er die sämtlichen Bürger seiner Stadt beredet, sich mit ihm beschneiden zu lassen.

Erinnert man sich nun noch, daß die Egyptier gewiß die Beschneidung hatten, als die Israeliten aus Egypten giengen, und den Israeliten wegen Unterlassung dieser Sitte in der Wüste Vorwürfe machten, so kann man fast nicht anders denken, als, die Beschneidung sey schon vor der Israeliten Zeit in Egypten üblich gewesen. Denn daß die über ihre väterlichen Sitten so eifrigen Egyptier, die überhaupt gegen Auswärtige Abneigung, insonderheit aber gegen Hebräische Hirten viel Verachtung hatten, (**) von einer fremden, an Religion so ganz verschiedenen Hirtenfamilie die Beschneidung angenommen haben sollten, ist eine sehr unwahrscheinliche Vermuthung.

Kommt nun noch hinzu, daß die Beschneidung sich noch jezt, auch wo die Religion sie nicht gebietet, in Egypten und Abeßinien erhalten hat, und in diesen warmen Ländern bisweilen aus medizinischen Gründen nöthig wird: so ist es wenigstens sehr wahrscheinlich, daß diese beyden ohnehin viel ältern Völker, deren Land gleichsam ihr natürlicher Siz ist, sie früher gehabt haben, als die weit jüngern Israeliten.

(*) Recht so, wie Oldendorp S. 297. seiner Missionsgeschichte von den beschnittenen Völkern im westlichen Afrika schreibt: ein Unbeschnittener ist verachtet; er kann ihrer Meynung nach keinen Verstand haben, auch nicht vernünftig reden, und bekommt daher keine Frau.

(**) 1 B. Mos. 43, 32. 46, 34.

§. 186. Beschneidung.

Aus dem, was Christus Joh. 7, 22. sagt: Moses hat euch die Beschneidung gegeben, nicht zwar, als wenn sie eigentlich von ihm wäre, sondern als eine ältere Sitte der Väter, und darum beschneidet ihr den Menschen auch am Sabbath, scheint beynahe zu folgen, daß selbst unter dem Volk, aus dem Abraham ausgieng, die Beschneidung üblich gewesen ist, obgleich Abraham nicht beschnitten war. Denn Christus führt dies an, um die Beschneidung unter andere Mosaische Gebote herunter zu setzen: Dies würde aber gar nicht geschehen, wenn er unter den Vätern, von denen sie herkomme, Abraham verstände, der sich auf unmittelbaren Befehl Gottes beschneiden ließ. Es scheint also, er versteht unter den Vätern, Abrahams Vorfahren. Unwahrscheinlich wäre es nicht, daß Abrahams Vorfahren beschnitten gewesen seyn möchten, denn er kam aus einer nördlichen Provinz (*) an der Ostseite des schwarzen Meers, und daß es da beschnittene Völker hat, haben wir oben aus Herodot und Diodor gesehen. Allein ich will auf diese dunkle Stelle der Rede Christi keine historische Facta bauen.

§. 186.

Endzwecke der Beschneidung.

Die erste gleich in die Augen fallende Absicht der Beschneidung, über die sich Gott bey ihrer Einsetzung ganz ausdrüklich erklärt hat, (**) war, daß die Nachkommen Abrahams durch sie mit dem einzigen wahren Gott einen Bund machen sollten, keinen andern Gott, sondern ihn allein anzubeten und zu verehren. Wie sie hiervon ein Zeichen seyn konnte, ist nun noch verständlicher,

---

(*) Dies soll im zweiten Theil des Spicilegii geographiae Hebr. gezeigt werden.
(**) 1 B. Mos. 17.

§. 186. Beschneidung.

licher, da sie bey den Egyptiern eine Sitte der Priester war: Abraham und seine Nachkommen sollten, so bald sie beschnitten waren, angesehen werden, als hätten sie sich dem wahren Gott zu Priestern gewidmet, ihm allein zu dienen. Sie gehört also zu der im 32sten §. abgehandelten Grundmaxime des Mosaischen Rechts: **Verbannung der Abgötterey.**

Auſſer dieser bildlichen Absicht kann sie aber vielleicht noch sonst in einem heiſſern Klima einen Nutzen von anderer Art gehabt haben, um deſſen willen Gott unter vielen andern möglichen Bundeszeichen gerade dieses wählte: und in der That scheint sie Christus Joh. 7, 22. 23. als eine der Gesundheit zuträgliche väterliche Sitte anzusehen. Meine Absicht ist nicht, auf eine gelehrte Art zu sammlen, was von dieser Materie geschrieben ist, sondern nur von der Sache zu reden, wie sie mir jetzt vorkommt, nachdem Herr Kapitain Niebuhr meine davon handelnde 52ste Frage an die arabische Reisegesellschaft beantwortet hat. (*) Ich übergehe auch des Herrn Leibmedici Vogels im Jahr 1763 herausgekommenes Programma, *Dubia de usu circumcisionis medico*. Es gehört nicht zu meinem Zwek, weil es die Sache mehr a priore, und ohne Nachrichten aus den Ländern, von denen die Rede war, abhandelt, also eigentlich nur Zweifel gegen den medizinischen Nutzen der Beschneidung in Europa macht, die aber auf südlichere Länder nicht sogleich gelten können, und am wenigsten als ein Widerspruch gegen Schriftsteller, die in ihnen gelebt haben, wenn man nicht annimmt, daß dort alle physikalische Umstände völlig eben so sind, als in den Ländern, die ein Europäischer Medikus kennet. Ob in Europa, und bey der gewöhnlichen Leibesbeschaffenheit, die ein deutscher Medikus in seiner Praxi vor sich findet, die Beschneidung einen medizini-

schen

(*) **Niebuhrs Beschreibung von Arabien aus eigenen Beobachtungen**, S. 77–80.

§. 186. Beschneidung.

schen Nutzen haben könne, war wenigstens meine Frage nicht.

Die Alten, die von der Beschneidung der Egyptier, sonderlich der Priester, handeln, sehen die Beschneidung häufig als eine Art von Reinlichkeit an. Nach Philo in seinem Buch de circumcisione (S. 211. des zweiten Theils der Mangeyischen Ausgabe) soll die Reinlichkeit des ganzen Leibes, die sich sonderlich für den priesterlichen Stand schikt, die zweyte Absicht oder Empfehlung der Beschneidung seyn; und er sezt hinzu: um welcher willen die Egyptischen Priester sich noch überdas die Haare abschneiden, denn unter den Haaren und Vorhaut samlen sich allerley Unreinigkeiten, die weggenommen werden sollten.

Von dieser Reinlichkeit scheint nun wohl ihr viel wichtigerer Nutzen, dem Philo die erste Stelle einräumte, eine Folge zu seyn. Dieser Mann, dem man wenigstens in egyptischen Sachen Glauben beymessen wird, schreibt an dem eben angeführten Ort: Es giebt mehrere Gründe, die diesen alten Gebrauch empfehlen, sonderlich aber folgende vier. Erstlich, die Beschneidung beuget einer sehr schmerzhaften und schwer zu heilenden Krankheit vor, die man, vermuthlich von dem brennenden Schmerz, Carbunkel (*) nennet, und der die Unbeschnittenen mehr unterworfen sind. Die zweite ist die Reinlichkeit u. s. f. Diese Stelle des Philo bekommt auf einmal Licht, und erscheint als Wahrheit, wenn man das dazu nimmt, was Herr Niebuhr S. 77. zu Beantwortung der 52sten Frage schreibt: Sie ist in den heißen Ländern bey denen, die sich nicht fleißig waschen, gewiß sehr nüzlich. So versicherte mich der Arzt der Englän-

---

(*) Griechisch, ἄνθραξ, zu Deutsch, glühende Kohle.

§. 186. Beschneidung.

Engländer (**) zu Halep, daß sich in den heißen Ländern mehrere Feuchtigkeiten unter der Eichel sammlen, als in den kältern; und einer meiner Freunde in Indien, der sich in diesem heißen Lande nur nach europäischer Art reinlich gehalten, hatte eine Art von Beulen unter der Eichel bekommen, welches nicht so leicht zu befürchten gewesen seyn würde, wenn er beschnitten gewesen wäre. Er wusch nachher diesen Theil des Leibes fleißig, und seit dem spürete er dergleichen nicht mehr. Das Waschen des ganzen Körpers, und besonders der heimlichen Theile, ist also in den heißen Ländern nothwendig, und es ist vielleicht deswegen, daß die Stifter der Religionen der Juden, der Muhammedaner, der Gebers, der Heiden in Indien, u. s. f. selbiges befohlen haben. Die jezt unter diesen Nationen wohnenden Christen müssen sich nun auch, sowohl wegen des Wohlstandes, weil man sie sonst immer verachten würde, als wegen der Gesundheit, der Reinlichkeit befleißigen. Weil nun ein Beschnittener sich mit weniger Mühe waschen kann, als ein Unbeschnittener, vornehmlich wenn er, so wie die Muhammedaner, darzu nur Eine Hand gebrauchen darf, so verschaft die Beschneidung denen, die sie gebrauchen, auch eine große Bequemlichkeit, und dies könnte schon für eine Ursache gehalten werden, warum die Nationen, bey welchen sie einmal eingeführet ist, sie behalten. So wenig Herr Niebuhr dies eigentlich zum Hauptzwek der Beschneidung machen will, so gewiß wird doch durch seine Erzählung das Faktum selbst, daß in heißen Ländern die Beschneidung ein Verwahrungs-

---

(*) Rußel, ein Bruder desjenigen, der die *natural history of Aleppo* geschrieben hat.

rungsmittel gegen die von Philo sogenannte Carbunkeln sey. Ein merkwürdiges Beyspiel erzählt uns auch noch Josephus, im zweiten Buch contra Apionem, §. 13. derselbige Apion, der gegen die Juden so feindselig geschrieben, und über ihre Beschneidung gelachet hatte, mußte sich endlich selbst wegen einer Beule an den Schaamtheilen beschneiden lassen: nur die Operation geschahe zu spät, und half ihm nichts, Apion starb an der Beule in großen Schmerzen, und Josephus sieht dies als eine gerechte Strafe seiner Spöttereyen über eine selbst den Egyptiern heilige Gewohnheit an.

Philo will noch einen andern physikalischen Nutzen der Beschneidung angeben, und glaubt, daß sie zur Fruchtbarkeit des Beyschlafs beytrage. Ich will seine Worte lieber lateinisch hersetzen: *Quarta & gravissima commendatio est, quod ad multitudinem sobolis confert. Sic enim dicitur semen dispersim, neque circumfluens praeputio rectius ejaculari, indeque fieri, ut gentes circumcisae sint: foecundissimae & numerosissimae.* Ob er hierinn recht habe, will ich nicht untersuchen, sondern es den Medicis überlassen (*) Daß die beschnittenen Völker die zahlreichsten und fruchtbarsten sind, ist wenigstens aus der Geschichte nicht erweislich. Sie kennet unbeschnittene Völker, die sehr fruchtbar, und beschnittene, die es gar nicht gewesen sind: noch jezt sind die Länder der beschnittenen Muhammedaner gegen unser unbeschnittenes Deutschland Einöden, ob sie gleich weder durch den Krieg, noch durch die Auswanderung so viel verlieren. Groß kann wenigstens der Einfluß der Beschneidung in die Bevölkerung nicht seyn, und ich glaube, der Arzt, der dem Philo am meisten beyträte, würde doch gestehen, was er sagt, könne blos bey sehr

schwachen

(*) Man sehe z. B. des Jüdischen Medici Salomo Bernh. Wolfsheimer Dissertation *de causis foecunditatis Hebraeorum, nonnullis codicis sacri praeceptis nitentibus.* Halae 1742.

§. 186. Beschneidung.

schwachen Naturen statt haben, nicht einmal bey den mittelmäßigen, die an die schwachen gränzen.

Noch außer dem Fall der Schwachheit können einige Mannspersonen, deren Vorhaut zu lang oder zu eng ist, nöthig haben, durch die Beschneidung zum Beyschlaf tüchtig gemacht zu werden, weil er bey ihnen ohne Beschneidung mit grossen Schmerzen verknüpft ist. Hiervon handelte der sechste Abschnitt meiner 52sten Frage an die arabische Reisenden, und Herr Niebuhr hält dies in seiner Antwort, die ich unten ganz abdrucken lasse, (*) für den wichtigsten Nutzen der Beschneidung.

(*) Der wahre Nutzen der Beschneidung aber ist wohl dieser, daß dadurch viele Männer erst zum Beyschlaf tüchtig werden. Man findet sowohl in den Morgenländern, als in Europa, Leute, bey denen deswegen eine Art der Beschneidung nothwendig ist. Ich glaube, davon zu Mosol einen Beweis gesehen zu haben. Ein daselbst wohnhafter Christ, der bereits einige Jahre mit seiner zweyten jungen Frau gelebt hatte, ohne Kinder gezeugt zu haben, beklagte sich, seine Frau mache ihm den Vorwurf, er sey schuld daran, daß sie sich einen unfruchtbaren Baum nennen lassen müsse. Ich versicherte ihn, daß ich kein Arzneyverständiger wäre, wie er es daraus vermuthete, daß ich die Sterne beobachtete, und die Muhammedanischen Sternkundige zugleich Aerzte zu seyn pflegten. Da er aber seine Bitte täglich wiederholte, daß ich ihm Arzneyen geben möchte, so verlangte ich endlich, mit nach seinem Hause zu gehen, um seine Frau zu sprechen. Hierinn wollte er anfänglich gar nicht willigen, weil er befürchtete, seine Nachbarn möchten es bemerken, daß er einen Fremden in sein Haus führete. Doch fürchtete die Frau, die sich sonst von keinem Fremden würde haben sehen lassen, sich gar nicht, mit ihrem vermeinten Arzt zu sprechen, weil die Europäischen Aerzte und Mönche die Weiber der Morgenländischen Christen ohne Verdacht besuchen können, wenn ein anderer ehrlicher Reisender vor der Thür stehen bleiben, oder sich mit der Gesellschaft des Mannes begnügen muß. Sie beklagte sich, daß der Mann so selten etwas mit ihr zu thun haben wollte

§. 186. Beschneidung.

dung? Dem ohngeachtet glaube ich nicht, daß dieser Nuzen die Absicht irgend eines Gesezgebers oder Volks, so die Beschneidung einführte, gewesen ist: denn der Fall ist zu selten, und kommt auch, so viel ich aus Herrn Niebuhrs Antwort abnehmen kann, im südlichsten Asien nicht häufiger vor, als in Europa.

Ein grosser Kenner der Natur (seinen Namen verschweige ich, bis er mir erlaubt, ihn zu nennen) äußerte vor einigen Jahren blos beyläufig in einem anonymischen Aufsaz den Gedanken: die Beschneidung möchte vielleicht einen moralischen Nuzen haben. Dies wäre in der That von großer Wichtigkeit, und meine Leser könnten es mir mit Recht zur unverzeihlichen Nachläßigkeit anrechnen, wenn ich mich nicht näher erkundigt hätte, worinn dieser große Gelehrte den moralischen Nuzen der Beschneidung sezen möchte. Ich that es sogleich in dem ersten Briefe: er antwortete erst ganz kurz am 21sten April 1770, er vermuthe, die Be**schneidung verhinderte die Selbstbefleckung**, und sezte nachher noch in einem andern Briefe, den ich nicht sogleich aufzufinden weiß, hinzu, die Selbstbefleckung

„wollte. Der Mann antwortete zu seiner Vertheidigung,
„daß sie nichts von ihm verlangen würde, wenn sie die
„Schmerzen empfände, welche es ihm verursachte.
„Hierbey erinnerte ich mich, daß ein europäischer Arzt
„einem von meinen europäischen Freunden eben dieser
„Ursachen wegen das Band an der Eichel gelöset hatte.
„Bey genauerer Nachfrage und Untersuchung, welche
„ich mit einer ernsthaften Mine anstellete, fand ich auch
„hier, daß dem armen Mann geholfen werden könnte,
„wenn er sich eben dieser Operation unterwerfen wollte.
„Ich schließe hieraus, daß, wenn er in seiner Jugend
„beschnitten worden wäre, seine Frau sich wahrscheinlich
„nicht über ihn beschweret haben würde, und er selbst
„ruhiger leben, und Erben hätte haben können. Doch
„seinem Mangel ward nicht abgeholfen; denn die Frau
„versicherte, sie werde es nicht zugeben, daß ein Messer
„angesezt werde."

§. 186. Beschneidung.

fleckung sey vermuthlich dem Beschnittenen zu schmerzhaft.

Dies wäre in der That ein sehr großer Nutzen des Gebots der Beschneidung, sonderlich in den heißen Ländern, wo die zur Selbstbefleckung treibende Wollust viel heftiger, und die Mannbarkeit der Knaben um einige, wenigstens um 2 Jahre früher ist. Beynahe könnte man alsdann fragen, warum Gott ein so wohlthätiges Gebot, das das Verwahrungsmittel gegen ein so schreckliches, und durch die größeste Sorgfalt der Eltern und Aufseher nicht gewiß zu hinderndes Laster vorschrieb, im neuen Testament abgeschaft, und nicht lieber durch die christliche Religion allgemein gemacht habe? oder warum er nicht unsere Natur in der ersten Anlage besser geschaffen, und bey den Menschen zur Regel gemacht habe, was jezt nur seltene Ausnahme ist, ohne hervorstehende Vorhaut geboren zu werden? Wäre dieser moralische Nutzen der Beschneidung erweislich, so hätte jeder Gesezgeber nicht blos aus moralischen, sondern auch aus politischen Gründen Ursach, dies Verwahrungsmittel gegen die Selbstbefleckung wieder einzuführen, und durch bürgerliche Geseze die Beschneidung der Knaben bald nach der Geburt zu befehlen: denn beynahe kein gefährlicherer Feind der Bevölkerung kann gefunden werden, als die Selbstbefleckung, wenn sie sehr einreißen sollte.

Dies alles hat mich aufmerksamer auf die Frage, ob nicht die Beschneidung einen moralischen Nutzen haben könnte? gemacht: ich habe mich aber doch nicht davon überzeugen können, und ich will die mir beygefallenen Gegengründe anzeigen.

Erstlich ist offenbar, daß die Beschneidung keine Hinderung derjenigen Selbstbefleckung seyn würde, die ohne alle leibliche Friktion blos durch die Imagination zuwege gebracht wird, und den pollutionibus nocturnis am nächsten kömmt, nur mit dem Unterschied, daß diese im Schlaf und ohne Einwilligung, sie aber wachend

C 2   und

und durch völlige Schuld dessen, der unzüchtigen Ge: danken bis auf einen gewissen Grad nachhänget und sie vorsezlich heget, vor sich gehet. Diese Art der Selbst: befleckung, bey der blos die Phantasie wirket, ist viel: leicht noch schlimmer, als die eigentlich sogenannte Ma: nustupration. Sie greift die Gemüthskräfte mehr an, weil blos die Phantasie geschäftig ist, und hier alles verrichtet. Die dem Wahnsinn sich nach und nach nähernde Distraktion der Selbstbeflecker, die Tißot be: schreibt, muß also recht vorzüglich ihre Folge seyn, und auch sonst muß sie Seelen: und Leibeskräfte vorzüglich schwächen. Gesellschaft, zu der sonst die Zuflucht von dem genommen werden muß, der dem abscheulichen La: ster gern entgehen wollte, ist nicht einmal genug Prä: servativ gegen sie, weil die Phantasie eines etwan dabey stillschweigenden und tiefdenkend oder distrakt aussehen: den Menschen auch mitten in der Gesellschaft anderer wirken kann. Gegen diese schlimmste Art der Selbst: befleckung würde also die Beschneidung gar kein Ver: wahrungsmittel seyn.

Ich sollte aber auch zweifeln, daß sie es gegen die eigentlich sogenannte Manustupration wäre; ob ich gleich gern glaube, daß es vielleicht einige einzelne Gattungen der Selbstbefleckung geben mag, die einem Beschnitte: nen schmerzhaft werden könnten. In Jüdischen Bü: chern liest man doch so viel von eigentlichen Manustu: prationen, und so gar übertriebene Verordnungen, die ihnen vorbeugen sollen: (*) sie müssen also auch bey Beschnittenen möglich, und nicht so schmerzhaft seyn, daß schon der Schmerz ein Verwahrungsmittel gegen
sie

(*) Da es kaum schiklich seyn möchte, dergleichen Stellen deutsch hieher zu setzen, und meine meisten Leser keine Rabbinische oder Thalmudische Schriften nachschlagen können, so verweise ich sie allenfalls nur auf Buxtorfs Chaldäisch=Thalmudisches Lexikon, S. 112. 113. wo sie ein Paar solche Stellen lateinisch übersezt finden werden.

§. 186. Beschneidung.

ſie wäre. Ein Jüdiſcher Medikus von ausgebreiteter
Praxi unter ſeinen Glaubensgenoſſen würde hier bald
entſcheiden können: der einzige von der Art, den ich
perſönlich kannte, Herr Hirſchel in Berlin, ſtarb eben,
als ich ihn deßhalb fragen wollte. Vielleicht aber lieſt
ein anderer Jüdiſcher Medikus mein Buch, und beantwortet die Frage.

Was die Beſchneidung bey den Menſchen thut,
hatte, wie es ſcheint, die Natur ſchon bey vielen Affen
gethan, die, wie es beſchnittene Völker nennen, beſchnitten geboren ſind. (*) Dies ſagt Horapollo
von dem Affen mit der langen Hundes-Schnauze,
(cynocephalus) ganz ausdrüklich. (**) Wäre nun
die Beſchneidung ein Präſervativ gegen die Manuſtu-
pration, ſo ſchiene es, es hätte die Natur ſelbſt den
beſchnitten gebornen Affen dieſe häßliche Handlung unmöglich gemacht. Und doch ſind ihr die Affen, ſonderlich einige größere Arten, bis zur Raſerey ergeben.
Weil ich mich keines Buches erinnere, das ich hiervon
anführen könnte, will ich nur ſagen, daß ich in Caßel,
als ich vor dem Behältniß eines großen Affen vorbey
gieng, der noch dazu von Natur ſehr beſchnitten war,
ihn in kurzer Zeit dieſe ekelhafte und verdächtliche Handlung zu wiederholtenmalen vornehmen ſahe: und da ich
dem Thierwärter meine Verwunderung darüber merken
ließ, erzählte er mir, wie unzäligemal dieſer Affe dergleichen thäte, und was für leibliche Folgen er ſich dadurch zuzöge. Wenn ich das Wort, Sünde, ſo mis-
brauchen darf, ſo wäre, wie es ſcheint, Manuſtupra-
tion

(*) Beſchnitten geboren nennet man diejenigen, deren
Vorhaut zu kurz iſt, und zu wenig bedecket. Es giebt dergleichen auch unter Menſchen, und die Juden zählten
ſieben beſchnitten geborne Heilige. Wer mehr davon
nachleſen wollte, darf nur meine Orientaliſche Bibliothek
Th. IV. S. 94. aufſchlagen.

(**) lib. I. §. 13. γυνᾶται περιτετμημένος.

tion eigentlich die Sünde der Affen. Kann nun wohl Beschneidung ein Verwahrungsmittel gegen sie seyn?

Mir kommt es also noch zur Zeit vor, wir müssen bey dem medizinischen Nutzen der Beschneidung stehen bleiben, denn auch Christus Joh. 7, 22. 23. als einen Hauptzwek ihrer Einsetzung anzusehen scheinet: *Moses hat euch die Beschneidung befohlen, die zwar nicht von Mose herkommt, sondern von den Vätern und ihr beschneidet am Sabbat. Wird nun der Mensch am Sabbat beschnitten, damit das Gesez Mosis nicht gebrochen werde, wie könnt ihr denn auf mich böse seyn, daß ich am Sabbat den ganzen Menschen gesund gemacht habe?* Doch gestehe ich, daß diese Stelle sehr verschieden erklärt ist: wer etwas von ihr nachlesen will, den verweise ich auf Herrn Pr. Ernst August Schulze exercitationes philosophicas, fasc. 1. exercit. 3.

§. 187.

Eintheilung der Opfer.

Von den Opfern der Israeliten lasse ich das vorbey, was in die Theologie oder Antiquitäten gehört, ihre gottesdienstliche oder vorbildliche Absicht, die Zerimonien, mit denen sie vorgenommen wurden, u. s. f. Ich betrachte sie hier blos, wie sie das bürgerliche gemeine Wesen angehen; und auch was davon zu sagen ist, wird großen Theils noch nicht hier, sondern erst im folgenden, etwan im peinlichen Recht, vorkommen. Ueber die Definition eines Opfers zu disputiren, würde auch wohl keine angenehme Unterhaltung für meine Leser seyn; allein folgende Eintheilung, die ich aus den Anmerkungen zu 3 B. Mos. 1. wiederhole, ist unentbehrlich, um das folgende zu verstehen.

Opfer sind entweder

1) **blutige**, das ist, Thiere, die geschlachtet wurden. Die Thiere mußten rein seyn; an menschliche Opfer, deren Voltaire die Israeliten beschuldiget, war also nach den Mosaischen Gesetzen gar nicht zu gedenken, und sie hätten den Altar entweihet. Dies gehet so weit, daß, wenn Josia die Altäre recht verunheiligen will, auf denen Jerobeam dem güldenen Kalb geopfert hatte, er Menschengebeine darauf verbrennen läßt. 2 Könige 23, 15—20. Damit leugne ich nicht, daß die Israeliten aus Nachahmung der Kananitischen Götzendienste bisweilen menschliche Opfer gebracht haben: allein das war eine im Gesez Mosis aufs äußerste verbotene Handlung, die unter den peinlichen Verbrechen im Kriminalrecht vorkommen wird. Auch durften nicht schlechterdings alle reine Thiere geopfert werden. Fische kamen gar nicht auf den Altar, daher auch das Blut der Fische zu genießen nirgends verboten ist, sondern blos das Blut der Vögel und vierfüßigen Thiere. 3 B. Mos. 7, 26. Alle reine Vögel, scheint es, waren zum Opfer erlaubt, 3 B. Mos. 14, 4—7. indeß war doch die Taube bey weitem das gewöhnlichste Opfer unter Geflügeltem. Von vierfüßigen Thieren waren die drey Gattungen Rind- Schaaf- und Ziegenvieh zu Opfern bestimmt, und gar kein Wild durfte geopfert werden. Daher kommt die Redensart in den Gesetzen Mosis, wenn er sagen will, daß bey Schlachtung eines Thieres alle gottesdienstliche Intention, und aller Gedanke von einem Opfer, vermieden werden soll, wie ein **Reh oder Hirsch soll es gegessen werden**. 5 B. Mos. 12, 15. 22. 15, 22. Auch ist wegen der blutigen Opfer noch zu merken, daß sie wider die Weise der alten Egyptier, oder doch wenigstens mancher Egyptischen Kantons waren, die alle blütige Opfer ver-

C 4

§. 187. Opfer.

abscheueten, und blos solche, bey denen nichts lebendiges getödtet ward, für moralisch gut und der Gottheit wohlgefällig hielten: dabey waren die Thiere, welche die Israeliten zu opfern pflegten, so ausgesucht, daß man in manchem Kanton Egyptens, der sie für geheiliget oder für ein Sinnbild der Gottheit hielt, gesteiniget worden seyn würde, wenn man sie hätte opfern wollen. Dies bemerket Moses selbst im zweyten Buch Kap. 8, 26. und was er sagt, ist mit den Nachrichten völlig einstimmig, die uns griechische Schriftsteller von den oft über die geschlachteten Opfer zum blutigen Handgemenge ausschlagender Feste der Egyptier geben.

Die blutigen Opfer wurden wiederum eingetheilt, in

a) **Brandopfer**, welche ganz, und zwar auf dem Altar, verbrannt werden mußten.

b) **Sündopfer und Schuldopfer.** Diese wurden wegen einer begangenen Sünde gebracht: von ihnen kam nur ein Theil auf den Altar, das übrige gehörte entweder dem Priester, oder ward außerhalb des Lagers verbrannt. Von ihrem Unterschied, der uns hier eben nicht wichtig ist, können die Anmerkungen zu 3 B. Mos. 5, 1—4. 6, 2. 3. nachgesehen werden. Ich glaube nemlich, Sündopfer wurden für Begehungs- und Schuldopfer für Unterlassungs-Sünden gebracht: aber daran wird dem Leser, der einen politischen Blik auf das Mosaische Recht thun will, wenig gelegen seyn.

c) **Gastopfer.** (Schelamim.) Von diesen wurden blos die Fettstücken, z. B. Nierenfett, und der Fettschwanz einer gewissen Art von Schaafen, auf dem Altar verbrannt, ein kleines bestimmtes Theil war das Accidens des Priesters, das übrige aber alles ward zur Opfermal-

zeit

§. 187. Opfer.

zeit angewandt, und der Opfernde verzehrte es mit seinen Gästen.

2) **Unblutige**, die aus dem Gewächsreich genommen waren, und in Dr. Luthers Uebersetzung Speiseopfer heißen (*Mincha* Geschenk, ist ihr Hebräischer Name), *farrea dona* würde sie ein Lateiner nennen. Sie werden im zweiten Kapitel des 3 Buchs Mose näher beschrieben, und bestanden aus Mehl, Brodt, Kuchen, Aehren, gerösteten Körnern. Als Sündopfer konnten sie ordentlich nicht gebracht werden, nur den einzigen Fall ausgenommen, wenn derjenige, der sich versündiget hatte, so sehr arm war, daß ein Opfer von zwey jungen Tauben oder zwey Turteltauben sein Vermögen überstieg. Zu manchem Mehlopfer mußte auch Oel gegeben, oder der Kuche mit Oel gebacken werden. Dies geschahe aber nicht, wenn sie ein Sündopfer der Armen waren. Zu allen Mehlopfern mußte Salz, und zwar reines Salz, d. i. Salpeter gethan werden. 3 B. Mos. 2, 13. (siehe die Abhandlung *de nitro Hebr.* §. 7.)

Ein Anhang dieser beyden Gattungen von Opfern waren

3) **die Trankopfer.** Sie bestanden aus Wein, der, wie es scheint, zum Theil auf die Stirn der Opferthiere gegossen ward, um sie dadurch zu weihen, zum Theil aber auch den Priestern gehörte, die ihn zu den vorhin erwähnten Deputaten von blutigen Opfern, und zu den Kuchen der unblutigen Opfer tranken.

§. 188.

Nicht an allen Orten war zu opfern erlaubt, sondern blos an dem, den Gott künftig bestimmen würde, und bis auf die Zeit, an dem Orte, wo die Hütte des Stifts oder die Bundeslade war.

Alle diese Opfer durften nicht an jeden Ort, der dem Opfernden beliebte, sondern sie mußten an den zum öffentlichen Gottesdienste für das ganze Volk verordneten gemeinschaftlichen Ort gebracht werden. Schon in der Wüste war dies befohlen, und sogar die Ausrottung darauf gesezt, wenn jemand anders, als vor der Hütte des Stifts, opferte. 3 B. Mos. 17, 8. 9. Dies Gesez muß nicht völlig in Observanz gekommen, und die Strafe nicht so strenge vollzogen seyn, als sie gedrohet ward, denn das zweite Gesez, das Moses beynahe 40 Jahr nachher kurz vor seinem Tode von der Einheit des Orts der Opfer giebt, sagt ausdrüklich, sie dürften in Palästina nicht alles thun, was sie jezt in der Wüste, jeder nach seinem Belieben zu thun pflegten, da sie noch nicht zu ihrem festen Wohnsiz gekommen wären. (*) Es stehet 5 B. Mos. 12, 3.—14. und befielt, Opfer nirgends, als an dem Ort, den Gott zum Siz des Gottesdienstes erwählen würde, zu bringen. Wo die Hütte des Stifts, oder die Bundeslade war, da durfte und sollte man ordentlich opfern, denn den Ort hatte Gott um die Zeit erwählet: indeß verbot doch auch das Gesez nicht, an einem von der Hütte des Stifts entfernten Orte zu opfern, wenn ein Prophet es verordnete; denn so bald dieser Fall eintrat, hatte ja Gott den Ort erwählt. Man muß sich also nicht darüber verwundern, wenn Propheten weit von dem Tempel geopfert haben, z. B. Elias am Vorgebirge Carmel, 1 B. der Könige 18,

---

(*) 5 B. Mos. 12, 8. 9.

§. 188. Opfer.

18, 19—40. Es gieng blos auf die ordentlichen Fälle, und ließ dabey noch unbestimmt, welchen Ort des verheißenen Landes Gott künftig erwählen würde, die Hütte des Stifts aufzuschlagen, oder einen Tempel zu bauen.

Den Israeliten mußten, nach der damaligen Denkungsart des menschlichen Geschlechts manche Oerter in Palästina als heilig vorkommen, wo Abraham, Isaak, und Jakob göttliche Erscheinungen gehabt, oder Altäre errichtet hatten, z. B. Sichem, Hebron, Beersaba, Machanaim, Penuel, Bethel, und mehrere. Die Erwartung ähnlicher Fälle, diese nicht völlig logikalische und doch so natürliche Regel, nach der wir denken, machte es wahrscheinlich, Gott würde oft erscheinen, wo er einmal erschienen wäre, oder er würde wenigstens da Opfer und Gebet vorzüglich annehmen und gnädig bemerken. Allein, nicht an allen diesen Oertern sollte es erlaubt seyn, zu opfern, sondern blos an Einem Orte, den sich Gott vorbehielt, künftig zu erwählen.

Die Hauptabsicht dieses Gesetzes war wohl ohne Zweifel, durch eine beständige öffentliche Aufsicht auf die Opfer dem Götzendienst und andern Arten von Aberglauben vorzubeugen. Dies ist aus 3 B. Mos. 17, 1—9. klar. Hätte man an jedem Orte opfern dürfen, so würde bey dem damaligen allgemeinen Hang zur Abgötterey oft unter dem Vorgeben, man opfere dem wahren Gott, heimlich den Götzen ein Opfer gebracht worden seyn: und selbst an den vermeinten heiligen Oertern, wo man dem wahren Gott etwan häufiger Opfer gebracht haben würde, hätten leicht durch Gewinnsucht betriegerische Orakel entstehen können, denen Moses gleichfalls vorzubeugen scheint. 5 B. Mos. 12, 4. 5. 6.

Das Mosaische Gesez ist wegen dieser Einheit des Orts so sorgfältig, daß, da das §. 169. erläuterte Verbot, Rind- Schaaf- und Ziegenvieh anders als beym Altar und zum Opfer zu schlachten, wieder aufgehoben, und erlaubt wird, zu Hause zu schlachten, wie jeder

wollte,

wollte, doch die ausdrükliche Warnung dabey stehet, ein solches zu Hause geschlachtetes Thier ja nicht als ein Opfer anzusehen. Wie Reh und Hirsch, die nicht geopfert werden konnten, soll es gegessen werden, und, der Unreine sollte so gut davon essen, als der Reine, welches bey einem Opfer eine Entheiligung gewesen seyn würde. 5 B. Mos. 12, 15. 16. 20: 22. bey uns wäre eine solche Warnung des Gesezgebers nicht nöthig: man stelle sich aber ein Volk vor, das seltener Fleisch isset, als wir, beynahe nur zu Gastgeboten schlachtet, und bey dem die Opfermalzeiten Gastgebote zu seyn pflegen, so wird man begreifen können, daß es beym Schlachten solcher Thiere, als auf den Altar zu kommen pflegten, leicht an eine Art von Opfern hätte denken, und sie wenigstens seiner Intention nach, vielleicht auch durch einige dabey vorgenommene Gebräuche, zu Opfern machen können, wenn der Gesezgeber nicht vorgebauet hätte. Eben eine solche Erinnerung macht der Gesezgeber noch wegen der Erstgeburt von Rind- Schaaf- und Ziegenvieh, die einen Leibesfehler hatte: man darf sie zu Hause schlachten und essen, aber ja nicht als Opfer oder heilig ansehen. 5 B. Mos. 15, 21. 22.

Welchen Ort Gott künftig zum Siz seines Dienstes und Bringung der Opfer erwählen würde, hat Moses mit keinem Wort angezeiget, auch nicht einmal einen Wink davon gegeben, sondern es blos der Zukunft überlassen. An Jerusalem mag vielleicht vor Davids Zeit kein Leser der Gesetze Mosis gedacht haben, ungeachtet es in der Geschichte Mosis sehr distinguirt als der Ort vorkommt, wo schon zu Abrahams Zeit der einzige wahre Gott einen Priester hatte, dem auch Abraham den Zehnten von der Beute gab. 1 B. Mos. 14, 18—20. (*) auch seinen Sohn Isaak auf göttlichen Befehl

opfern

(*) Wer etwan einen Zweifel hätte, ob Salem auch wirklich Jerusalem sey, den bitte ich, die Vorrede zur typischen

§. 188. **Opfer.**

opfern sollte, und als er im Begrif war, dies zu thun, eine merkwürdige Erscheinung hatte, von der der Berg Moria den Namen, Jehova siehet, und, Jehova läßt sich sehen, bekam. 1 B. Mos. 22. Man wird nun begreifen, wie es zugieng, daß die Samaritaner Mosis Bücher als göttlich annahmen, und doch nicht zu Jerusalem, sondern auf dem Berge Garisim, nahe bey Sichem, ihren Tempel hatten und opferten. Aus den Büchern Mosis waren sie nicht zu widerlegen: und wenn Josephus erzählt, die Juden hätten mit den Samaritanern vor Ptolemäus Philometor darüber disputirt, welcher Tempel der rechte sey, und beyde vorher geschworen, **aus dem Gesez zu beweisen**, so möchte ich wissen, was irgend die Juden aus dem Gesez für Jerusalem und gegen das in den Büchern Mosis als ein alter Opferort der Patriarchen (*) erwähnte Sichem, wo noch dazu das Gesez in Steine gehauen, ein Altar gebauet, bey Opfern das Gesez beschworen, und Fluch und Segen ausgesprochen werden sollten, (**) hätten anführen können? **Verschuir** meint, (***) sie könnten sich auf 5 B. Mos. 33, 12. berufen haben: die Stelle ist wohl gewählt, und ich glaube, sie handelt wirklich von der Wohnung Gottes zu Jerusalem, das dem Stamm Benjamin gehörte; aber sie ist doch zum Beweis etwas dunkel und am Ende bewiese sie nur, daß Gott einmal, nicht aber daß er immer sein Heiligthum im Stamm Benjamin haben werde. Die Lade des Bundes und Hütte des Stifts ist an mehrern Orten, zu Silo, zu Kirjath Jearim, zu Zion, gewesen, und der lezte Ort lag im Stamm Benjamin: die Samaritaner

---

schen Gottesgelahrtheit nachzulesen. (S. 13 bis 72 der zweiten Ausgabe.)
(*) 1 B. Mos. 12, 6. 7. 33, 18—20.
(**) §. 69. 70. 5 B. Mos. 27, 1—8.
(***) *Verschuir diss. critica, qua lectio Hebr. codicis Deut. 27, 4. defenditur*. §. 18. S. 58—60. der Sammlung seiner Dissertationen.

§. 188. Opfer.

tanter hätten also immer antworten können, die Weissagung sey dadurch erfüllet, daß David die Lade des Bundes nach Zion gebracht habe, allein daraus folge nicht, daß der Tempel auf dem Berge Moria habe gebauet werden sollen, und der bey Sichem verwerflich sey. Wirklich Josephus bemerkt auch keinen einzigen Beweis aus dem Gesez, sondern blos aus der Geschichte genommene Beweise; und doch werden die Samaritaner, weil sie im Disputiren unterliegen, am Leben gestraft: Die ganze Erzählung scheint eine Fabel zu seyn. Josephus ist, überhaupt davon zu reden, ein sehr guter und verehrungswürdiger Schriftsteller: allein er konnte auch wohl einmal auf eine fabelhafte Urkunde kommen, und aus Mangel der Kritik ihr Verdächtiges nicht bemerken. Die ganze sonderbare Stelle verdient doch, eben weil sie durch Kenntniß des Mosaischen Rechts zur Fabel wird, unten in der Note einen Plaz. (*)

So

(*) Antiquit. XIII. c. 3. §. 4. Die Juden und Samaritaner, welche leztere einen zu Alexanders Zeit auf dem Berge Garisim erbaueten Tempel zum Siz des Gottesdienstes hatten, geriethen zu Alexandrien an einander, und die Unruhe gieng so weit, daß Ptolemäus über ihren Streit wegen des Tempels Richter ward. Die Juden behaupteten, der Tempel zu Jerusalem, und die Samaritaner, der auf Garisim sey der nach dem Gesez Mosis erbauete: und baten den König, selbst mit den Vornehmsten des Hofes beyder Theile Gründe anzuhören, zu entscheiden, und den unterliegenden Theil am Leben zu strafen. (Eine sonderbare Bitte, daß der Advokat der unterliegenden Sache am Leben gestraft werden soll, sonderlich wann beyde Theile das, was sie vertheidigen, so bona fide für wahr halten, als sie hier gethan zu haben scheinen. Schon dies macht die ganze Geschichte verdächtig. Wenn doch dafür lieber verabredet wäre, der Tempel des unterliegenden Theils solle nicht weiter besucht werden.) Für die Samaritaner redete Sabbäus und Theodosius, für die Juden Andronicus und Meßelam. Vorher aber machten sich beide Theile durch einen bey Gott und dem Le-

ben

§. 188. Opfer.

So lange noch kein Tempel gebauet war, (eine Sache, die Moses weder gebot, noch verbot) mußte also

---

ben des Königes geleisteten Eid verbindlich, aus dem Gesez zu beweisen, und dies unter Garantie des Königes, so daß der, den er eidbrüchig finden würde, sterben sollte. Der König saß also selbst, mit Zuziehung vieler von seinem Hofe, Gericht, (viel Gnade und Herablassung! aber doch ein sonderbares Gericht in einer Religionssache, noch dazu einer, die in den wesentlichen Punkten von der Religion des Königes abwich, und von der er wenig Begriffe haben konnte. Wären doch noch Gelehrte zu Beysitzern des Gerichts erwählt!) und höret beyde Theile. Die Juden zu Alexandrien waren für die Vertheidiger ihres Tempels in großer Sorge, (des hatten sie in der That auch Ursache, wenn aus dem Gesez sollte bewiesen werden) denn nichts konnte ihnen trauriger seyn, als wenn dieser alte und berühmte Tempel sein Ansehen verlieren sollte. Sabbäus und Theodosius ließen dem Andronicus das erste Wort: Dieser machte also mit Beweisen aus dem Gesez, und der Succeßion der Priester den Anfang, und zeigete, daß die Vorsteher dieses Tempels das Priesterthum nach rechtmäßiger Erbfolge von Vater zu Sohn bekommen hätten, (dies konnte er doch wohl nicht aus dem Gesez Mosis erweisen, da Moses so viel hundert Jahre vor dem Tempel zu Jerusalem gestorben ist) ferner, daß alle Könige Asiens diesen Tempel mit Heiligthümern und prächtigen Geschenken beehret, auf den Tempel Garisim aber so wenig gedacht und geachtet hätten, als wenn er gar nicht gewesen wäre. (Noch weniger ein Beweis aus dem Gesez Mosis, sondern aus der Geschichte nach der babylonischen Gefangenschaft, und noch dazu blos aus der Hochachtung oder Gleichgültigkeit heidnischer Könige gegen den einen oder andern Tempel. Aus dem Gesez Mosis haben wir nun noch gar keine Beweise gehört, und es scheint, der Scharfrichter müßte mit den beyden Advokaten der jüdischen Sache etwas zu thun bekommen. Aber!) Durch diese und andere ähnliche Gründe überführte Andronicus den König, und erhielt von ihm den Ausspruch: Der Tempel zu Jerusalem sey dem Gesez Mosis gemäs erbauet; Sabbäus und Theodosius hingegen wurden vom Leben zum Tod gebracht.

also nach diesem Gesez an dem Ort geopfert werden, wo die Hütte des Stifts stand, in deren Vorhofe, nach Mosis Verordnung, der Brandopfers-Altar war: dabey aber scheint sich von selbst zu verstehen, daß, wenn die Bundeslade, als das größeste Heiligthum der Israelitischen Religion, und über der Gott seinen Siz hatte, eben an einem andern Orte war, z. B. mit zu Felde genommen ward, man auch daselbst opfern konnte. Hieraus sind mit der Zeit mehr als Ein Opferort entstanden, die eigentlich dem Gesez Mosis nicht zuwider waren, als welches blos verbot, nicht an jedem willkührlichen Orte zu opfern. Z. B. Zu Davids Zeit war die Hütte des Stifts und der Brandopfers-Altar auf der sogenannten großen Höhe zu Gibea, und dies war der feyerliche Ort der Opfer; 1 Sam. 7, 1. 1 Chr. 21, 29. 30. 2 Chron. 1, 3—6. 2 Kön. 2, 4. 5. Die Lade des Bundes hatte David nach Zion bringen, und ihr da eine Hütte aufschlagen lassen: 2 Sam. 6, 17. und auch da wurden Opfer gebracht, und die Psalmen besingen häufig Jerusalem und Zion, als den Ort, den Gott erwählet habe. Hierzu kam noch der dritte Ort, der Berg Moria, auf dem David nach ausdrüklichem Befehl Gottes ein Opfer bringen mußte, und wo hernach der Tempel gebauet ward. 2 Sam. 24, 18—25. 2 Chron. 3, 1.

Doch bey diesem Erlaubten blieb es nicht, sondern das Gesez Mosis ist in der Zeit, da die Israeliten Könige gehabt haben, sehr außer Uebung gekommen. Gleich nach der Eroberung Palästina diesseits des Jordans hielten zwar die Israeliten so eifrig darüber, daß die Stämme diesseits des Jordans den dritthalb Stämmen jenseits des Jordans, blos wegen eines gebaueten zweiten Altars, einen Krieg droheten, und ihre Drohung auch wahr gemacht haben würden, wenn sie nicht die Versicherung erhalten hätten, es solle nie auf ihm geopfert werden. Josuä 22, 10—34. Allein dieser Eifer muß mit der Zeit sehr nachgelassen haben. Zu Da-

§. 188. Opfer.

vids Zeit findet man das Gesez schon so außer Uebung, daß Absalom, da er einen bequemen Ort sucht, die Rebellion gegen seinen Vater anzufangen, und sich zum Könige krönen zu lassen, seinen Vater um Erlaubniß bittet, von Jerusalem nach Hebron zu gehen, weil er ein Gelübde auf sich habe, zu Hebron zu opfern, und auch diese Erlaubniß erhält. 2 Sam. 15, 7. 8. 11. Und doch war zu Hebron weder Hütte des Stifts, noch Bundeslade: man mochte aber die Gegend für heilig halten, weil ehedem Abraham daselbst geopfert, und göttliche Erscheinungen gehabt hatte. David hatte noch einen Sohn, der sich bey seinem Leben zum Könige krönen lassen wollte, Adonias: auch dieser scheint den Anfang der Rebellion bey einer Opfermahlzeit zu machen, und das geschieht bey Enrogel, einem ohngefähr eine halbe Meile von Jerusalem auf der Ostseite des Oelberges gelegenen Brunnen. 1 Kön. 1, 9. Beym Anfang der Regierung Salomons opferte das Volk, wie 1 Kön. 3, 2. ausdrüklich gemeldet wird, auf den Höhen, das ist, hier und da im Lande auf Hügeln, die man der Gottheit gewidmet hatte, und für heilig hielt. Der Geschichtschreiber, der uns dies erzählt, (vermuthlich Nathan), (*) sezt zwar dazu: **denn der Tempel war damals noch nicht gebauet.** Allein die nach ihm kommende Geschichtschreiber erzählen uns, daß auch nach dem Bau des Tempels eben diese Uebertretung des Gesetzes Mosis selbst unter den besten Königen fortgedauert habe, (**) bis endlich ziemlich spät Hiskias und Josias strenger über dem Verbot Mosis zu halten anfiengen. Hatte einmal ein Ort einen Ruf der Heiligkeit erlanget, so hielt es schwer, ihn den Leuten wieder aus dem Sinne zu bringen: und aus den Klagen der Propheten zeiget sich, daß dies Opfern auf den Höhen

häufig

(*) 2 Chron. 9, 29.
(**) 1 Kön. 22, 44. 2 Kön. 12, 3. 14, 4. 15, 4. 35.

häufig in Gözendienst ausgeartet ist. Nach der Wiederkunft aus dem babylonischen Elend hingegen haben die Juden dies Gesez sehr genau beobachtet, und nirgends als vor dem Tempel zu Jerusalem geopfert: nur die ganz einzelne Uebertretung desselben ausgenommen, da Onias aus allzugrosser Dienstfertigkeit, und um eine Weissagung des Propheten Jesaias, die schon längst erfüllt seyn mochte, zu erfüllen, in Egypten einen Tempel bauete. (*) Doch diese Geschichte ist von meinem Endzwek zu entfernt, und ich fürchte ohnehin schon, daß diese ganze Ausschweifung in die Geschichte manchen Lesern als entbehrlich vorkommen wird.

§. 189.
Einfluß der Opfer in das bürgerliche gemeine Wesen.

Die Opfer hatten neben ihrer eigentlichen Hauptabsicht, die die Religion betraf, noch manche politische Nuzen oder Nebenabsichten. Sie werden nachher zerstreuet, und vollständiger vorkommen, wenn ich vom Eide, sonderlich dem Reinigungseide, dem Kriminalrecht, und der Festfeyer handle: ich glaube aber doch, es werde nüzlich seyn, sie hier vorläufig anzuzeigen, daß man sie auf Einen Blik übersehen könne.

Die feyerlichsten Eide pflegten von den Hebräern schon von Alters her und lange vor Mosis Zeit bey Opfern geschworen zu werden: man zerlegte die Opferstücke, gieng hindurch, und verwünschte sich dabey, entweder mit ausdrüklichen Worten, oder durch diese symbolische Handlung, wenn man meineidig wäre, eben so umzukommen, als dies Opfer. Ich mag nicht wiederholen, was ich hiervon weitläufiger in der 209ten Anmerkung zum Briefe an die Hebräer geschrieben habe. Nur dies wenige: der Reinigungseid einer wegen Ehebruchs

in

(*) Josephus Antiq. l. XIII. c. 3.

§. 189. Opfer.

in Verdacht stehenden Frau mußte bey einem Rügeopfer abgelegt werden; und der Huldigungseid scheint auch bey Opfern geschworen zu seyn, daher wir beydemal, wann Davids Söhne sich zu Königen ausrufen lassen wollen, Opfermalzeiten angestellet finden, die eben im vorhergehenden §. erwähnt sind. 2 Sam. 15, 7—12. 1 Kön. 1, 9.

Durch Sünd- und Schuldopfer geschahe nach vorhergehendem Bekenntniß des Verbrechens eine sogenannte abolitio criminis, das ist, das Verbrechen ward weiter nicht bestraft, und das Opfer als eine Art von Buße (mulcta) angesehen: welches sonderlich deswegen wichtig war, weil es die Zurüknehmung eines Meineides erleichterte, und zugleich stets den Meineidigen, oder den, der ungerechtes Gut an sich gebracht hatte, im Gewissen beunruhigte, bis er sich von dem einen oder andern losgemacht hatte.

Die Gastgebotsopfer waren bey weitem die gewöhnlichsten, und die Feyer der hohen Feste bestand großentheils in Opfermalzeiten. Blos die Fettstücken wurden auf dem Altar verbrannt, und dem Priester ein Deputat gegeben; das übrige alles verzehrte der Opfernde mit seinen Gästen. (*) Bey manchen opfernden Völkern findet man, daß fast alle größere Gastgebote Opfermalzeiten waren: und so mochte es auch wohl unter den damals armen, selten schlachten könnenden Israeliten seyn, als Moses das §. 169. erläuterte Gesez gab, kein Rind- Schaaf- und Ziegenvieh zu schlachten, das nicht zum Opfer gebracht würde. Als aber die Israeliten in ihr Land kamen, hörte dies freilich wegen der Einheit des Orts, wo geopfert werden durfte, und der Entfernung der meisten Israeliten von ihm, wieder auf; und die Gastgebote, die man zu Hause in seiner Vaterstadt gab,

D 2

———

(*) κατ' ἐυωχιαν δραται των τεθυκοτων, schreibt Josephus, der selbst noch um die Zeit gelebt hat, da man Opfer hatte von ihnen, Ant. l. III. c. 9. §. 1.

gab, waren keine Opfermalzeiten. Allein an den hohen Festen sollte doch jeder irgend bemittelte Israelite Opfermalzeiten anstellen, an denen Wittwen, Waisen, Fremdlinge, und seine eigenen Knechte Antheil hätten: und ein jeder Israelite, der Viehzucht hatte, war im allereigentlichsten Verstande verbunden, das Fest mit solchen Gastgebotsopfern zu feyren; denn gewisse Zehnten und Erstlinge von Rind= Schaaf= und Ziegenvieh, davon bald mehr vorkommen soll, mußten zu Opfermalzeiten angewandt werden.

Diese verordneten Opfermalzeiten könnten zwar in unserm Vaterlande ein ziemlich überflüßiges Gesez von einer sehr gleichgültigen Sache zu seyn scheinen, (wiewohl doch auch bey uns Gastgebote den Nutzen haben, manche Freundschaften zu stiften und zu unterhalten, und die einzeln Glieder des gemeinen Wesens mehr mit einander zu verbinden, so daß man wirklich mehr Freundschaft wahrnimmt, wo häufiger auf eine gesittete Art traktirt wird, dagegen sich jeder auf murrisch=melancholische Weise in sich selbst und sein Haus zusammen zu ziehen pflegt, wo es gar zu selten wird, Gäste zu haben:) aber für ein in Palästina wohnen sollendes, und aus Egypten ausgehendes Volk war eine solche unter Aufsicht der Religion selbst vorgenommene Veranstaltung gesitteter und noch dazu wohlthätiger Gastgebote von größerer Erheblichkeit.

Es ist schon oben bemerkt, daß man in den südlichern Ländern nicht so täglich Fleisch ißet, als bey uns: (*) es hätte also gar wohl das Gewöhnliche seyn können, daß der Arme und der Leibeigene gar kein Fleisch zu essen bekommen hätte, wenn nicht dies Gesez gewesen wäre, und vielleicht hätte es sich der nicht ganz unbemittelte Geizige auch entzogen. Medicinisch davon zu reden, ist dies nicht nüzlich; denn wer blos von Vegetabilien lebt, bekommt gemeiniglich zu wenig Leibesstärke: allein

zugleich

───────────────

(*) §. 169. S. 129—131.

§. 189. Opfer.

zugleich wird es auch in den südlichen Ländern bisweilen für den Appetit derer, die gar kein Fleisch zu essen bekommen, eine Marter. Je heißer das Klima ist, desto weniger hat freilich der Einwohner Appetit zum Fleisch, das ihm nicht selten in der größesten Hitze zuwider wird, oder dessen häufiger Genuß ihm ungesund ist: allein wenn er dessen in einem Strich, der noch nicht eigentlich zur Zona torrida gehört, gar zu lange entbehren muß, so entstehet zulezt eine fast zur Krankheit werdende Lüsternheit nach Fleisch, die Mose selbst an den Israeliten in der Wüsten erfuhr. (*) Wir kennen sie nicht, weil wir täglich Fleisch essen, und bey uns der Aermste, Dienstboten, Taglöhner, ja selbst Bettler nicht ausgenommen, schwerlich ganze Jahre hinbringen wird, ohne Fleisch zu kosten: allein in Arabien, wo freilich die Leute sehr dürftig leben, und, nach Herrn Niebuhrs mündlicher Erzählung, die Reichen fast nur so, wie bey uns die Armen, muß sie nicht unbekannt seyn, denn sie hat im Arabischen so gar ihren eigenen Namen: (**) Wir haben schon oben die Zärtlichkeit der Gesetze Mosis gegen den Appetit, dem er keine Marter angethan haben

D 3 will,

(*) 4 B. Mos. 11. Die Israeliten thaten freilich unrecht, da sie sich nicht in die Nothwendigkeit schicken wollten, und mit Ungestüm verlangten, was sie natürlicher Weise in der Wüste nicht haben konnten: wer indessen das ganze Kapitel durchliesset, der wird auch wohl merken, daß die Lüsternheit nach Fleisch, die in ein so allgemeines Wehklagen und Misvergnügen ausbrach, gewissermaßen Krankheit und Leiden des Körpers war, der eine Speise vermissete, an welche er sich gewöhnt hatte, und die man nicht füglich ganz entbehren kann.

(**) *Karam.* Siehe Schultens Anmerkungen zu Hamasa, hinter seiner arabischen Grammatik, S. 593. Wer Arabisch verstehet, findet das Wort S. 133. meiner Arabischen Chrestomathie, wo die Begierde, von einem Bösen zu reden, Lüsternheit auf Fleisch genennet wird, weil übel von einem reden bey den Arabern heißt, seines Bruders Fleisch essen.

will, gesehen: (*) dies Gesez schaffete den Armen, und selbst den Leibeigenen, doch bisweilen Fleisch, daß sie ihre Lüsternheit stillen konnten, ehe sie durch Länge des Mangels zur Krankheit, im eigentlichen medicinischen Verstande, stieg, und es zwang selbst den Geizigen, sich des Fleisches nicht ganz zu enthalten.

Noch wichtiger werden diese Opfergeseze, wenn man sich erinnert, daß die Israeliten bisher in dem Lande gewohnt hatten, aus dem sich eine Moral, die es zur Pflicht oder doch zur höhern Tugend macht, blos von vegetabilischen Speisen zu leben, in die übrige Welt ausgebreitet hat. Pythagoräer und christliche Asceten haben die sich wenigstens zu einem gemäßigtern Klima nicht schickende Enthaltsamkeit von Fleisch aus Egypten; und selbst eine Sekte in Egypten wohnender Juden, die Eßener, hatte sie, so wenig sie mit dem Gesez Mosis und der Religion der Juden bestehen kann, dennoch als eine vorzügliche philosophische Heiligkeit von den Egyptiern angenommen. Zwar war sie in Egypten selbst nicht allgemein, sondern gewissen Philosophen, Priestern, Heiligen, eigen, aber Egypten war doch vielleicht ihr erster Siz. Fleisch kann man in einem so heißen Lande, als Egypten ist, am ersten entbehren: denn ob es gleich nicht in der Zona torrida, sondern vom 23 bis 31sten Grad der Breite liegt, so ist es doch wegen seiner großen Flächen wohl so heiß oder noch heißer, als manches Land vom 23sten Grad bis zur Linie, viel heißer, als das überaus hohe Berge habende Abeßinien, und dies muß man sonderlich von den abwärts tief zwischen Sandwüsten gelegenen bewohnten Plätzen, oder den Sandwüsten selbst sagen, z. B. der Wüste des Heil. Macarii, die der alte Siz der Eßener und Asceten war, und den noch südlichern Elvachat, (**) wo das von
Alexan-

(*) §. 130. 161.
(**) So nenne ich sie nach der neuern Geographie: Oases heißen sie bey den Alten. Siehe meine 42ste Anmerkung zu Abulfedä Erdbeschreibung von Egypten.

§. 189. Opfer.

Alexander besuchte Orakel des Jupiter Hammons war. Dabey ist der moralische Abscheu vor Fleischspeisen aufs innigste mit der egyptischen Lehre von der Seelenwanderung verbunden: könnten die Seelen unserer Vorfahren, oder doch anderer Menschen, jezt in Thieren wohnen, die wir vor uns haben, so scheuen wir uns natürlicher Weise, sie zu schlachten, und dieser Scheu ist alsdenn in der That nur eine modificirte Menschenliebe. Dies ist noch jezt die Moral der Bramanen, ja bey ganzen Indianischen Völkern ist die Lehre von der Seelenwanderung so mächtig und wirksam, daß sie sich des Tödtens der Thiere und des Fleischessens enthalten. Die Israeliten hatten zwar in Egypten Fleisch gegessen, dessen sie sich 2 B. Mos. 16, 3. 4 B. Mos. 11, 4. mit Sehnsucht erinnern, wiewohl doch auch da Fische, die sie aus dem Nil hatten, mit unter das Fleisch gerechnet zu werden scheinen: (*) allein die für philosophisch gehaltene strengere Moral, die das Fleisch verbietet, hätte sich doch mit der Zeit bey dem aus Egypten ausgegangenen Volk ausbreiten können.

Diesem Zufall, und einem die ganze Nation schwächenden philosophischen Aberglauben, scheint die Einrichtung des Israelitischen Gottesdienstes sorgfältig vorzubeugen, und der Gesezgeber muß eine solche blos von Vegetabilien lebende Diät nicht für vortheilhaft und der menschlichen Natur gemäs angesehen haben. Von

---

(*) 4 B. Mos. 11, 5. folget unmittelbar auf den Wunsch, hätten wir doch Fleisch zu essen! — Wir denken noch an die Fische, die wir in Egypten umsonst aßen. Sie wohnten nämlich längst des östlichen Ufers des Nils, und an den Sümpfen, die theils der Nil, theils das mittelländische Meer macht. V. 21. 22. werden auch gewiß Fische mit unter die Fleischspeisen gerechnet, wenn Moses fragt, ob Gott alle Fische des Meers zusammen kommen lassen wolle, um dem Volk Fleisch zu geben: und eben so wird das Hebräische Wort, Fleisch, 3 B. Mos. 11, 11. und das Arabische im 16ten Kapitel des Korans V. 14. vom Fleisch der Fische gebraucht.

ohngefähr kann zum wenigsten ein solcher Widerspruch der Gesetze des Israelitischen Gottesdienstes gegen die für hochphilosophisch gehaltene Moral des Landes, aus dem die Israeliten ausgiengen, nicht entstanden seyn. Gott, der den Israeliten durch Mose Gesetze gab, mußte ihn doch wohl wissen: und wenn auch ein Ableugner der göttlichen Sendung Mosis gar nicht an Gott, sondern blos an Moses als einen weltklugen Mann denken wollte, so konnte auch diesem die egyptische Lehre von der Seelenwanderung und daher entstehende das Fleisch essen verdammende Moral nicht unbekannt seyn. Schon im ersten Buch, wo er blos Geschichte erzählt, scheint er seinen Gesetzen vorgearbeitet zu haben, wenn er seine Leser unterrichtet, daß Gott den Menschen nicht allein die Herrschaft über die Thiere, sondern auch die ausdrückliche Erlaubniß gegeben habe, Thiere zu schlachten und zu essen, (*) ja daß schon vor der Sündfluth die Fettstücke der Thiere, recht wie bey den Opfern, deren übriges Fleisch von dem Opfernden verzehret ward, Gott geopfert sind. (**)

Zur Hauptsache zurükgekommen, die Gesetze Mosis standen geradezu der Einführung einer blos vegetabilischen Diät im Wege, und in der That ist sie auch medicinisch betrachtet nicht die beste. Sie giebt freilich kein ungesundes Blut; aber zu wenig Leibesstärke. Dies ist eine Materie, deren Ausführung man von mir nicht verlangen, sondern lieber das nachlesen wird, was der Herr von Haller in seiner größern Physiologie davon hat. (***) Ich würde ihn doch nur ausschreiben müssen. Es kann vielleicht seyn, daß die Fleisch-scheuende Diät sich zu gewissen Ländern unter dem heißen Himmelsstrich, und auch zu dem sehr heißen Egypten, welches den faulichten Krankheiten am meisten ausgesetzt ist, nicht übel

---

(*) 1 B. Mos. 9, 2. 3.
(**) 1 B. Mos. 4, 4.
(***) *Alberti v. Haller elementa physiologiae corporis humani*, Libr. XIX. Sect. 3. §. 4. 7. 8. 9. S. 199—213.

übel schikt, denn hierüber wird kein Medicus urtheilen wollen, ohne selbst in jenen Gegenden lange prakticiret zu haben: allein für das vom 31sten bis zum 35sten Grad (*) der Breite gehende, großentheils gebirgichte Land der Israeliten war sie nicht. Ich erinnere mich auch überhaupt keines von bloßen Vegetabilien lebenden Volks aus der Geschichte, das lange einen Ruhm der Tapferkeit behauptet, und im Kriege respektabel gewesen wäre: die meisten sich des Fleisches enthaltenden Völker sind, wenn sie auch etwan jemals in einem einzelnen glüklichern Zeitlauf Siege erhalten haben, doch ordentlich die gar zu leichte Beute der Fleischessenden stärkeren: und dazu soll kein Gesezgeber sein Volk hinwerfen. Keine stärkere Ausschließung aber kann er der Fleisch-scheuenden Diät geben, als wenn er Opfermalzeiten, bey denen Fleisch gegessen wird, zu einem Stük des Gottesdienstes macht, und das that Mose so sehr, daß eine jährliche Opfermalzeit, das Paßa, unter Strafe der Ausrottung geboten war, und von keinem Israeliten unterlassen werden durfte.

Ein Gastmalsopfer sollte am ersten, oder höchstens am zweyten Tage ganz verzehret werden, und was dann noch überblieb, durfte man nicht essen, sondern mußte es verbrennen. 3 B. Mos. 7, 15. 16. 17. 18. Hierdurch ward jeder genöthiget, es wirklich zu Gastgeboten anzuwenden, und so viel Freunde dazu zu erbitten, daß das Opfer verzehrt ward: da vielleicht sonst mancher Opfernde aus Geiz oder Armuth es so haushälterisch eingetheilt haben würde, daß er mit seiner Familie mehrere Tage davon hätte essen können. Die Opfer sollten nicht sparsame alltägliche Essen, sondern wirklich nach jedes Stande und Vermögen fröliche Gastgebote seyn, bey denen der Opfernde sich selbst, und andern, sonderlich

Wittwen,

(*) Thiffsach oder Thapsacus am Euphrat, das unter Salomon der nördlichste Ort des Israelitischen Reichs war, 1 Kön. 5, 4. (1 Kön. 4, 24.) liegt unter dem 35sten Grad.

Wittwen, Waisen, Fremdlingen, Dürftigen, und auch seinen Leibeigenen, gütlich that, Freunde dazu einlud, Freundschaften stiftete oder unterhielt: und an Erreichung dieses Endzwecks scheint dem Gesezgeber viel gelegen gewesen zu seyn.

§. 190.
Insonderheit vom Gebrauch des Weins bey den Opfern.

Als eine Zugabe zu blutigen und zu Mehl=Opfern war Oel und Wein verordnet. Dies könnte unter einem andern Volk blos hergebrachte Sitte, blos kirchlicher Gebrauch gewesen seyn, und allenfalls den Forschern der Antiquitäten überlassen werden: allein bey einem aus Egypten nach Paläſtina ausgehenden Volk wird es dem über geſezgebende Klugheit reflectirenden Philoſophen wichtig. Ich darf nur, um meine Leser noch aufmerksamer zu machen, erinnern, daß Egypten an Oel und Wein Mangel hatte, und daß dies die vorzüglichsten Naturgaben von Paläſtina ſind: daß Egypten den Wein für ein aus dem Blute der Götterfeinde entſtandenes Gift hielt, und Moſe befahl ihn zu opfern, und bey Opfermalzeiten zu trinken. Doch nun hievon genauer und umſtändlicher.

Weinbau hat der größeſte Theil von Egypten nicht, und kann ihn nicht haben, denn faſt das ganze Land beſteht aus völligen Ebenen, und der Weinbau liebt Hügel; dazu werden dieſe Ebenen gerade in den Monaten, in benen der Wein zur völligen Reife kommen müßte, vom Nil überſchwemmet, und ſind eine See. In Städten wird zwar an den Wänden der Häuſer Wein gezogen, der ſchön ſeyn ſoll, (*) und das ſeitwärts jenſeits einer Sandwüſte liegende ſehr abgeſonderte Fium

hat

(*) Maillet description de l'Egypte, lettre neuvieme, T. II.

§. 159. Opfer.

hat Weinberge, (*) desgleichen die noch weiter jenseits der Sandwüsten liegende mittelste Oasis oder Elvach; (**) auch hat nach Abulfeda (***) die Stadt Esne, die 145 französische Meilen über Cahira liegt, Weinberge, und bey Munia sollen nach Leo Africanus S. 721. Trauben wachsen. Allein dies ist für Egypten zum Trinken des Weins viel zu wenig, und es ist nicht, was man ein Weinland nennet; dazu ist noch der Wein in Fium, wie Wansleben (*) sagt, schlecht, und blos ein Getränk der Juden, und der in Elvach weiter nichts als ein Landwein. (**) Jezt, da es von Muhammedanern bewohnt wird, die doch wenigstens nach der Regel keinen Wein trinken, hat es nicht einmal Weinbau genug, sich mit Weinbeeren und Dibs, d. i. einem aus Weintrauben gemachten Sirup oder Honig zu versorgen,

---

(*) Voyage du Sieur Paul Lucas fait en 1714. dans la Turquie &c. T. II. p. 226. *L'on n'en trouve plus gueres que dans la Province de Fioum.* Siehe auch die 233ste Anmerkung zu Abulfedá Egypten. Wenn Ps. 78, 47. 105, 33. bey Beschreibung des Hagelwetters in Egypten der Schade erwähnt wird, den der Hagel an den Weinstöcken gethan habe, so vermuthe ich, daß dies auf Fium gehet, und diese durch den Kanal Josephs gewässerte Provinz schon damals zu Egypten gehört hat. Wenigstens ist dies der allgemeinen Sage der Egyptier gemäs, die will, Joseph habe diesen Kanal gezogen, und dadurch dies Thal jenseits der Sandwüster zum fruchtbaren Lande gemacht.

(**) Dies nehme ich aus Wanslebs deutscher Beschreibung von Egypten, die in Manuscript auf der Göttingischen Bibliothek ist, S. 82.

(***) S. 23. oder nach meiner lateinischen Uebersetzung S. 18. seiner Erdbeschreibung von Egypten.

(*) S. 37. 38. des eben erwähnten Manuscripts auf der Göttingischen Bibliothek. Vielleicht ist die sehr frühe, wegen der Ueberschwemmungen des Nils übereilte Weinlese schuld daran, denn aus Wanslebs Relation d'Egypte S. 246. sehe ich, daß die Weinlese in Fium schon am Ende des Junii angeht. Im August nemlich ist Egypten vom Nil überschwemmet.

(**) S. 82. des Göttingischen Manuscripts.

S. 190. Opfer.

gen, sondern bekommt, wie Shaw (*) erzählt, blos von Hebron jährlich dreyhundert Kameellasten Dibs. Eben so war es schon zu Jakobs Zeit: wenn er dem Großvezier von Egypten, von dem er noch nicht weiß, daß es sein Sohn ist, ein Geschenk von dem machen will, was Palästina vorzügliches hat, so ist Dibs, oder Honig, mit darunter, (**) gewiß aber nicht Bienenhonig, denn den hat Egypten wegen eines Vortheils seiner Lage recht vorzüglich schön (***) und überflüßig, sondern Rosinenhonig. Eine Folge dieses Mangels an Weinbergen war, daß die Egyptier schon in den ältesten Zeiten aus Getreide eine Nachahmung des Weins, (Bier und Brantewein) so bey ihnen Zythos hieß, bereiteten. (****)

Dies

(*) In seinen Reisen, nach der Englischen Ausgabe, (und zwar der zweyten, denn die, und nicht die erste, sollte man sich billig anschaffen.) S. 339. in den Noten: oder nach der deutschen Uebersetzung S. 293. Note g.

(**) 1 B. Mos. 43, 11.

(***) Maillet description de l'Egypte, der neunte Brief, S. 24. 25. des zweyten Theils.

(****) Herodotus B. 2. Kap. 77. Die Egyptier bedienen sich eines Weins, den sie aus Gerste brauen, denn es giebt in diesem Lande keine Weinberge. (Hier fällt jedem Leser bey Zythos zuerst Bier ein: anderwärts scheint es auch Brantewein unter sich zu begreifen.)

Dürfte ich mir diesmal wohl die Erlaubniß nehmen, zur Rechtfertigung Herodots noch etwas ausführlicher von dem Weinmangel Egyptens zu reden? Es ist zwar eine Ausschweifung, aber die Sache ist für einen philosophischen Untersucher der Gesetze zu wichtig, weil eben die beyden ganz entgegen gesetzten Maasregeln, den Wein zu verbieten, und den Wein gleichsam so zu heiligen, daß er gegen alle Verbote sicher gesetzt wird, die ein so großes Problem der gesetzgebenden Klugheit sind, mit dem Weinmangel Egyptens zusammenhängen.

Erstlich bemerke ich, Herodotus will vielleicht nicht, daß Egypten keine Weinstöcke, (so verstand und übersetzte man ihn sonst) sondern daß es keine Weinberge habe,

denn

§. 190. **Opfer.**

Dies war die natürliche und ganz glükliche Folge: allein eine künstliche brachte die Politik zuwege, die sich nicht

---

denn ἀμπελος heißt beydes. Zwischen diesen Sätzen ist ein großer Unterschied. Leugnete er Egypten alle Weinstöcke ab, so wäre es ein Irrthum, von dem sich nicht begreifen ließe, wie er einem Manne, der so lange in Egypten gewesen ist, und sich dort an Ort und Stelle nach allem so genau erkundiget hat, hätte in die Feder fließen können: denn nicht blos jezt werden in den Städten an den Häusern Weinstöcke gezogen, sondern es ist auch, an Zeugnisse der Griechen nicht zu gedenken, aus der Bibel gewiß, daß es schon in den ältesten Zeiten Weinstöcke in Egypten gab. 1 B. Mos. 40, 9—11. 4 B. Mos. 20, 5. Ps. 78, 47. 105, 33. 80, 9. (an welchem lezten Ort doch Egypten als der unbequeme Boden für den Weinstok vorgestellet zu werden scheint.) Sagt er hingegen, Egypten hat keine Weinberge, so ist es freilich ein Irrthum, aber ein ganz erträglicher: er hatte etwan in dem ganzen Strich Egyptens, durch den er gekommen war, keine Weinberge gesehen. Er war vielleicht blos am Nil geblieben, und nach dem abgelegenen Fium, wo noch jezt Weinbau ist, nicht gekommen.

Zum andern, eben wegen des Umstandes, daß er selbst in Egypten gewesen ist, muß man ihm doch wenigstens so viel zuglauben, daß er, so weit er Egypten durchreisete, keinen Weinberg antraf, Egypten also nicht viel Weinbau hatte: aber er hat hier, wenn ihn Gelehrte lasen, ein sehr widersinniges Schiksal erfahren. So manches Unwahrscheinliche oder Unglaubliche, das er aus Hörsagen von andern Ländern erzählet, oder so manche zum Ruhm der Griechen etwas beytragende patriotische Vergrößerung, glaubt man ihm ziemlich auf sein Wort: wenn er aber Egypten an Wein arm macht, sezt man ihm, anstatt die ganz natürliche Frage aufzuwerfen, kann auch in einem ebenen Lande, das noch dazu alle Jahr im Augusto und September unter Wasser steht, viel Weinbau seyn? oder neuere Reisende zu befragen, andere alte Schriftsteller, meistens solche entgegen, die Egypten nicht so genau kennen konnten, als er. Dies war keine kritische Gerechtigkeit. Herodotus kann und muß viel unwahres erzählen, wo er sich auf Hörsagen verließ: aber in Dingen, wo er seinen Augen trauen konnte, hielte ich ihn doch nicht gleich für einen eigent-

lichen

nicht scheuete, einen Religionsbetrug zu Hülfe zu nehmen, der das gewöhnliche Schiksal alles Religionsbetru-

---

lichen Lügner, weil andere, die sie nicht mit Augen gesehen haben, anders erzählen.

Doch nun die Zeugnisse derer, die man für den egyptischen Weinbau anführet:

1) **Diodorus Siculus** sagt, B. I. Kap. 15. Osiris habe den Weinstok erfunden. Nicht zu erwähnen, daß Osiris in die fabelhaften Zeiten der egyptischen Geschichte gehöret, und sich nach der egyptischen Theologie die Erfindung des Weins besser für den gegen Osiris feindseligen Typhon, als für Osiris schicken würde, (†) so stehet ausdrüklich dabey, er habe ihn auf dem Berge Nysa gefunden, und dieser unbekannte Berg wird außerhalb Egyptens bald in Arabien, bald an einen andern Ort gesezt. Wer etwas mehr von ihm wissen will, wird es im 8ten Theil meiner Orientalischen Bibliothek Numer 118. finden.

2) **Strabo** schreibt im 17ten Buch S. 1163. „Egypten trägt nicht wenig Wein." Strabo wäre sonst freilich viel glaubwürdiger, aber doch wegen Egyptens mit Herodoto, der in diesem Lande so lange gewesen ist, und es so genau kennet, kaum für gleich zu halten, wenn er in einem wahren Widerspruch gegen ihn stände. Ist aber dies auch? Wie kam es doch, daß niemanden einfiel, das ογκ, (nicht wenig) das mit der Natur Egyptens so gar nicht übereinstimmt, möchte eine falsche Leseart seyn? Die ganze Stelle hängt viel besser zusammen, wenn man sie so lieset: Wein trägt es nur wenig, Weizen aber und Gemüse, und andere Gewächse sehr reichlich.

3) **Plinius** nennet unter den vorzüglichen Weinen den Sebennytischen, und sezt hinzu, *in Aegypto hoc nascitur tribus generibus uvarum, thasia, aethalo, peuce. Hist. nat. l. XIV. §. 9.* Der überall sammelnde Plinius ist doch nicht der Schriftsteller, der einem Augenzeugen, wie Herodotus in egyptischen Sachen war, das Gegengewicht halten könnte, sonderlich, da sich kaum begreifen läßt, wie in dem Sebennytischen Kanton, der im Delta mitten zwischen den Armen des Nils lieget, und im August und September vom Nil überschwemmt seyn mußte, ein ansehnlicher Weinbau hätte seyn können, auch die arabischen Geographen,

die

(†) *P. E. Jablonski pantheon Aeg. lib. II. c. I. §. 5. 6.*

§. 190. Opfer.

truges gehabt hat, weit mehr Schaden in der Welt zu thun, als sein Nutzen je betragen konnte, sonderlich nachdem

die sonst gemeiniglich mit anmerken, wo Weinbau ist, in der Gegend nichts von Weinbergen erwähnen. Vielleicht war der Sebennytische Wein, den Plinius erwähnt, gar nicht im Sebennytischen Kanton, sondern im obern Egypten, wo etwas Weinbau ist, gewachsen, und erhielt nur davon seinen Namen, daß er vom Sebennytischen Ausfluß des Nils, wo jetzt Barlos liegt, nach Italien geführt ward: oder es war vielleicht in diesem Theil des Delta ein einzelner über die Ueberschwemmungen des Nils ragender Berg, der zu Plinii Zeit mit Wein bepflanzt war, oder in der Stadt selbst wurden Weinstöcke an Häusern gezogen, aus denen man etwas weniges Wein machte, das in Rom bey hochgestiegenem Luxus wegen seiner Seltenheit theuer bezahlt, und desto wohlschmeckender befunden ward, weil es viel kostete: wohl einverstanden, daß der Kaufmann viel mehr Sebennytischen Wein nach Rom sandte, als an Ort und Stelle wachsen konnte, so wie wirklich tausendmal so viel Pontak vertrunken wird, als wächst — — — Paul Lucas hält den Wein in Fium für den Sebennytischen, und will deswegen den Sebennytischen Arm des Nils verlegen. Siehe sein Voyage fait en Asie mineure & en Afrique T. II. S. 45. Seiner Vermuthung möchte entgegen stehen, daß der Fiumische Wein schlecht ist.

4) Athenäus erzählt (*Deipnosophiston lib. I.* S. 33.) viel vom Alexandrinischen Wein, und sagt auch, längst des Nils sey zu beyden Seiten viel Weinwachs: dann redet er noch von dem Wein, der in Oberegypten um Koptos herum wächst, und sehr leicht seyn soll. Daß es Weinbau um Koptos herum gebe, will ich gar nicht leugnen: in die Gegenden muß Herodotus nicht gekommen seyn, wie denn Koptos, jetzt Kept, nach dem Abulfeda Num. 43. schon näher an den Gebirgen, als am Nil liegt. Alexandrinischen Wein will ich auch gar nicht leugnen; selbst Abulfeda erwähnt ihn S. 7. und Strabo sagt S. 1150. am Mareotischen See sey guter Weinwachs, so daß man auch den Mareotischen Wein (das ist ihm was besonders, weil andere egyptische Weine schlecht sind) aufbehalte und alt werden lasse. Auch Horaz lobet diesen Mareotischen, d. i. Alexandrinischen Wein

nachdem er von andern Völkern nachgeahmt, und in die Moral aufgenommen ward. Hätten die Egyptier Wein trinken wollen, so hätte er von auswärtigen Orten eingeführt werden müssen: und wirklich das geschahe zu Herodoti Zeit, (*) und geschieht noch jezt. (**) Dies ist eine, politisch davon zu reden, sehr nachtheilige Sache, die sich alle nördlichen Länder gefallen, und das
Geld

Wein B. I. Ode 37. Allein Alexandrien ward in den ältesten Zeiten, z. B. von Homer, nicht zu Egypten gerechnet, und liegt weit vom übrigen Egypten, das der Nil fruchtbar macht, abwärts: der Kanal, der jezt den Nil dahin leitet, ist blos ein Werk der Kunst, und vor Alexander dem Großen war diese Gegend fast ganz vernachläßiget, weil man ihre Importanz nicht kannte. Höchstens hatte sie einen Flecken, Rhacotis, wo blos Soldaten wohnten, um Fremde abzuhalten, daß sie nicht da landeten. (Strabo S. 1142. Man sehe auch Woods Versuch über das Original-Genie Homers S. 128—130. nach.) Vermuthlich ist also in dieser wenig bewohnten und fast gar nicht geachteten Gegend vor Alexanders Zeit kein Weinbau gewesen, den die Griechen etwan hingebracht haben, nachdem Alexandrien wegen seiner überaus vortheilhaften Lage die Hauptstadt von Egypten geworden war. Daß auf beyden Seiten längst des Nils Weinwachs sey, gehet offenbar nach dem Zusammenhange nicht auf ganz Egypten, sondern blos auf die Gegend um Alexandrien. Athenäus will also nur sagen, an dem Kanal, der vom Nil nach Alexandrien gezogen, und ein Werk der Griechen ist, sey auf beyden Seiten viel Weinwachs. Wer ihn anders verstünde, machte ihn nicht allein etwas unwahres, sondern auch abgeschmaktes sagen, weil beyde Seiten am Ufer des Nils selbst im August und September unter Wasser stehen.

(*) Herodotus lib. III. c. 6. Aus ganz Griechenland, wie auch aus Phönizien, wird jährlich zweymal Wein in irdenen Krügen nach Egypten geführet.

(**) Maillet description de l'Egypte, der neunte Brief, S. 17. des zweyten Theils. On ne fait point de Vin en Egypte, car je crois qu'on doit comter pour rien celui, que font quelques Coptes pour leur usage particulier. Ainsi on peut dire, que tout le Vin, qu'on boit ici, vient de dehors. Le meilleur vient de Chypre.

§. 190. **Opfer.**

Geld für den Wein außer Landes gehen laßen müßen: die egyptische Politik hingegen suchte ein so schädliches Kommerzium zu hindern, und das desto eifriger, weil sie überhaupt wider die auswärtige Handlung war. Allein wie soll man die Einführung des Weins hindern? Durch Verbote? Die sind viel zu schwach, wo es so sehr auf Geschmak und Vergnügen ankommt, und beynahe nur ein Befehl, ihn zollfrey einzuführen, und dagegen desto theurer an den Ausländer, der die Konfiscation der Kontrebande befürchten muß, zu bezahlen. Bald verstehen sich alle, die Wein mögen, untereinander, Aufseher so gar und Gränzbereuter mit dem Bürger: jener hat auch keinen Ekel vor dem Wein, und ist mitleidig gegen die Schwächen des menschlichen Geschmaks, und dieser giebt ihm ab, oder verstehet sich mit jenem, das so und so vielte Faß zu konfisciren, und ihm das übrige zu laßen. Wer neuere Gesetze gegen den Luxum, und die dabey übliche Kontrebande kennet, wird mir keine Einwendung machen.

Die Egyptier nahmen ein kräftigeres Mittel, den Religionsbetrug, zu Hülfe. Wein sollte den Göttern zuwider, und so gar das Blut der alten Feinde der Götter seyn. (*) Wer das glaubt, der wird ja etwas so abscheuliches zu trinken nicht verlangen, sondern

bey

(*) Plutarch in seinem Buch von Isis und Osiris; §. 6. Vor Psammetichi Zeit trunken sie keinen Wein, brachten ihn auch nicht zum Opfer, denn sie hielten ihn für etwas den Göttern verhaßtes, und für das Blut derer, die ehedem mit den Göttern Krieg geführet hätten, (d. i. der Riesen, und bey den Egyptern, des bösen Gottes Typhon, und seines Anhanges:) denn sie glauben; da diese getödtet und mit der Erde durch die Verwesung vermischet sind, so seyen daraus Weinstöcke entstanden, und daher soll es kommen, daß er die Menschen rasend und wahnwitzig macht, da sie das Blut ihrer Vorfahren in sich trinken.

bey Wasser, Bier, Brantewein und andern Liqueurs bleiben.

Von den Egyptiern, diesen großen Lehrern der alten Welt in der Philosophie, Aberglauben, und Wissenschaften, breitete sich der Haß des Weins, bisweilen mit einiger Veränderung, aber doch in der Hauptsache und so gar in dem Unterschied, den er zwischen Wein und Traubensaft macht, sich gleich und einerley, zu mehreren Völkern und Sekten aus. Die Manichäer, die eigentlich eine philosophische Sekte in Persien waren, hielten den Wein für das Blut, oder auch für die Galle, das ist, Gift, (*) des bösen Urwesens, das sie erdichteten, und verboten ihn den Auserwählten, (**) so daß die Manichäischen Christen, d. i. Christen, die die Persianische Philosophie in das Christenthum übergetragen und dieses nach ihr umgebildet hatten, nicht einmal bey dem heiligen Abendmahl Wein gestatteten. Andere christliche Sekten bekamen den Weinscheu noch unmittelbarer aus Egypten, und die Jüdische Sekte der Eßener, die ihn für ein rasend machendes Gift erklärten, hatte ihren vornehmsten Siz in Egypten. Auch unter einigen arabischen Völkern war der Wein aus politischen Ursachen verhaßt, weil es mit ihrem Begrif von Freyheit stritt, liegende Gründe zu haben, denn durch diese kann man genöthiget werden, sich einem Sieger oder Tyrannen zu unterwerfen, sie sind gleichsam Geißel für uns; und nur der ist nach Arabischem Begrif recht edel und frey, der alles sein Eigenthum mit sich fortnehmen, der herumirrende Hirte, der mit seinen Heerden tief in die Wüste, wo ihm kein Sieger nachfolget, ziehen kann: und die Nabatäer giengen so weit, Lebens-

strafe

(*) Siehe die 48ste Frage an die Arabische Reisegesellschaft.

(**) Augustinus de moribus Manichaeorum libr. II. §. 44. Wer etwas ausführlicheres hievon nachlesen will, findet es bey Beausobre, histoire de Manichéens, Livre 9. chap. 7. und 11. von S. 771. an.

§. 190. Opfer.

strafe darauf zu setzen, wenn jemand ein Haus bauete, säete, pflanzte, oder Wein trünke. (*) Andere waren zwar nicht so strenge, untersagten sich doch aber der Ehre und der väterlichen Sitten wegen den Besitz liegender Gründe und dem Wein. Jeremias erwähnt Kap. 35, 6. 7. eine mit den Israeliten nach Palästina gezogene Arabische Familie, die schon viel hundert Jahr in Palästina wohnete, und das Gebot ihres Stammvaters, Jonadabs, heilig beobachtete, **kein Haus zu bauen, sondern in Gezelten zu wohnen, nicht zu säen, keinen Weinberg anzulegen oder zu besitzen, und, was mir hier eigentlich wichtig ist, keinen Wein zu trinken**: denn welches Volk oder Geschlecht gar keinen Weinberg besitzen darf, das muß auch billig nicht Wein trinken, sonst wird es bald Lust bekommen, Weinberge zu haben. Es kann seyn, daß die Araber für dieses eigentlich aus Freyheitsliebe entstandenes Weinverbot den Religionsvorwand von den Egyptiern geborget, oder ihm doch durch den Vorgang dieses zuerst kultivirten klugen Volks ein ehrwürdiges philosophisch-moralisches Ansehen gegeben haben: doch weiß ich weder das eine, noch das andere historisch gewiß. Aber das ist unleugbar, daß der Weinscheu in Arabien um Jahrtausende älter als Muhammed, und

keine

(*) Diodorus Siculus B. XIX. §. 94. Ihre Gesetze verbieten, Korn zu säen, irgend etwas, das Früchte trägt, zu pflanzen, Wein zu trinken, und Häuser zu bauen: und auf die Uebertretung hievon ist Lebensstrafe gesezt. Die Ursache dieses Gesetzes ist, daß sie glauben, wer dergleichen etwas eigen habe, werde leicht von dem Mächtigern gezwungen, sich seinen Befehlen zu unterwerfen. Ausser der Stelle Ammian, B. XIV. 4. die Wesseling in den Noten zu Diodoro anführt, kann man noch Arvieux im dritten Theil seiner Reisen von S. 109. an, und Herrn Niebuhrs Beschreibung Arabiens S. 389. nachsehen. Bis auf diesen Tag ist der Acker- also auch der Weinbau, nach dem Urtheil der Beduinen, unter der Würde eines ächten edlen Arabers.

keine Erfindung von ihm ist. Jeremias, der ihn als eine uralte Sitte einer Arabischen Familie in Paläſtina vorfand, lebte 1200 Jahr vor Muhammed, und die Familie war wenigſtens 800 Jahr vor Jeremia aus Arabien nach Paläſtina gezogen. Muhammed fand alſo eine Sitte oder Moral, die den Wein verbot, ſchon als uralt vor ſich, da er ſich zum Propheten aufs warf. Er predigte natürliche Religion, ſo gut er ſie einſahe, darinn freilich ein Betrüger, daß er vorgab, Sätze, die ihn meiſtens die geſunde Vernunft lehrete, aus göttlicher Offenbarung zu wiſſen, und ein Enthuſiaſt, da er glaubte, jeder zum ewigen Leben Erwählte, würde durch eine innere Wirkung Gottes erleuchtet und von ihrer Wahrheit überzeuget. Die Sätze der natürlichen Religion erfand er wohl nicht ſelbſt, er nahm ſie auch nicht von Juden oder Chriſten an, ſondern folgete meiſtens einer Sekte Arabiſcher Philoſophen, (Naturaliſten würden wir ſie nennen) die nur einen einzigen Gott, und ein künftiges Leben glaubten, und bey den Arabern *Haniſin*, d. i. die Profanen hießen, weil ſie die Götter der Araber verleugneten, ohngefähr wie man auch die Chriſten Atheiſten genannt hat, weil ſie nicht an die Götter der Heiden glaubten. Was nun dieſe philoſophiſche Sekte wahres oder falſches hatte, trug er, ihre Nationalvorurtheile in der Sittenlehre nicht ausgenommen, groſſentheils in ſeine angeblich vom Himmel offenbarte Religion, weil es ihm als Wahrheit vorkam. Den Haß des Weins fand er bey dem für edel gehaltenen Theil der Nation, vielleicht auch bey der philoſophiſchen Sekte der Chaniſin vor ſich, billigte ihn deſto eher, weil aus Misbrauch des Weins unzählige Ausſchweifungen entſtehen, und trug ihn in ſeine Religion. Dies that er noch dazu recht ſo, wie die Egyptier und Manichäer, unter dem Vorwand, der Wein ſey ein Werk, d. i. Erfindung des Teufels, und mit dem Unterſchied, den Egyptier und Manichäer zwiſchen **Wein und Weintrauben** machen, von dem bald näher geredet

werden

§. 199. Opfer.

werden soll. Wenig mochte er damals daran denken, daß seine Religion sich so bald in drey Welttheilen vom Ganges bis zum Atlantischen Meer ausbreiten, und einen National-Haß der Araber gegen den Wein so viel andern Völkern zu ihrem grössesten Schaden aufdringen sollte. Häufig hat man ihm eine politische Absicht bey dem Verbot des Weins zugeschrieben: er soll ihn verboten haben, damit nicht seine Araber sich betrinken, und dann Schlachten verlieren möchten. Hätte er sie gehabt, so wäre er wirklich ein sehr schlechter, wie man es nennen will, Politikus, oder General, oder Kenner des Menschen gewesen: ein Volk, das des Weins von Kindheit auf gewohnt ist, steht weniger in Gefahr, durch Trunkenheit einer ganzen Armee geschlagen zu werden. Allein eine des Weins ungewöhnte Armee könnte wohl durch eine Kriegslist berauscht, und dann geschlagen werden, und davon erzählt uns wirklich die alte Geschichte Beyspiele der Scythen, (*) und der Istrier, deren gewöhnliches Getränk vermuthlich damals der Wein noch nicht war. (**) Wenigstens läßt sich Muhammed nirgends etwas von dieser Absicht des Weinverbots merken, und historische Nachrichten hat man auch von ihr nicht.

Es wird meinen Lesern nicht unangenehm gewesen seyn, so viel von dem vermuthlichen Ursprung des Muhammedanischen Weinverbots zu lesen. Ich komme nun wieder zu den Egyptiern zurük. Ihre Könige, und andere sehr Reiche und Vornehme, konnten sich doch noch über das Weinverbot trösten: eine Distinktion zwischen Wein und Traubensaft verschaffete ihnen die Erlaubniß, den frisch ausgepreßten Saft der Trauben zu trinken. Diesen Unterschied machen auch andere Sekten, die den Wein für ein Werk des Teufels halten, z. B.

E 3   Mani-

(*) *Justinus l. I. c. VIII. omissis hostibus insuetos barbaros vino se onerare patitur, priusque Scythae ebrietate quam bello vincuntur.*

(**) *Florus l. II. c. 10.*

§. 190. Opfer.

Manichäer, (*) und Muhammedaner: (**) er ist auch ziemlich einleuchtend, denn eben der Saft hat, je nachdem er gebrauset oder nicht gebrauset hat, sehr verschiedene Wirkungen; wann er noch in den Trauben ist, berauscht er gar nicht, als Most berauscht er kurz und flüchtig, durch das Brausen wird er aus Most zu berauschendem Wein, und daraus wieder durch eine andere Art von Fermentation zu Eßig, in welchem Zustande er ganz entgegen gesetzte Wirkungen hat, und kühlet. Wie zu Josephs Zeit der egyptische König den Saft der Trauben trank, sehen wir aus dem Traum seines Oberschenken, 1.B. Mos. 40, 9—13. Es kommt ihm vor, er nehme Trauben, mische (***) in dem Becher

---

(*) Augustinus de moribus Manichaeorum. l. II. §. 44. nach der Benediktiner-Ausgabe Tom. II. S. 752. *quae tanta perversio est, vinum putare, fel principis tenebrarum, & uvis comedendis non parcere.*

(**) Muhammeds eigene Worte sind in der 16ten Sure des Korans V. 11. Gott lässet euch Korn, und Oelbäume und Palmbäume und Weintrauben wachsen: und V. 69. sagt er von den Weintrauben: sie können zum Berauschen, und zu einer guten Nahrung angewandt werden. Dies ist nicht, wie Maraccius un-billig vorgiebt, ein Widerspruch gegen Sura V, 92. Wein, Spiel, Bildsäulen, und Würfel, sind eine Schande, und ein Werk des Teufels, sondern Wein ist verboten, Trauben aber und Rosinen zu essen erlaubt. Sie werden auch wirklich von den Muhammedanern gegessen, die deswegen selbst in Arabien Wein bauen; (siehe Niebuhrs Beschreibung von Arabien S. 147. und noch viel andere Reisebeschreibungen.) Ja die Muhammedaner lassen sich den Saft der Trauben durch ein Linnentuch auspressen, in einen Becher giessen, und trinken ihn denn unter dem Namen Scherbeth, (Schulzens Leitungen des Höchsten Th. 5, S. 286.) dies recht so, wie Farao.

(***) Wer hier im Hebräischen eine Schwierigkeit findet, der kann die Lösung davon in Golii Arabischem Lexico S. 1147. suchen. *Sachat*, oder wie ich das Hebräische Wort lieber aussprache, *Schachat*, schlachten, heißt auch, Wein mit Wasser mischen.

§. 190. Opfer.

cher ihren Saft mit Wasser, und überreiche ihn Farao. Dies war ein Luxus blos für den Reichen, der Egypten nie um sein Geld bringen konnte: denn aus andern Ländern wird man weder Traubensaft, der nicht gegoren hätte und zu Wein geworden wäre, noch frische Trauben in Menge kommen lassen.

Moses führte die Israeliten in ein Land, dessen vorzüglichste Gabe der Natur der Weinwachs ist, (*) und er unterläßt auch nicht, diesen Vorzug vor dem, freilich kornreichen und Brodt gebenden, aber sonst eben nicht viel Wohlleben verheissenden Egypten zu rühmen, wenn er seinem Volke Lust zu Eroberung des neuen Landes machen will. So gut die egyptische Politik wegen der Armuth des Landes den Wein verrufen konnte, so vernünftig war es für den Gesezgeber eines in Palästina wohnen sollenden Volks, nicht allein nichts dergleichen zu thun, sondern auch vorzubeugen, daß nie der egyptische Haß des Weins seinen Bürgern in das an Wein reiche Land nachfolgen, und dessen grösseste natürliche Schätze unbrauchbar machen möchte.

Hält man hier beyde gesezgebende Klugheiten, die Aegyptische und Mosaische, gegen einander, so sehen sie sich zwar anfangs darinn gleich, daß sie dem Lande, darinn das Volk wohnete, gemäß sind: allein der grosse Unterschied von beyden fällt doch auch in die Augen.

E. 4.   1) Die

(*) 4 B. Mos. 13, 21. 24. 5 B. Mos. 8, 8. Noch jezt unter Muhammedanischer Herrschaft, die dem Weinbau eben nicht günstig ist, ob sie gleich den Weinstok nicht verbietet, und nach so vielen Verwüstungen, hat Palästina diesen Vorzug vor benachbarten Ländern behalten. Daß jährlich 300 Kameellasten Rosinen von Hebron nach Egypten gehen, habe ich schon oben erwähnt. Von dem Wein selbst, der noch jezt in Palästina gemacht wird, wird man in Herrn Oberkonsistorialrath Büschings Erdbeschreibung Asiens S. 362. Hasselquists Reisen S. 257. der deutschen Uebersetzung, und meiner Orientalischen Bibliothek Th. III. S. 118. 119. noch einige Nachrichten finden.

§. 190. Opfer.

1) Die Mosaische ist redlicher. Die Politik der Egyptier gebrauchte einen Religionsbetrug: Moses nahm auch die Religion zu Hülfe, aber auf eine ganz unschuldige Weise, und ohne einigen Betrug oder Aberglauben einzumengen. Es waren nur Zerimonien, die er verordnete, und durch die der Wein auf immer für rein und sein Genuß für unsündlich erklärt, also aller Wein-verbietenden Moral vorgebauet ward.

2) Die egyptische Politik suchte, dem Bürger einen Theil seiner natürlichen Freyheit zu nehmen, und das gerade in einer unser Vergnügen und Geschmak so sehr angehenden Sache: die Mosaische wollte die natürliche Freyheit erhalten.

Doch da ich einmal von dieser Materie so viel habe reden müssen, kann ich mich nicht enthalten, noch eine Anmerkung hinzu zu setzen. Verbote des Weins kommen mir als der größeste Fehltritt der gesezgebenden Klugheit, und wenn man Religion hinein mischt, und die den Wein verbieten oder verhaßt machen läßt, als ein grosses Unglük für das menschliche Geschlecht vor. Was diese unredliche Politik in dem alten Egypten für Folgen gehabt hat, glükliche? oder unglükliche? kann ich wegen der großen Entfernung der Zeit nicht sagen: ich beurtheile Weinverbote nur, wie sie uns die über einen so großen Theil des Erdbodens ausgebreitete Muhammedanische Religion in ihren Folgen zeigt: Ich rede, das muß ich zum voraus sagen, nicht von dem heissen Himmelsstrich, denn ob da ein Verbot des Weins schaden könne, weiß ich nicht: es scheint, der Wein sey ihm nicht recht angemessen, und wohl zu hitzig, wie denn einige Länder unter diesem Himmelsstrich bey dem schönsten Weinbau doch nur Most haben: (*) auch nicht

von

───────────────

(*) Z. B. Abeßinien. Siehe Jobi Ludolfi historiam Æthiopicas l l c. 9. und im Kommentario dazu n. LXXXI. p. 139. Ferner Lobo relation historique d'Abessinie T. I. p. 91.

von den nördlichen Ländern, denen die Natur keinen Wein gegeben hat. Sie können ihn wenigstens entbehren, so lange die Nation noch genug mit dem Leibe arbeitet, und in ihrer Einfalt ist, wiewohl sich doch auch bey nördlichen Völkern bald eine üble Folge des untersagten Weins finden möchte, nur keine so schlimme, als in den Ländern, die die Natur selbst zum Weinbau bestimmt hat. Die fürchterliche Folge, von der ich rede, ist: das sich von Zeit zu Zeit mehr kultivirende, mehr Leibesruhe und Müßiggang habende, mehr lange Weile und Hypochondrie fühlende Volk, sucht ein Substitut des Freude gebenden Weins, und es ist so unglüklich, dies Substitut zu finden. Das minder gefährliche ist, Brantewein, das gewöhnliche in nördlichen Ländern, wiewohl er doch auch jezt in der Türkey ziemlich unter den Soldaten eingeführt ist, und von vielen für nicht verboten geachtet wird: das gefährlichste, in Persien und der Türkey so sehr eingerissene, ist Opium, dessen Folgen Reisende, z. B. Chardin (*) so beschrieben, daß man gewiß der Muhammedanischen Religion wegen ihres Weinverbots keine Lobrede mehr halten wird, wenn man sie gelesen hat. Auch wird kein Gesez, ja kein Verbot der Religion, das Weintrinken völlig hindern, weil nicht alle den Gesetzen und der Religion gehorchen, und unter den Muhammedanern wird Wein genug getrunken: alsdenn aber ist die Folge des Verbots, daß er heimlich, und eben deswegen geschwind mit langen Zügen mehr gesoffen als getrunken wird. Dann aber berauscht er geschwinder und stärker, als wenn man ihn langsam in einer angenehmen Gesellschaft trinkt. Wenigstens hört man unter Muhammedanern sehr viel, vielleicht noch mehr als unter Christen, von groben Excessen, die vom Trunk entstehen. Alles zusammen

---

(*) Th. IV. seiner Reisen S. 204—206. der Ausgabe in groß Duodez.

sammen genommen ist ein Weinverbot ein hartes und schädliches Kunststük einer falschverstandenen Politik.

§. 191.
Ferner vom Gebrauch des Oels bey den Opfern.

Zu den Mehlopfern wird, blos mit Ausnahme zweyer seltenen Fälle, (*) Baumöl verordnet, damit sie zubereitet, und zu Kuchen gebacken werden sollten. 2B. Mos. 29, 2. 3B. 2, 1. 5, 7. 15, 6, 8. 14. (oder nach andern Bibeln 15. 21.) 7, 12. Ich habe mit diesem Gesez, in so fern es vielleicht bildlich ist und eine halbe Zerimonie betrifft, nichts zu thun, sondern betrachte es blos nach seinem politischen Einfluß in den Staat; und der war bey einem Volk, das aus Egypten nach Palästina geführet ward, und noch stets einen Hang nach Egypten hatte, wichtig. Es heftete das Volk ganz unvermerkt an sein neues Vaterland, und machte, daß ihm künftig eine Wohnung in Egypten hätte unangenehm seyn müßen: und dabey gab es auf eben so unvermerkte Weise einen Trieb, den Oelbau, zu dem die Natur Palästina recht vorzüglich bestimmt zu haben scheint, nicht zu vernachläßigen.

Der größeste Theil von Egypten hatte, wie Strabo erzählt, (**) gar keinen Oelbau: blos im Herakleotischen Kanton war er in der Vollkommenheit, daß man Oel machen konnte; in den Gärten um Alexandrien herum (die aber zur Zeit der alten egyptischen Könige noch nicht waren, denn die Gegend lag vor Alexanders des Großen Zeit wüste und ungebauet) waren Oelbäume,

aber

(*) Sie sind 1) wenn das Mehlopfer ein Sündopfer der Armen war, 3B. Mos. 5, 11. 2) wenn es ein sogenanntes Rügeopfer war, d. i. ein Opfer, bey dem eine Ehefrau, die im Verdacht des Ehebruchs war, den Reinigungseid schwor, 4B. Mos. 5, 15.

(**) S. 1163.

§. 191. Opfer.

aber man machte kein Oel. (*) Die Folge dieses Mangels war, und ist noch, daß man sich in Egypten, so wie bey uns, der Butter bediente, oder auch wohl Bakwerk mit Honig machte: und noch jezt pflegen die Reisenden, die aus Egypten nach Arabien gehen, Butter mitzunehmen, so unappetitlich sie auch seyn mag, denn sie pflegt wegen der großen Hitze unterweges in den Krügen geschmolzen zu seyn. Der Theil von Arabien, den die Israeliten durchzogen, und in dem sie sich etwan als herumziehende Hirten hätten niederlassen können, war gleichfalls an den meisten Orten ohne Oelbau. Dagegen giebt Paläſtina nicht blos viel, sondern auch recht vorzüglich schönes Oel, (**) und Haßelquiſt zieht es dem Provencer=Oel vor. Durch dies Geschenk der Natur werden steinichte Gegenden und Berge, die sonst unfruchtbar seyn würden, nicht blos nuzbar, sondern auch einträglicher gemacht, als die besten Aecker seyn können: die einzige Gegend in Paläſtina, die Strabo, der so oft unrecht angeführte Strabo, (***) als unfruchtbar beschreibt, iſt die um Jeruſalem, und sie ist es auch wohl wirklich zum Ackerbau, aber doch sagen die Juden, ein Morgen um Jeruſalem sey ehedem viel

höher

(*) Noch jezt hat Egypten kein einheimisches Baumöl. Siehe Sicard im 2ten Theil der Mémoires de la Compagnie de Jesus S. 135. Wansleb sagt in dem auf der Göttingischen Bibliothek befindlichen Manuſcript S. 80. das Baumöl bekomme man in Egypten von Tunis. Niebuhr beschreibt zwar eine Egyptische Oelpresse, aber sie ist nicht zu Baumöl, sondern zu Seſamöl. Siehe die Orientalische Bibliothek Th. VII. S. 15. und 176.

(**) Schon Moses rühmt dies im fünften Buch, Kap. 8, 8. 32, 13. Man sehe auch Ezech. 27, 17. wo Oel die Waare iſt, die das Jüdische Land ausführet. Shaw S. 337—339. (oder S. 292—293. der jämmerlichen deutschen Ueberſetzung) und Relands Paläſtina S. 380. 381.

(***) Im 16ten Buch S. 1104. wobey zu vergleichen ist, was Reland in seiner Paläſtina S. 390. 391. anmerkt.

höher im Preise gewesen, als im übrigen Paläſtina. Ich würde ihnen dies auf ihr Wort nicht zuglauben, wenn es irgend eine Unwahrſcheinlichkeit hätte, denn Jüdiſche Nachrichten vom Hörenſagen und mündlicher Ueberlieferung wiegen mir wenig. Allein natürlicher Weiſe mußte, ſo lange Paläſtina noch recht gebauet ward, ein Morgen um Jeruſalem eben deshalb mehr eintragen, als Ackerland, weil da Oel und Weinbau war. Man denke nur an den Oelberg, der auf der Morgenſeite der Stadt lag. Ein Morgen Landes mit Oelbäumen, oder Weinſtöcken bepflanzt, wird, er mag ſo felſicht und dürre ſeyn wie er will, ſehr leicht zehnmal ſo viel werth ſeyn, als ein noch ſo fruchtbarer Morgen Kornland. Und damit kommt auch Abulfeda überein, der in ſeiner Erdbeſchreibung Syriens ſagt, **die Gegend um Jeruſalem ſey eine der fruchtbarſten in Paläſtina.** (S. 10.)

Nun ſtelle man ſich die Folgen eines Geſetzes vor, das bey den Opfern verordnete, das Bakwerk mit Oel, alſo nicht mit Butter, zu machen, und zu jedem Mehlopfer ſo und ſo viel Oel zu geben. Der Prieſter, und das war bey den Hebräern der von Geburt Vornehme, gewöhnte ſich an Oelgebackenes; und da die Gaſtgebote gemeiniglich Opfermalzeiten waren, lernte man auch bey ihnen Oelgebackenes kennen. Was man einmal beym Traktiren als einen Luxum gekoſtet hat, und fand, daß es wohl ſchmekte, oder hört, daß die Vornehmern es eſſen, ahmt man erſt ſparſam, und dann, wenn man es anders kann, häufiger in den alltäglichen Mahlzeiten nach. Auf die Art war dies das zuverläßigſte Mittel, die Iſraeliten an Oelgebackenes zu gewöhnen; wer das einmal kennet, wird es immer dem Buttergebackenen vorziehen. Es ſchmekt, wenn das Baumöl friſch und ſchön iſt, viel beſſer als das beſte Buttergebackene: und dazu kommt noch, daß wirklich die Butter bald verderben kann, und alsdann dem Bakwerk und allen andern Speiſen einen unangenehmen Nebengeſchmak giebt. Die

meiſten

§. 191. Opfer.

meisten Fehler in der Küche entstehen aus Schuld schlechter Butter: dies ist eine Regel, die schon unsere deutschen Hausfrauen, sonderlich die im südlichen Deutschland, zu geben pflegen.

Von diesem Gewöhnen an Oelgebackenes war nun, wie oben gesagt ist, die natürliche Folge: einmal, daß der Oelbaum, in dem ein so vorzüglicher Reichthum des neuen Landes der Israeliten bestand, fleißiger gebauet, und also dessen natürliche Schätze recht genuzt wurden; und dann, daß das Volk die Lust endlich verlor, wieder nach Egypten zurük zu kehren. Daß es zur Zeit Mosis noch oft mit Sehnsucht an Egypten dachte, und wohl gar geneigt war, in die alte Sklaverey zurük zu gehen, wissen wir aus der von Mose erzählten Geschichte: und der Hang nach diesem alten Vaterlande war so dauerhaft, daß Moses nöthig gefunden hat, eine eigene Verordnung gegen alle Rükkehr nach Egypten in das ewige Reichsgrundgesez für die Könige einzurücken. 5 B. Mos. 17, 16. (*) Lernte aber erst der Israelite die vorzüglichen Gaben seines neuen Vaterlandes recht kennen, und hatte er sich an Wein und Oel gewöhnt, so mußte die Lust zu einem Lande endlich von selbst wegfallen, dem es an Oel und Wein mangelte.

Die Absicht, die diese Geseze vermuthlich haben mußten, ist so vollkommen erreicht, daß

1) die Butter unter den Israeliten ganz ausser Gebrauch gekommen ist. In den sämtlichen Hebräischen Schriften der Bibel, die sonst so viel ökonomische Wörter enthalten, finden wir nicht einmal den Namen der Butter, denn חמאה (Chemah) das man Hiob 20, 17. 29, 6. 5 B. Mos. 32, 14. Buch der Richter 5, 25. Jesaiä 7, 15—22. Butter zu übersetzen pflegt, heißt dies nicht, sondern, dicke Milch. Es scheint also, in Palästina

---

(*) Siehe §. 21. S. 54—57.

stina sey die Butter so selten gewesen, als etwan jezt in Spanien, und man habe sich blos an das wohlschmeckendere Oel gehalten. Wenn die LXX dies Wort unrichtig **Butter** übersetzen, so ist die Ursache davon diese: die griechische Uebersetzung ward von Egyptischen Juden gemacht, und die waren in ihrem neuen Vaterlande aus Mangel des Baumöls des Gebrauchs der Butter gewohnt geworden.

2) Niemals ist bey den Israeliten von Josuä Zeit an bis zur Zerstörung ihres Staats die Lust wieder aufgewacht, sich nach Egypten zu begeben. Erst nachdem Nebukadnezar Jerusalem zerstört hatte, und sich die Ueberbleibsel des Volks nach einem neuen unglüklichen Zufall in Palästina nicht mehr sicher glaubten, nahmen Juden wider das göttliche Verbot ihre Zuflucht nach Egypten. Jer. 42—44. und als der Staat der zehn Stämme untergieng, und Samarien von den Asyriern erobert ward, zogen manche von ihnen, wie wir aus Hosea abnehmen müssen, eben dahin.

§. 192.

Von den Zehnten.

Von Aeckern, Gärten, Weinbergen, und dem Zuwachs der Heerden, mußten die Israeliten einen doppelten Zehnten geben, und zwar an Gott, für dessen Eigenthum das ganze Land, und er für den König der Israeliten angesehen ward. (§. 35. und 73. S. 22.) Doch war in der That nur der eine Zehnte eine wahre Auflage, und der andere hatte eine solche Bestimmung, daß er leicht zu tragen war.

Erstlich bekamen die Leviten von allen Aeckern und Heerden der Israeliten den Zehnten zu ihrem Unterhalt, wovon schon im 52sten §. geredet ist. Blos dieser Zehnte verdient den Namen einer Auflage auf Aecker und Heerben:

§. 187. Opfer.

den: war aber deswegen billig, weil der Stamm Levi keinen eigenthümlichen Acker bekommen hatte, und doch wirklich dem Israelitischen Staat wichtige Dienste leistete, dafür er reichlichen Sold verdiente. (§. 52.) Ueber das war er auch bey den Nachbarn der Israeliten, und bey den alten Einwohnern Palästinens ganz gewöhnlich. Die Kananiter gaben ihren Göttern Zehnten, und so gar ein unabhängiger Staat, die Karthaginienser, schickten sie außer Landes nach Thrus. (Diodorus Siculus Buch XX, Kap. 24.) Von diesem Zehnten mußten die Leviten wieder den Zehnten an die Priester entrichten, welche also den Hundertsten von der Aufkunft der Israelitischen Ländereyen und Heerden bekamen. Die Geseze hiervon stehen 3 B. Mos. 27, 30—33. 4 B. Mos. 18, 21—32. Es muß bisweilen den Israeliten bequem gewesen seyn, den Leviten ihren Zehnten abzukaufen, und dies war ihnen bey Feldfrüchten unter der Bedingung erlaubt, daß sie den fünften Theil darüber gäben: hingegen bey Rind- Schaaf- und Ziegenvieh war aller Umtausch des Zehntens verboten. 3 B. Mos. 27, 32. 33. Diese Art von Einlösung des Zehntens, und worinn der Vortheil bestanden haben mag, um dessen willen man gern 20 Prozent über die Summe gab, verstehe ich nicht genug, weil ich nicht weiß, ob die Israeliten schuldig waren, den Zehnten auf eigene Kosten in die Städte der Leviten zu liefern, oder nicht. War es vielleicht, daß man den Zehnten vor der Erndte und noch auf dem Halm schäzte, und alsdann nach dieser Schäzung mit Dazulegung von 20 Prozent bezahlte?

Den zweyten Zehnten sezt Moses in seinen Verordnungen immer als bekannt und schon vor seiner Zeit gewöhnlich zum voraus. Vielleicht ist es eben der, den Jakob 1 B. Mos. 28, 22. gelobet hatte, und war als eine väterliche Sitte auf die Nachkommen fortgepflanzt. Die ihn betreffenden Verordnungen, in denen er aber nirgends eingesezt wird, stehen 5 Buch Mos. 12, 17—19.

17—19. 14, 22—29. 26, 12—15. und enthalten folgendes:

Man gab ihn keinem andern, sondern verzehrte ihn selbst bey Opfermalzeiten, und andern Gastgeboten: zu denen man, außer den Freunden, die man sonst einladen wollte, Leviten, Wittwen, Waisen, Fremdlinge, Arme, und seine eigenen Knechte zu ziehen, und ihnen dadurch einen frölichen Tag zu machen, erinnert ward. (§. 128. und 143. n. 3.) Eigentlich war er nur zu den Opfermalzeiten bestimmet: die Israeliten sollten nemlich alle Jahre dreymal an den hohen Festen zu der Hütte des Stifts oder Tempel kommen, hier bestand ihr Gottesdienst zum Theil in den oben beschriebenen Gastmalsopfern, und die sollten von den Zehnten gegeben werden. Weil man es aber nicht immer so einrichten konnte, gerade alle Zehnten in eben dem Jahre beym Altar zu verzehren, so war verordnet, jedes dritte Jahr eine völlige Abrechnung über die Zehnten zu machen, und was man alsdenn noch schuldig war, sollte man zu Hause, zwar nicht zu Opfern, (denn die waren nur da erlaubt, wo der Altar stand) aber doch zu freundschaftlichen und wohlthätigen Gastgeboten anwenden. Nur mußte in dem Jahr die Abrechnung geschlossen, und ein feyerliches Bekenntniß vor Gott abgelegt werden, daß man alle Zehnten zu solchen Malzeiten verwandt habe.

Wessen Wohnung so weit von dem Ort des Gottesdienstes entfernt war, daß der Transport der Zehnten zu viel gekostet haben würde, dem war erlaubt, den Zehnten in seiner Heimath zu Geld zu machen, und für dies Geld am Orte des Heiligthums zu kaufen, was er wollte, um es zu Opfermalzeiten anzuwenden: nur mußte er zu dem Gelde, dafür er den Zehnten verkauft hatte, noch den fünften Theil hinzulegen, welches freilich ganz billig war, denn an dem Ort, wo ein so großes

Volk

§. 192. Zehnten.

Volk zusammen kam, mußten nothwendig Speisewaaren viel theurer seyn, als sie in der entlegenen Vaterstadt verkauft werden konnten.

Man hat gemeiniglich aus diesem zu Opfermalzeiten und andern wohlthätigen Gastgeboten bestimmten Zehnten, zwey Zehnten machen wollen, deren einer zu Opfermalzeiten; und der andere zu Gastgeboten in der Vaterstadt angewandt werden sollte: und so hätten die Israeliten drey Zehnten geben müssen, zu denen nachher noch der vierte, den der König erhob, (*) gekommen wäre. Dies würde etwas viel, sonderlich für den armen Mann, gewesen seyn: ich kann aber, wenn ich blos Mosis eigene Worte lese, keine andere Erklärung herausbringen, als die oben gegebene, nach der dies nur Ein Zehnten ist, was andere unterscheiden und den zweyten und dritten Zehnten nennen.

Beyderley Zehnten, der den Leviten entrichtete, und der zu Opfermalzeiten angewandte, sollte von den jährlichen Einkünften des Feldes, und vom Zuwachs der Heerden gebracht werden: allein Moses ist eben nicht genau in Herzählung der Sachen, die verzehntet werden müssen, und es scheint, daß es nicht nöthig war, Gewissenhaftigkeit und Sorgfalt hierinn bis auf Kleinigkeiten auszudehnen. Wenigstens scheint Christus Matth. 23, 23. die übergroße Gewissenhaftigkeit in Gebung der Zehnten von Krauseminze, Till und Kümmel, nicht eben auf der guten Seite anzusehen. Wolle, Milch, und dergleichen, wurden gar nicht verzehntet.

Ueberhaupt wollte Moses den Zehnten dem Gewissen und der Freyheit des Volks so wenig als möglich beschwerlich machen: das Geben und Berechnen des Zehntens überlies er dem Gewissen, ohne gerichtliche und priesterliche Visitationen zu verordnen, jedoch auch ohne

zu

(*) §. 59. num. 2.

zu verbieten, daß die Leviten nachsähen, ob sie das Ihrige richtig bekämen. Der Gewissenhaftigkeit seiner Bürger in Absicht auf die zweyten Zehnten versicherte er sich blos durch das Bekenntniß, so sie alle drey Jahr ablegten: allein um auch nicht den Gewissenhaften zu ängstigen, verordnet er nirgends Zehnten von den Kleinigkeiten, wo die Mühe darauf zu merken vielleicht mehr gewesen wäre, als der Zehnte selbst; gestattete auch immer das dem Gewissen zu Hülfe kommende Recht der Abkaufung des Zehntens, wenn man den fünften Theil über die Summe gab. Ein kluger Gesezgeber kann bey Auflagen kaum zu zärtlich gegen das Gewissen seyn: denn lernen die Leute einmal wider ihr Gewissen handeln, so gehet es weiter, alsdann ist der moralische Karakter einer ganzen Nation wenigstens in einem gewissen Stük verdorben, und die Auflage erfordert so viel Aufseher, daß nicht allein die Freyheit eines jeden, auch des Redlichern, unangenehm gekränkt, sondern zugleich der grössere Theil der Aufkunft durch Besoldung der Aufseher, Kontrolleurs, und wie sie sonst heißen, zum voraus weggenommen wird. Hatte man sich auch an dem Heiligen verschuldet, das ist, die Zehnten gewisser Dinge nicht abgetragen: so konnte man noch künftig bey aufwachendem Gewissen ohne weitere bürgerliche Beschimpfung sich von der Schuld losmachen. Man mußte nur den fünften Theil dazu legen, und ein Schuldopfer bringen. 3 B. Mos. 5, 14—16.

§. 193.

Erstgeburt und Erstlinge.

Ausser den Zehnten gaben die Israeliten noch von allem Lebendigen, so sie besassen, die Erstgeburt, und von Früchten die Erstlinge: und auch diese waren, so wie die Zehnten, von doppelter Art, für den Priester, und zu Opfermalzeiten.

1) Die

§. 193. **Erſtgeburt und Erſtlinge.**

1) Die erſtern wurden dem Prieſter gebracht, und waren ein Theil ſeines Salarii. Seit der Nacht, in welcher Gott bey Ausführung der Iſraeliten aus Egypten alles Erſtgeborne der Egyptier ſterben laſſen, und die Erſtgeburt der Iſraeliten verſchont hatte, war zum Andenken hievon alles Erſtgeborne Gott heilig. Nur ſollte folgender Unterſchied beobachtet werden.

Thiere, die geopfert werden konnten, (Rind- Schaaf- und Ziegenvieh) durften nicht losgekauft, ſondern ihr Blut mußte am Altar geſprenget, und ihr Fett auf dem Altar verbrannt werden, das Fleiſch aber gehörte dem Prieſter, der es wie ein Opfer-Deputat genoß. (4 B. Moſ. 18, 17. 18.)

Alles andere, was nicht zum Opfer auf den Altar dienete, als Menſchen und unreine Thiere, konnte losgekauft werden. In Abſicht auf die erſtgebornen Söhne war dies eine Schuldigkeit der Eltern; bey unreinen Thieren, Eſeln, Kameelen, Pferden u. ſ. f. ſtand es in der Willkühr des Eigenthümers.

Die Loskaufung des Kindes geſchahe, wenn es einen Mond alt war: ſtarb es vorher, ſo hatten die Eltern nicht nöthig, es loszukaufen, ſondern es war gleichſam Gott und dem Prieſter, dem es bis dahin noch gehörte, geſtorben. Der Prieſter mußte das Kind, das losgekauft werden ſollte, ſchätzen: ſie hatten alſo nicht alle einerley Preis, ſondern es ſcheint, das kränkliche, deſſen Ende man täglich erwartete, oder auch das Kind des Dürftigen, ward geringer geſchäzt: doch mußte der Vater etwas, wenigſtens als eine Recognition des Rechtes Gottes an die Erſtgeburt, geben. Nur war eine Taxe geſezt, über die der Prieſter niemals gehen durfte, fünf Seckel, das iſt nach der gewöhnlichen unrichtigen Rechnung fünf Gulden, (die Mark zu 18 Gulden ausgemünzt) nach meiner aber viel weniger. Das Löſegeld gehörte dem Prieſter. (4 B. Moſ. 18, 15. 16.)

Unreine Thiere wurden losgekauft, indem man ein Schaaf oder Ziege dafür gab: wollte aber der Eigenthümer das nicht thun, so mußte er ihnen den Hals brechen. (2 B. Mos. 13, 12. 13.) Ob der Priester ein solches Thier, das der Eigenthümer nicht loskaufte, habe zu sich nehmen können, falls er es aufziehen wollte, finde ich nicht bestimmt: ordentlich aber konnte dies wohl der Fall nicht seyn, denn ein sich der Gelehrsamkeit widmender, der kein liegend Eigenthum, also keine Aecker und Wiesen hat, wird schwerlich Lust bekommen, oder Vortheil dabey finden, ein Fohlen aufzuziehen.

Die Stellen, die hiervon handeln, sind 2 Buch Mos. 13, 1. 2. 11—16. 3 B. Mos. 27, 26. 4 B. Mos. 18, 15—19.

Erstlinge wurden dem Priester nach der Erndte und Weinlese von Korn, Most, Oel, auch den ersten vom frischen Korn gebackenen Brodten, desgleichen von der Schaafschur gegeben: doch war dies ein Geschenk, dessen Größe in der Willkühr des Gebenden stand. Diese Erstlinge kamen gar nicht auf den Altar; sondern gehörten blos dem Priester, daher auch erlaubt war, Honig und Sauerteig dazu zu nehmen. Die Stellen von ihnen sind, 3 B. Mos. 2, 12. 4 B. Mos. 15, 19—21. 18, 11. 12. 13. 5 B. Mos. 18, 4. 5.

2) Die andere Art von Erstgebornen gehörte auf den Altar, und sollte zu Gastopfern angewandt, also von dem Opfernden selbst und seinen dazu eingeladenen Gästen verzehret werden. Hierdurch ist sie genug von der vorigen Art der geheiligten Erstgeburt unterschieden. Die Stellen von ihr sind, 5 B. Mos. 12, 6. 14, 23. 15, 19—23. Sie sehen zusammen so aus, als wenn diese Anwendung des Erstgebornen ein älteres bekanntes Herkommen gewesen wären, (recht so, wie bey den zweyten Zehnten) und Mose

kein

§. 193. Erstgeburt und Erstlinge.

kein neues Gesez gebe, sondern eine alte Gewohnheit bestätige. Nur das sieht man beyläufig 5 B. Mos. 15, 15. daß hier blos vom männlichen Geschlecht die Rede ist, und überhaupt scheint nie etwas weiblichen Geschlechts im Gesez Mosis erstgeboren zu heissen, wenn es gleich zuerst geboren war. Doch wollte ich mich hierüber, da es zum Geist der Gesetze so wenig thut, und am Ende eine Nebensache ist, mit niemand streiten.

Aber wie kann es, wird man natürlicher Weise fragen, zweyerley Erstgebornes geben? Ich weiß das Gesez nicht anders zu verstehen, als was nach dem eigentlichen Erstgebornen zunächst fiel, sollte zu diesen Opfermalzeiten angewandt werden. In meiner Bibel-Uebersetzung habe ich den Namen Zweyterstgebornes gewagt, weil ich es sonst nicht kurz und mit Einem Wort nennen konnte. Ich will ihn auch hier beybehalten. Dies Zweyterstgeborne diente also ordentlich, so wie die zweyten Zehnten, zu Opfermalzeiten: hatte es aber irgend einen Leibesfehler, so war der Eigenthümer nicht blos von der Pflicht es zu opfern losgesprochen, sondern das Opfern war ihm auch verboten, und er konnte es zu seinen ordentlichen täglichen Malzeiten anwenden.

Eben so sollte auch von Feld- und Gartenfrüchten ein Korb voll, den Moses Erstlinge nennet, zu den Festen mitgebracht, und nachdem er vor dem Priester niedergesezt, und Gott als eine Recognition wegen des geschenkten Landes geheiliget war, zu Opfermalzeiten angewandt werden. 5 B. Mos. 26, 1—11. Wie viel diese Erstlinge betragen sollen, bestimmet das Gesez nicht, sondern überläßt es der freyen Willkühr des Gebenden. In spätern Zeiten kann hierinn eine Aenderung gemacht, und durch Gewohnheit oder Gesetze ein gewisses Theil der Aufkünfte von Aeckern, Gärten und Weinbergen zu Erstlingen ausgesezt seyn:

seyn; allein das gehet mich hier nicht an, wo ich vom Mosaischen Recht handle.

§. 194.

Vom Sabbath. Einige Vorerinnerungen.

Der siebente Tag in der Woche war zum Tage des Gottesdienstes, der Ruhe, völligen Freyheit von aller Leibesarbeit, und der Rekreation, verordnet. Er ist unter dem Namen, Sabbath, bekannt genug. Die Geseze von ihm stehen, 2 B. Mos. 16, 22—30. 20, 8—11. 23, 12. 31, 12—17. 34, 21. 35, 1—3. 4 B. Mos. 15, 32—36. 5 B. Mos. 5, 12—15.

Ich werde jezt nicht eigentlich von ihm, so fern er zum Gottesdienst bestimmet war, sondern als von einem Rekreations-Tage reden: theils weil jene Absicht mehr für Theologie und Moral gehört, theils auch, weil wir wenig davon wissen, wie der Sabbath in den ältesten Zeiten zu dem, was wir Gottesdienst nennen, angewandt ward. Denn von dem, was die Juden nach der Zurükkunft aus dem Babylonischen Elend thaten, da sie in ihren Synagogen am Sabbath zum Gebet zusammen kamen, und die Bibel vorlesen, auch wohl eine Erklärung derselben oder eine Ermahnungsrede anhörten, kann man auf Mosis Zeit, von der wir nichts wissen, als was er uns selbst aufschreibt, und in der das noch keiner Erklärung bedürfende Gesez (denn die Sprache war damals weder ausgestorben, noch veraltet, sondern Muttersprache, die jeder verstand) nur alle sieben Jahr Einmal vorgelesen ward, nicht schliessen.

Zum bessern Verstande des Mosaischen Sabbathsrechts, und dessen Vergleichung mit den allgemeinen Regeln der gesezgebenden Klugheit, muß ich einige Anmerkungen machen.

Daß jedes Volk, dem an Erhaltung seiner Religion gelegen ist, ich will nicht eben sagen einen Tag, aber doch

§. 194. Sabbath.

doch eine Zeit des Gottesdienstes aussetzen muß, versteht sich von selbst, und diesen Saz überlasse ich gern der Theologie oder auch der philosophischen Moral, aus der ich ihn hier als bekannt annehmen kann. Allein ausserdem hat es Tage, (denn es sey mir Einmal erlaubt, weil es dem jetzigen Sprachgebrauch gemäßer ist, Tage, für, Zeiten, zu sagen, ohne eben einen ganzen vollständigen Tag von 24 Stunden, oder auch nur von Sonnen-Aufgang bis Sonnen-Untergang zu verstehen) also, Tage der Ruhe und des Vergnügens nöthig.

Durch ununterbrochene Arbeit wird der Leib geschwächt, verliert die Geschiklichkeit und Stärke, die ihm die Abwechslung zwischen Arbeit, Ruhe, und Lustbarkeit giebt, und altert dabei früh. Leibesarbeit vermehrt freilich sonst die Stärke, und wer seine Hände gebraucht hat, der Bauer, wird stärker seyn, als wer sie in den Schoos legt, oder blos zum Schreiben anwendet, aber sie muß nicht unaufhörlich und ohne Ausruhen seyn, sonst schwächt sie wieder: wer stets Tag für Tag arbeiten muß, wird, sonderlich wenn dies von Kindheit auf geschiehet, gleichsam kontrakt und zu allen andern Leibesbewegungen ungeschikt, bleibt dabey gern von Natur klein, und geht, recht wie ein Tag für Tag angestrengtes Pferd, vor der Zeit zu Grunde. Abwechselung ist die große Regel der Diätetik, die so weit gehet, daß die besten vom klügsten Medico vorgeschriebenen Regeln der Diät schädlich zu werden pflegen, wenn man sie zu genau beobachtet. Selbst die Bewegungen, die uns stärken und zur Rekreation dienen, wenn wir sie einzeln vornehmen, Spazierengehen, Reiten u. s. f. werden uns beschwerlich und nachtheilig, wenn wir sie täglich und wohl gar ohne Unterlaß vornehmen müssen. Wer täglich als Bote gienge, und keinen Rasttag dazwischen hätte, würde zwar keine Hypochondrie, aber wohl andere Schwächungen seiner Gesundheit erfahren: der Postillion, der täglich, auch nicht mit Ausnahme des Sonntages, reitet, wird gemeiniglich vor der Zeit alt, und man kann es ihm so gar an der ganzen Leibespositur ansehen, daß er keine gesunde Lebensart gehabt hat; dies selbst in Ländern, wo die Posten so unerträglich langsam gehen, daß die Heftigkeit der Bewegung gewiß keine Schuld an dem Schaden haben kann, den das beständige Reiten seiner Gesundheit thut. Der Soldat im Felde, oder der Liebhaber der Jagd, reitet vielleicht mehr und heftiger, und das auch wohl bey allerley Wetter, aber man wird an ihm nicht den früh alternden eingekrümmten Körper des Tag für Tag zu Pferde sitzenden Postillions gewahr, den man bald wegen Alters abschaffen muß. Wäre dies alles nicht, so wird doch der seines Lebens nicht froh, der stets arbeiten, und immer das ewige saure Einerley thun muß. Schmecken sollte aber doch wohl jeder das Leben, wenn es auch nur zur Probe auf einzelne Tage wäre, auf die er sich zum voraus freuen wird: warum ist er sonst in der Welt? und wer es nie schmekt, runzelt bald in den unbedeutenden Menschen zusammen. Doch nicht blos Ruhe von der Arbeit, die jeder alle übrige Tage thun muß, sollte er billig einmal haben, sondern die Zeit sollte auch zum eigentlichen Vergnügen angewandt, und in Gesellschaft, Tanz, Gastereyen, oder was sonst jedem das angenehmste und nur der Moral nicht zuwider ist, verspielet werden können. Durch solche Abwechslungen und Ergözlichkeiten wird das Gemüth wieder aufgerdumt, und kommt aus seiner vorigen einförmigen Lage, die Kräfte des Leibes und Gemüths verjüngern sich, jener wird biegsamer und zu mehrern Bewegungen geschikt, der gemeine Mann legt den Sklaven, den Trägen, den Bauern, den Schneider, und der Gelehrte den schwerfälligen Pedanten ab. Das Volk empfindet lebhaftere Triebe als sonst zum Beyschlaf, die in die Leibesstärke und Munterkeit der daraus entstehenden Race einen vortheilhaften Einfluß zu haben pflegen. Der Medicus, der in der gesezgebenden Klugheit gewiß mit in Rath

genom=

§. 194. Sabbath.

genommen werden soll, wird von allem diesen mehr Nachricht geben können, und sie steht in ziemlich gewöhnlichen medicinischen Büchern. Selbst dem Sklaven diese Vergnügungen zu nehmen, wäre hart, sie sind gleichsam ein Lohn der Mühseligkeit dieses Lebens, an den jeder, der lebet, ein Recht zu haben scheint: es wäre aber auch thöricht, denn seine Gesundheit, Munterkeit, und Leibesgeschicklichkeit wird dabey leiden. Es ist also gut, auch für ihn Tage des Vergnügens auszusetzen, obgleich bisweilen eigennützige und harte Herren, die nur auf den gegenwärtigen Vortheil sehen, aus Unkunde der menschlichen Natur und der Folgen steter Arbeit anders denken mögen. (*)

Nun entstehet eine moralische und politische Aufgabe: Kann der Tag des Gottesdienstes mit dem Tage der Ruhe und des Vergnügens füglich verbunden werden? Ich sollte es denken; wenn man nur unter dem Namen Vergnügen nicht allerley lasterhafte Ausschweifungen verstehet: und wirklich die Frage ist schon viel tausend Jahr vor unserer Zeit fast von allen Völkern des Erdbodens auf einerley Weise entschieden, was auch etwan in neuern Zeiten mancher mürrische Moralist, der Gastereyen, Tanzen, Spielen, ja so gar Nachmittagsgesellschaften und Visiten, für Entheiligung des Sonntages hielt, viel zu spät geeifert haben mag. Zwey Tage in der Woche sollen wir doch wohl nicht, wie Herr von Justi

---

(*) Man beschuldiget die Holländer in Surinam, daß sie es sehr ungern sehen, wenn ihre Sklaven Christen würden, und deswegen zu hindern suchten, daß ihnen nichts vom Christenthum gesagt werden möchte, weil sie christlichen Sklaven die Feyer des Sonntages würden gestatten müssen. Ob die Beschuldigung wahr ist, oder vor 30 bis 40 Jahren (denn aus der Zeit rührt sie eigentlich her) wahr gewesen ist, kann ich nicht sagen. Hypothetisch aber davon zu reden, und wenn die Angabe richtig wäre, so hätten solche Herren ihren Vortheil nicht recht verstanden, und, wie es oft dem Geiz gehet, sich selbst betrogen.

Just einmal anrieth, zur Feyer von Arbeit aussetzen, einen für die Religion, und einen zum Vergnügen; (das hieße in der That, nach dem Sonntage noch den blauen Montag von Obrigkeits wegen einführen, den abzuschaffen sich die gesezgebende Gewalt, selbst der nur auf die größesten Uebel merkende Reichstag zu Regensburg, so viel Mühe gegeben hat) denn sonst würden zu wenig Arbeitstage übrig bleiben. Daß Vergnügungen leicht ausarten, und zu unmoralischen Handlungen Gelegenheit geben, die mit der Heiligkeit des Sabbaths streiten, z. B. der Tanz zu Amouretten, darf man hier nicht einwenden, sonst würde man auch das Kirchengehen abschaffen müssen, bey dem so oft das eine sowohl als das andere Geschlecht nicht blos geistliche Absichten hat. Am ersten wäre noch wohl zu hoffen, daß Lustbarkeiten in den Schranken der Sittsamkeit und Tugend bleiben werden, wenn sie im Gefolge der Religion sind, und es wäre ehe eine Aufgabe; kann man sie nicht noch genauer mit der Religion verbinden, und dadurch manchen Ausschweifungen vorbeugen?

Zum wenigsten ist es wider die zur Abwechslung geschaffene menschliche Natur, einen ganzen Tag, und das wöchentlich, blos zur Andacht auszusetzen. Eine so lange Anstrengung des Gemüths auf einerley, noch dazu nicht in die Sinnen fallende Sache, ist eben die heftigste und schwerste Arbeit; und einer solchen Andacht würde gemeiniglich an Intension, Zärtlichkeit, und ungezwungenem freywilligen Triebe abgehen, was sie an Dauer gewönne. Auch deshalb ist es gut, den Sabbath zwischen Gottesdienst und erlaubten Lustbarkeiten zu theilen: so kann Ein Tag verrichten, was sonst zwey, und das gemeine Wesen gewinnet Zeit zur Arbeit.

Daß viel eifrige Prediger, auch wohl manche Sabbathsgesetze, an denen Geistliche eine Hand hatten, ganz andern Grundsätzen folgen, weiß ich wohl; hier ist der Ort nicht, mit ihnen theologisch oder moralisch zu disputiren.

§. 195. Sabbath.

sputiren. Welche Grundsätze am meisten nach dem Geschmak des Gesetzes sind, aus dem sie so gar den Namen, Sabbath, zu borgen pflegen, wird sich nun zeigen.

§. 195.

Mosaische Verordnungen vom Sabbath.

Moses fand schon ein uraltes Herkommen des Volks vor sich, nach dem es den siebenten Tag feyrete, und vermuthlich hatten selbst die Egyptier ihm diesen Ruhetag gelassen: wenigstens beschreibt er diese Feyer als von Gott gleich nach der Schöpfung eingesezt, 1 B.Mos.2, 1—3. und sagt nirgends etwas davon, daß sie abgeschaft oder außer Gebrauch gekommen sey. Es scheint also, er fand sie noch als eine väterliche Sitte vor sich. (*) Auf die Weise hatte er nicht nöthig, sehr umständlich zu beschreiben, worinn sie bestehen sollte, denn aus dem Herkommen war dies schon bekannt. Wir lesen also nichts davon bey ihm, wie man an diesem Tage der Gottheit dienen sollte, blos das Gesez vom öffentlichen Sabbathsopfer ausgenommen, (**) denn er ließ

es

(*) Andere beweisen eben dies aus 2 B. Mos. 16, 22. 23. wo, wie sie sagen, die Israeliten schon vor Gebung der zehn Gebote dennoch am Sabbath kein Manna auflesen wollen, und deswegen am Freytage doppelte Portion sammlen. Dieses Beweises kann ich mich nicht bedienen, weil ich die Stelle anders als gewöhnlich, und V. 23. im Plusquamperfecto übersezt habe, denn er hatte gesagt u. s. f. Und so mußte ich übersetzen, denn es wäre wohl thöricht, wenn Moses erst nachher, nachdem man ihm schon erzählte, die Israeliten hätten um des Sabbaths willen doppelte Portion gesammlet, sagte: dies ist der göttliche Befehl, morgen ist Jehovah zu Ehren Sabbath, u. s. f. Da auch die Hebräer nur ein Praeteritum haben, kann ויאמר (vajomer) eben so gut das Plusquamperfectum seyn, als das Imperfectum oder Perfectum. und die Praeterita müssen übersezt werden, wie es jedesmal der Zusammenhang der Rede, oder unser Sprachgebrauch mit sich bringt.

(**) 4 B. Mos. 28, 9. 10.

§. 195. Sabbath.

es hierinn bey dem von der Vorfahren Zeit her gewöhnlichen, und gönnete dabey dem Volke die Freyheit, seinen Gottesdienst, der nicht immer völlig einerley und gleichsam nach Einem Leisten seyn kann, so einzurichten, wie es Umstände, Bedürfnisse, oder entstandene Misbräuche anrathen. Wir haben z. B. Predigten, in denen die Bibel erklärt wird, die nach einigen tausend Jahren, und da so viele alte Dinge, von denen sie redet, unbekannt geworden sind, einer Erklärung bedarf; allein über ein Buch, das noch neu, also jedem, der lesen kann, völlig klar und deutlich seyn soll, alle acht Tage Erklärungspredigten zu halten, wäre wohl eine überflüßige Arbeit; wenn Moses dergleichen hätte veranstalten wollen, so müßte er sich bewußt gewesen seyn, undeutlich geschrieben zu haben. Und doch sind wirklich unsere aus Bedürfnissen einer Gemeine, die die Bibel nicht mehr ohne Hülfe und Erklärung verstehen konnte, entstandene Predigten, eins der wichtigsten Stücke unseres Gottesdienstes, und so nüzlich, daß man sich fast über die Bedürfniß freuen kann, die sie veranlaßete.

Wir wissen also nicht historisch gewiß, worinn der älteste Gottesdienst der Israeliten am Sabbath bestand. Vermuthlich werden sie, wie an andern Festtagen, Loblieder auf Gott auch wohl bey einem Tanz abgesungen, und Gastgebote gehalten haben, zu denen etwan ausser den Freunden auch Priester, Leviten und Dürftige mit eingeladen wurden; wohnten sie dem Heiligthum näher, so mögen sie Opfer gebracht, und davon Opfermalzeiten angestellet haben. Wirklich hielten die Juden in spätern Zeiten, dies wissen wir historisch, Sabbathsmalzeiten, zu denen sie auch Unbekannte einlüden. (*)

Viel-

(*) Siehe Luc. 14, 1. und Wetsteins Anmerkungen zu diesem Vers. Was Christus V. 12—14. sagt, ist alsdenn erst recht verständlich, wenn man an ein Gastgebot denkt, das ein Stük des Gottesdienstes seyn sollte, und dafür man

§. 195. Sabbath.

Vielleicht sollten auch Eltern an diesem Tage ihren Kindern von dem Schöpfer Himmels und der Erde Unterricht geben, man sollte gemeinschaftliche Gebete zu ihm richten, oder was sonst etwan Weise seyn mochte. Nur muß man nicht an Synagogen in jeder Stadt, darinn das Gesez vorgelesen und erklärt würde, denken: denn die sind viel später entstanden, und die Vorlesung seines Gesetzes verordnete Moses nicht, wie sie nachher eingeführt ist, auf jeden Sabbath, sondern auf das Lauberhüttenfest des Sabbathjahrs, (*) hatte auch eigentlich kein Predigtamt eingesetzet. (**)

Vieles wissen wir also nicht. Folgendes aber finden wir in den Büchern Mosis ausdrüklicher.

Der siebente Tag soll gefeyret werden, und zwar dies zum Andenken, daß Gott am siebenten Tage von allen seinen Werken geruhet hat, also als dem Gott heilig, der in sechs Abschnitten, die Moses Tage nennet, alles erschaffen, und darauf im siebenten Zeitabschnitt aufgehört hat etwas neues zu schaffen, weil die Welt nunmehr gut und so war, wie er sie haben wollte. 1 B. Mos. 2, 1—3. 2 B. Mos. 20, 11. 31, 17. Also war die Feyer des Sabbaths ein wöchentlich abgelegtes Bekenntniß, daß man den Schöpfer Himmels und der Erde als den wahren und einzigen Gott annehme und verehre, und hieng mit der §. 32. bemerkten Grundmaxime der Mosaischen Gesezgebung, das Volk vor Abgötterey zu bewahren, und den Dienst des einzigen Gottes zu erhalten, genau zusammen, daher auch auf vorsezliche Uebertretung dieser Feyer Lebensstrafen gesezt waren. In der That hätte hier doch noch ein Misbrauch entstehen, und

---

man Belohnung von Gott erwartete: denn ordentlich verlangt man doch wohl nicht, daß Gott uns für jede Gästerey in jener Welt eine Belohnung geben soll.
(*) 5 B. Mos. 31, 9—13.
(**) §. 52. S. 220. 221.

und ein abergläubischer Verehrer der Sterne, oder, wie Moses zu sagen pflegt, des Heers des Himmels, den siebenten Tag zur Ehre des Saturns feyren können, der von den Phöniciern als der besondere Schuzgott ihres Volks angesehen, (*) und mit menschlichen Opfern verehret ward: und wirklich haben die Israeliten selbst zu Mosis Zeit in der Wüste heimlich den Saturn angebetet, und Bilder von ihm in kleinen Hütten mit sich herum getragen. (**) Solche Götzendiener richteten dann wohl ohne Zweifel ihre geheime Intention des Herzens bey Feyrung des siebenten Tages auf den Planeten Saturn. Eben deshalb mußte Moses sehr ausdrüklich erklären, der Sabbath werde dem Gott zu Ehren gefeyret, der Himmel, Erde, und alles ihr Heer (also auch den Saturn selbst) in sechs Tagen erschaffen, und am siebenten Tage geruhet habe, auch die Nachahmung dieser Ruhe zum wesentlichen Stük der Sabbathsfeyer machen. Nun lese man die Stelle, 2 B. Mos. 31, 13. 17. **Beobachtet meine Sabbathe; sie sind auf ewige Zeiten ein Zeichen der Verbindung zwischen mir und euch, daran man**

(*) Eusebius in Praeparat. evangel. l. I. S. 40. führt Sanchoniathons Nachrichten davon an: Curtius schreibt l. IV. c. 15. von den Tyriern: *sacrum multis seculis intermissum, ut ingenuus puer Saturno immolaretur &c.* Vollständiger handelt Bryant in seinen Observations S. 278-287. vom Dienst des Saturns bey den Phöniciern.

(**) Amos 5, 26. כיון ist, wie der selige Nicol. Wilh. Schröder in seiner sehr schönen Dissertation *de tabernaculo Molochi & stella Dei Remphan* hinlänglich gezeiget hat, der Saturn: und ich setze nur noch hinzu, daß das Hebräische Wort nicht nach den Masoretischen Punkten Kijjun, sondern Kevan כיון ausgesprochen werden sollte,

welches der Gerechte heißt, ein Name, der sich für Saturnum schicket, weil man seine Regierung als die Zeit der Gerechtigkeit ansahe. Man vergleiche noch allenfalls meine historiam belli Nesibeni §. 8.

§. 195. Sabbath.

man siehet, daß ich euch mir geheiliget habe. — — — Denn in sechs Tagen hat Jehova Himmel und Erde gemacht, am siebenten aber ruhete er und erquikte sich.

Der Tag ward bey den Israeliten nicht, wie bey uns von Mitternacht zu Mitternacht, sondern von Sonnen-Untergang zu Sonnen-Untergang gerechnet: also nahm auch der Sabbath mit Sonnen-Untergang den Anfang.

Der Sabbath sollte ein Ruhetag seyn, und das theils, wie vorhin gesagt ist, zur Ehre des Gottes, der Himmel und Erde geschaffen hatte, theils auch damit Menschen und Vieh sich einmal erholen könnten, und ihr Leib nicht durch ununterbrochene Arbeit geschwächet würde, also ein Ruhetag in dem Verstande, wie ich ihn im vorigen §. noch vom Tage des Gottesdienstes unterschied. Moses sagt dies ausdrüklich, und macht zum Zwek des Sabbaths: daß dein Ochse und Esel Ruhe habe, und dein Knecht und Fremdling sich erhole. 2 B. Mos. 23, 12. Eben deshalb ist die Feyer von Arbeiten nicht blos denen geboten, die dem wahren Gott an diesem Tage dienen können, sondern auch allen Ausländern, die im Lande wohnen, die wohl nicht immer im Herzen die wahre Religion glaubten, auch zu keinen äußern Gottesdiensten verbunden waren, und selbst den Thieren. 2 B. Mos. 20, 10. 5 Buch Mos. 5, 14. 15. Kein Mensch, der im Israelitischen Staat wohnet, soll dieser Ruhe entbehren, keiner soll sich durch unaufhörliche Arbeit ohne Feyer und Lustbarkeit vor der Zeit stumpf machen können; und den Thieren soll eben diese Ruhe gegönnet werden. Doch von diesen habe ich im 167sten §. das nöthige gesagt, so ich hier nicht wiederholen will.

Diese Ruhe sollte aber nicht in einer völligen Inactivität und Enthaltung von allen Leibesbewegungen, oder von allem, was man etwan durch eine Chikane des
ängstli-

ängstlichen Gewissens Arbeit nennen könnte, bestehen. Wirklich ein solcher Tag, an dem ich mich nicht zu meinem Vergnügen bewegen dürfte, und stets Gewissenszweifel haben müßte, ob ich mich etwan jezt eben durch ein Ausstrecken der Hand, oder sonst eine Bewegung des Leibes versündigte, würde das geradeste Gegentheil eines Tages der Erholung seyn. Hypochondrisch könnte man eher an ihm werden, und man würde froh seyn, wenn er seinem Ende nahe wäre. Ein so wunderliches Ansehen hat freilich der Sabbath der Juden durch manche bis ins kleinste gehende Zusäße der Pharisäer, gegen die Christus öfters redet, bekommen; und noch mürrischer würde es aussehen, wenn man gar nach der Moral einiger Christen allen weltlichen Umgang und Vergnügen daran für verboten halten, auch das Verbot der Arbeit auf alle Gemüthsarbeiten, also auf alle Anstrengung der Gedanken, die nicht gerade zur Andacht wäre, auf Lesen und Schreiben ausdehnen wollte. Ein solcher Tag ohne alles, was man Veränderung nennet, wäre eine wöchentliche sehr schwere Plage. Allein von allen den wunderlichen Gesetzen der Juden, die man im Thalmud verzeichnet, und bisweilen in den Evangelisten von Christo bestritten findet, stehet in Mose nichts. Auch von dem sogenannten Sabbathswege, d. i. daß man am Sabbath nicht weiter als 2000 Ellen von der Stadt gehen soll, (*) weiß er nichts, und er ist ein Zusaz

der

(*) Wer mehr von dieser wunderlichen Erdichtung zu wissen verlangt, wird es in Lightfoots horis Hebraicis über Apostelgeschichte 1, 12. finden. Mose befahl den Israeliten im zweiten Buch Kap. 16, 29. sie sollen am Sabbath zu Hause bleiben, und nicht hinausgehen, wie an andern Tagen, um Manna zu sammlen. Hier rissen nun die Rabbinen, bleibet zu Hause, oder, wie es eigentlich heisset, sizt jeder auf seiner Stelle, aus dem Zusammenhang, und sagten, es sey überall verboten, des Sabbaths aus dem Lager zu gehen, nachdem aber die Israeliten nicht mehr in einem Lager wohneten, so

gelte

§. 195. Sabbath.

der Aeltesten und Pharisäer. Freilich als Bote hätte niemand für Lohn am Sabbath gehen, auch niemand reiten dürfen, weil alsdann sein Pferd, Kameel oder Esel keinen Ruhetag gehabt haben würde. Aber zum Vergnügen gehen konnte er so weit er wollte, und wenn mancher Israelite sich am Sabbath mit Tanzen ermüdet haben mag, so war dies nicht allein dem Mosaischen Recht nicht zuwider, sondern eigentlich seinem Endzwek gemäß.

Was Moses am Sabbath verbietet, das nennet er selbst, עבודה, (Abodah) oder, מלאכת עבודה (Melecheth Abodah) d. i. der Abstammung des Wortes nach, *Dienstbarkeit*. So heißt aber alle Leibesarbeit, weil man etwan seinem Knecht befielt, sie zu thun, oder einen Taglöhner dazu dinget. Was unter diese Leibesarbeit, oder wie es auch sonst heißt, מלאכה, (Melachah.) *Geschäfte*, gerechnet werden könnte, wußte damals ein jeder aus dem Herkommen der ältern Sabbathsfeyer, und dem Sprachgebrauch, daher Moses nirgends nöthig findet, eine Definition davon zu geben. Ein Paar Exempel aus seiner Geschichte sind, wenn einer aus dem Lager hinaus gehet, Manna zu sammlen, 2 B. Mos. 16, 22—30. oder Holz aufliest. 4 B. Mos.

---

gelte eben dies Verbot auch von der Stadt, niemand dürfe also zur Stadt hinausgehen: doch 2000 Ellen um die Stadt herum gehörten zur Stadt, wer also nur 2000 Ellen vor die Stadt hinausgienge, der gienge nicht hinaus, folglich sey es erlaubt, 2000 Ellen ausserhalb der Stadt hinaus zu gehen: und diese 2000 Ellen nannten sie den Sabbathsweg. — — Eine lächerliche Erklärung! Das artigste ist noch dabey, daß auf die Art einer in London ganz wohl zwey gute deutsche Meilen am Sabbath wird gehen können, ohne den Sabbath zu brechen. Andere Thorheiten der Rabbinen vom Sabbath werde ich nicht anführen: diese aber konnte ich nicht ganz überschlagen, weil ich sehe, daß wirklich einige christliche Gelehrte in der Meinung gestanden haben, der Sabbathsweg sey eine Anordnung Mosis.

§. 195. Sabbath.

Mos. 15, 32. Wenn aber jemand am Sabbath etwas aufgehoben hätte, das er vor sich liegen sahe, oder da er eben vor einem Acker vorbeygieng, Aehren abpflükte, und die Körner aß, wie die Jünger Christi Matth. 12, 1. so siehet man leicht, daß es mit Holz- oder Manna-Sammlen nicht einerley ist. Ohne Chikane kann man es nicht Leibesarbeit nennen: und ein Sabbath, an dem dergleichen verboten gewesen wäre, würde mehr eine Art von Straftag als ein Erholungstag gewesen seyn.

Der Gemüthsarbeit gedenkt Moses in seinen Sabbathsgesetzen gar nicht, weil es nach den Umständen und Lebensart seines Volks nicht nöthig war, denn die zum Gottesdienst erfoderte Gemüthsarbeit würde ohnehin eben so gut erlaubt gewesen seyn, als es die zum Gottesdienst gehörige Leibesarbeit nach einer unten vorkommenden Ausnahme wirklich war. Was er gethan haben würde, wenn er ein Volk vor sich gehabt hätte, wie wir jezt sind, in dem viele Gelehrte sich ganz mit Studiren beschäftigten, verlange ich hier nicht zu untersuchen.

Einiges, das bisweilen Theologen, die das dritte Gebot für noch jezt verbindlich halten, Nothwerke nennen, und unter diesem Namen erlauben, war doch wirklich mit unter der von Mose verbotenen Leibesarbeit begriffen. Feuer anzuzünden, und Essen zuzubereiten, war am Sabbath unerlaubt; 2 B. Mos. 16, 23. 35, 3. Dies könnte uns, nach unserm Klima und Einrichtungen, als ein sehr beschwerliches Verbot vorkommen, sonderlich wenn wir an Tage denken, die von Mitternacht zu Mitternacht dauren: Ruhetag oder Erholungstag wäre kein Name für einen Sabbath, an dem man von Morgen bis an den Abend nichts Warmes genießen, und wohl gar des Winters nicht einheizen dürfte, sondern eher Pönitenztag. Wirklich empfinden auch die Juden in unsern Ländern die Ungemächlichkeit dieses für ein ander Klima schiklichern Sabbaths:

sie

§. 195. Sabbath.

sie wissen zwar in eigenen dazu eingerichteten Oefen das Essen dergestalt zuzubereiten, daß, wenn das Feuer im Ofen gleich vor Anfang des Sabbaths angezündet wird, sie am folgenden Mittage gahres und warmes Essen haben; es ist aber doch die Unbequemlichkeit dabey, daß dies Essen sehr oft misräth, (*) wenn man nicht die vollkommensten Köche hat; welche zu halten doch nur der Reiche im Stande ist. Sie müssen sich auch häufig der Sabbathsaufwärter von unserer Religion bedienen, und würden schlimm daran seyn, wenn sie die nicht haben könnten, oder allein im Lande wohneten. Manche christliche Geistliche, die in der Meinung stehen, daß das dritte Gebot uns auch im Neuen Testament angehe, und an unserm Sonntage alle Arbeit, Noth= und Liebes=Werke ausgenommen, von Gott selbst verboten seyn, unterlassen doch nicht am Sonntage zu kochen und zu braten, und zeigen eben dadurch, wie wenig sich dies Gesez zu unserm Klima, und zu der Einrichtung ihrer Küchen schikt.

In Palästina hatte ein noch dazu mit Sonnenuntergang anfangender Sabbath gar nicht diese beschwerlichen Folgen, und konnte, ungeachtet des Verbots zu kochen und Feuer anzuzünden, so gar der ordentliche Tag der Gastgebote seyn. In unsern Ländern ist die Hauptmalzeit des Mittags, in südlich gelegenern aber des Abends, weil man im Sommer des Mittags zu wenig Appetit zum essen hat. Schon in Italien, das doch nicht so südlich liegt als Palästina, fängt dies an, Coena, war die Hauptmalzeit der Römer, und zu Gastgeboten bestimmt. Das Mittagsessen wird alsdann mehr einem déjeuner ähnlich, bey dem man auch wohl mit kalter Küche zufrieden ist. Nun konnte der Israelite am Abend, wenn der Sabbath angieng, nicht nur

G 2 für

(*) Ein bemittelter Jude, den ich deshalb befrage, sagt mir, er müsse es sich gefallen lassen, daß das Essen ihm wenigstens 12mal im Jahr am Sabbath misrathe.

§. 195. Sabbath.

für sich und sein Haus eine warme Malzeit haben, die am Freytag Nachmittag zubereitet war, sondern auch so kostbar traktiren, als er wollte. Am kürzesten Wintertage gehet die Sonne in Palästina nie vor fünf Uhr unter, und das wäre doch fast die Zeit, wo man sich an einigen Höfen zur Mittagsmalzeit sezt, die ein Alter ohne so viel Figur der Sprache *coenam* oder Abendsmalzeit genannt, und mit eben dem Appetit, als wir bey unserer figürlichen Benennung, verzehrt haben würde, wiewohl es auch leicht war, das Essen noch eine Stunde warm zu erhalten, wenn ihm Sonnen-Untergang zu früh war: am längsten Tage gehet sie aufs späteste doch noch vor sieben unter, also um die recht bürgerliche Zeit unsers Abendessens. Wer zu Mittage auch warm essen wollte, mußte es machen, wie unsere heutige Juden, wiewohl ich glaube, daß dies bey dem Holzmangel vieler Gegenden in Palästina nicht so häufig geschehen seyn mag, als jezt: (*) oder er konnte am Mittage mit einer kalten Küche vorlieb nehmen.

Ob das Verbot Feuer anzuzünden auch auf das zur Wärme nöthige Feuer gieng, oder blos auf Küchenfeuer, kann ich nicht gewiß sagen, und zweifle fast daran: gäbe man aber auch dem Verbot den strengsten Verstand, so kann man doch unter einem so milden Himmelsstrich im Winter ausdauren, wenn man gleich vor Untergang der Sonne auf eine solche Art Feuer

an-

(*) Zur Holzersparung könnte man zwar, wie auch unsere Juden in grossen Städten thun, gemeinschaftliche Backöfen heitzen, in denen das Essen gekochet, und bis auf den folgenden Mittag warm erhalten wird: allein dies würde doch nach dem durch keine Rabbinische Künste geändertem Mosaischen Gesez seine Schwierigkeit gehabt haben, weil man das Essen nicht hätte durch seine Dienstboten, für die der Sabbath mit eingesezt war, von diesem gemeinschaftlichen Backofen nach Hause tragen lassen dürfen: denn etwas über die Strasse zu tragen, war allerdings am Sabbath verboten.

§. 195. Sabbath.

anmacht, daß sich die Wärme bis auf den folgenden Tag erhält, sonderlich da man in südlichen Ländern weniger Heißung, und mehr warme Kleidung dem Frost entgegen zu setzen pfleget. Schon die Franzosen, die nur ein wenig südlicher liegen als wir, thun dies: und in Paläſtina ſollen noch jezt mehr Pelze getragen werden, als in Deutſchland. (*) Doch in der That glaube ich, daß das Verbot Feuer anzuzünden blos auf Küchenfeuer gehe: denn wäre auch Feuer zur Wärme anzumachen verboten geweſen, ſo dächte ich, die Noth würde, da es in einigen Gegenden Paläſtinens, z. B. denen am Libanon, im Winter ziemlich kalt iſt, die Iſraeliten gelehrt haben, etwas dem Ofen ähnliches zu erfinden. Allein in ihren Gebäuden findet man vor der babyloniſchen Gefangenſchaft weder Ofen, noch Kamin erwähnt, ſondern ſelbſt die Könige haben ſtatt des Kamins im Winter nur eine tragbare Maſchine oder Topf, der mit Feuer unterhalten wird. (**)

Noch in einer andern Abſicht ſchicken ſich die Moſaiſchen Sabbathsgeſetze zwar ſehr gut für Paläſtina, aber nicht für unſern Himmelsſtrich. Sie geſtatten auch in der Saat- und Erndtezeit keine Arbeit: 2 B. Moſ. 34, 21. Dies wäre bey uns ſehr hart, da oft Regenwetter in die Erndtezeit fällt, und in naſſen Jahren würde manchem ſeine Erndte verloren gehen, wenn er das etwan am Sonntage einfallende gute Wetter nicht gebrauchen dürfte, die Frucht einzubringen: daher auch die ſtrengſten Sabbathsordnungen, ſelbſt ſolche, an denen wohl Geiſtliche eine Hand gehabt haben,

G 3 die

(*) Büſchings Erdbeſchreibung Aſiens S. 326. der zweyten Ausgabe.

(**) אח (Ach) Jerem. 36, 22. Man ſehe dabey des Herrn D. Rau Diſſertation de aedibus Hebraeorum S. 78, zu der ich nur noch hinzu ſetze, daß das Hebräiſche אח wirklich im Arabiſchen einen Topf bedeutet, wenn das Chet mit einem Punkt darüber (ח) geſchrieben wird.

§. 195. Sabbath.

die das göttliche Recht des Sabbaths glaubten, doch dies als ein Nothwerk anzusehen pflegen, und zum Besten der Erndte eine Ausnahme machen. Dies war aber in Palästina nicht nöthig, denn in der Erndtezeit pflegt so beständiges Wetter zu seyn, daß es 1 Sam. 12, 17. als etwas ganz ausserordentliches angesehen wird, wenn währender Weizenerndte ein Donnerwetter kommt. Ohngefähr etwas nach der Mitte des Aprils gehet in den wärmsten Gegenden Palästinä die Erndte an, (*) und nach sieben Wochen ist sie im ganzen Lande geendiget, dauret also bis in den Anfang des Junius: die Regenzeit endiget sich aber ordentlich im April, bisweilen regnet es auch noch in der zweyten Hälfte (**) des Aprils alten Stils, d. i. ganz im Anfang des May, hernach aber ist entweder gar kein, oder doch nur ein sehr seltener Regen, der für die Erndte nicht schädlich ist, weil er nicht anhält.

Leibesarbeit, die zum Gottesdienst gehörte, war am Sabbath nicht verboten, und der Gottesdienst machte gleich eine Ausnahme von der Regel des Gesetzes. Ohne schwere Leibesarbeit kann kein Thier geschlachtet und geopfert werden; und dennoch sollte das tägliche Morgen-

---

(*) Commentatio de mensibus Hebraeorum §. 2. 3.
(**) Shaws Reisen S. 335. der Englischen Ausgabe, oder S. 290. der deutschen Uebersetzung. Diese Beständigkeit des Wetters während der sieben Wochen der Erndte, die zwischen dem zweyten Ostertag und ersten Pfingsttag der Juden verflossen, scheint Jeremias Kap. 5, 24. zu erwähnen, und den Juden als eine Wohlthat Gottes, der ihnen ein so glükliches Land gegeben hatte, anzurechnen. Seine Worte sind: Dies Volk denkt nicht: wir wollen unsern Gott fürchten, der uns im Herbst und Frühling den Regen giebt, und die zur Erndte bestimmten Wochen so heilig beobachtet. In der That ist es ein sehr großes Geschenk der Natur, wenn ein Land zur Erndtezeit eine gute Witterung hat, und die große Klage sehr vieler nördlichen Länder ist, daß es gerade in dem Erndte-Monat am meisten regnet.

§. 195. Sabbath.

Morgen- und Abendopfer am Sabbath gebracht, ja es sollte an diesem Tage verdoppelt, und zum Feuer des Altars täglich Holz zugelegt werden. 3 B. Mos. 6, 8-13. 4 B. Mos. 28, 3—10. Nach einer richtigen Analogie dieses Gesetzes brachten die Juden auch noch andere Opfer von aller Art am Sabbath. Christus macht darüber die Anmerkung: die Priester brächen im Tempel den Sabbath, ohne sich zu versündigen, und am Sabbath werde auch das Kind, wenn es eben acht Tage alt sey, beschnitten. Matth. 12, 5. Joh. 7, 23.

Die Folge hiervon war, daß bey dem Heiligthum, wo man opfern durfte, am Sabbath Opfermalzeiten angestellet wurden, denn alles, was zu diesen gehörte, alle Zubereitung der Opferspeisen, war keine Entheiligung des Sabbaths, sondern Gottesdienst.

Auf vorsezlicher Brechung des Sabbaths durch irgend eine Leibesarbeit stand Lebensstrafe. 2 B. Mos. 31, 14. 15. 4 B. Mos. 15, 32. 36. Dies wird unten im peinlichen Recht vorkommen. Hier bemerke ich nur: das Gesez war so strenge, weil der Sabbath ein Zeichen seyn sollte, daß man den Schöpfer Himmels und der Erde für seinen Gott erkenne. Wer den Sabbath brach, ward also angesehen, als verleugne er diesen Gott, dessen Dienst ein Grundgesez des Israelitischen Staats war. §. 32.

§. 196.

Zu fechten, war am Sabbath nicht verboten.

Nachdem die aus der Babylonischen Gefangenschaft zurükgekommenen Juden einige hundert Jahre unter fremder Herrschaft gestanden hatten, und endlich ihre Freyheit wieder erlangten, haben sich einige gewissenhafte, aber ungelehrte, ein Gewissen gemacht, am Sabbath zu fechten, und noch jezt macht sie ihre Auslegung der Sabbathsgesetze Mosis unfähig, zu Kriegsdiensten gebraucht

§. 196. Sabbath.

gebraucht zu werden. Hier entsteht nun die Frage: gehört der Krieg mit zu derjenigen Leibesarbeit, die Moses am Sabbath verboten hat? Wäre dies, so ist nicht begreiflich, wie der Staat bey einem solchen Gesez bestehen könnte? Nicht einmal vor Räuberbanden würde er sicher seyn, und die Obrigkeit wäre ausser Stande, am Sabbath die öffentliche Ruhe zu erhalten, so bald es sich Bösewichter einfallen ließen, sie zu stören.

Ich bin gewiß versichert, daß Moses kein so wunderliches Gesez gegeben hat. Das Wort, **Dienstarbeit**, (עבודה Abodah.) giebt uns wenigstens keinen Anlaß an den Krieg zu gedenken. Wenn uns einer anfiele, oder schlüge, so würden wir uns doch mit eigener Hand wehren, und dies nicht unserm Bedienten oder Leibeigenen auftragen: also kann wohl Selbstvertheidigung und Gegenwehr keine **Dienstarbeit**, oder knechtische Arbeit heißen. Auch war bey den alten Völkern der Krieg gewiß nicht das Werk der Knechte: sie sahen es für äusserst gefährlich an, Leibeigenen die Waffen in die Hände zu geben, freye Bürger mußten fechten, und erst in den verzweifeltsten Umständen, und wann der Staat durch große Niederlagen erschöpft war, kam man zu dem äußersten, die Knechte zu bewafnen, die man dann doch wohl vorher frey zu lassen pflegte.

Ich gestehe, daß dies allein noch nicht entscheidend ist. Aus der Derivation kann man nicht immer auf die Bedeutung eines Worts schließen, denn oft bekommt es durch den Gebrauch eine viel weitläufigere oder geänderte Bedeutung. Selbst das Wort, **Dienst**, wird bey uns recht vorzüglich vom Kriege gesezt, z. B. den **Dienst vernachläßigen**. Ich habe aber schon oben erinnert, daß Moses in seinen Gesetzen vom Sabbath kurz ist, und nirgends nöthig findet, von, **Ruhe, Arbeit, Geschäfte**, eine Definition zu geben, weil dies alles den Israeliten seiner Zeit aus einem ältern Herkommen vollkommen klar war. Diese aber haben ihn

gewiß

§. 196: Sabbath.

gewiß nicht so verstanden, daß man am Sabbath nicht fechten dürfte, und ein so lächerlicher Gedanke scheint vor der babylonischen Gefangenschaft keinem Israeliten in den Sinn gekommen zu seyn. Hätten sie den Krieg am Sabbath für unerlaubt gehalten, so würden wir doch mehrmals lesen, daß sich die Feinde des Vortheils bedienet hätten, sie am Sabbath anzugreifen: aber nichts hievon, auf einen so natürlichen Einfall sind Feinde der Juden nicht eher gekommen, als einige hundert Jahr nach der Babylonischen Gefangenschaft, und da lief es für die Juden sehr unglüklich ab, weil Gott gar nicht nöthig fand, sie auch bey ihrer redlichsten Absicht durch ein Wunderwerk zu retten. David hat mit so viel an Sitten und Religion verschiedenen Völkern Kriege geführet, die gewiß nicht alle mit den Israeliten den siebenten Tag gefeyret haben werden: aber nie finden wir, auch nicht einmal bey langwierigen Belagerungen großer Festungen, (*) daß ihm die Feyer des Sabbaths die geringste Hinderniß macht, und ihn seine Feinde angreifen, oder einen Ausfall thun und die Belagerungswerke zerstören, wenn sich die Israeliten ihrer Religion wegen nicht wehren können. Der lezte König aus dem Geschlecht Davids, Zedekias, hält in Jerusalem eine lange Belagerung von anderthalb Jahren aus: wie wäre das möglich gewesen, wenn die Juden am Sabbath nicht hätten fechten wollen? Würde nicht Nebukadnezar so klug gewesen seyn, den ersten Sabbath den besten die Stadt zu ersteigen? Wir haben gerade von diesen anderthalb Jahren so viel Nachrichten, als selten von einem Zeitpunkt der jüdischen Geschichte, weil Jeremias in der belagerten Stadt geweissaget hat; aber auch in seinen Schriften, in denen so viel kleine Umstände der Belagerung vorkommen, finden wir nicht ein Wort von einer Kollision des Sabbaths mit der Gegenwehr gegen die Feinde.

lächer-

(*) 2 Sam. 11. 12.

§. 196. Sabbath.

Lächerlich nannte ich vorhin den Gedanken, am Sabbath nicht zu fechten, und ich glaube, ich habe nicht zu viel gesagt. Man stelle sich doch nur den Menschen vor, der sich von einem andern durchprügeln ließe, ohne sich zu wehren, und dabey sagte: ich habe eben heute meinen Ruhe= und Erquickungs=Tag, an einem andern Tage würde ich es so nicht hinnehmen. Aber eben so handelte das Volk, das am Sabbath nicht fechten wollte; und es ist unbegreiflich, warum, wenn ein einziger sich gegen Schläge wehren kann, ein ganzes Volk sich nicht vertheidigen dürfte, wo es auf Leben und Tod, oder doch auf Sklaverey ankömmt. Kann etwas dem Endzwek des Sabbaths mehr zuwider seyn, als eine Ruhe dieser Art? Wäre das Ruhe, wenn ein Volk seine Bürger am Sabbath zu Sklaven machen ließe, denen hernach der Feind Tag für Tag Frohndienste auflegen kann, so viel er will? Die Absurdität ist so groß, daß der Gesezgeber unnöthig finden konnte, einer solchen Auslegung der Wörter, Arbeit und Ruhe, durch eine Erklärung vorzubeugen, an die zu seiner Zeit niemand dachte; sonderlich da Gott als der König des Israelitischen Volks betrachtet, folglich jeder gerechte Krieg gewissermaßen als ein Gottesdienst angesehen ward.

In der That ist auch kein Zweifel hierüber entstanden, als ohngefähr 1300 Jahr nach Mosis Tode, nachdem die Jüden über 400 Jahr unter fremder Botmäßigkeit gestanden, und keinen Krieg gehabt, folglich die sonst bekannte Verhältniß des Sabbaths gegen den Krieg vergessen hatten. Erst standen sie unter den Babyloniern, nachher über zweyhundert Jahr unter den Persern, (*)

die

(*) Unter den Persern scheinen sie wenigstens bis auf Nehemiä Zeit noch nicht die Grundsätze gehabt zu haben, nach denen der Krieg am Sabbath sündlich wird. Nehemias war ein strenger Eiferer für die Heiligkeit des

Sab-

§. 196. Sabbath.

die mit ihnen sehr gütig umgiengen: dann unter den
Grie-

Sabbaths: er läßt deswegen, weil die Tyrier am Sabbath allerley Eßwaaren nach Jerusalem bringen, und in der Stadt verkaufen, des Sabbaths über die Thore verschliessen, (Nehem. 13, 15—19.) und da die fremden Kaufleute sich hierauf vor der Stadt lagern, und dies ein Paarmal versucht haben, läßt er ihnen sagen, sie möchten es nicht zum drittenmal thun, sonst würde er Mannschaft hinausschicken, und Gewalt gegen sie brauchen. Wer das thun wollte, konnte doch auch den Krieg am Sabbath nicht für unerlaubt halten: denn ob es eine Stadtwache, oder eine Armee ist, die den Angrif thut, ändert hier in der Sache nicht. Ist das eine Arbeit, so ist es auch das andere.

Einige haben aus der Stelle Herodots, B. 7. Kap. 89. schliessen wollen, daß in der Armee Terxis, die er wider Griechenland gebrauchte, auch Juden gewesen sind. Ich glaube es nicht; denn obgleich die Juden Syrer in Palästina heissen können, so kommt ihnen dieser Name doch nicht allein zu; sondern auch andere dieselbe Sprache redende, die nur nicht Phönicier waren, z. B. Philister, konnten eben so gut von Herodoto gemeint seyn: und hier kann man darum nicht auf Juden denken, weil Herodotus nicht von Landvölkern, sondern von Kriegsschiffen redet, die man gewiß von Juden nicht erwarten wird. Dreyhundert Schiffe, sagt er, gaben die Phönicier und die Syrer in Palästina.

Deutlicher wäre zwar die Stelle des Poeten Chörilus, vom Zuge Terxis, die Josephus in seinem ersten Buch gegen Apion Kap. 22. aufbehalten hat: noch ein Volk, dessen Anblik Verwunderung erwekte, gieng nach ihnen hinüber (über den Hellespont.) Phönicisch redete es, und wohnte zu Solyma in den Geburgen, die über einem breiten See hiengen. Allein das Wort eines Poeten ist bey einer historischen Frage zu unsicher: wer wird aus Virgils siebenten Buch der Aeneis beweisen wollen, welche Völker wirklich gegen Aeneas zu Feld gegangen sind. Der Poete malt und dichtet. Und was Chörilus sogleich hinzusezt, sie hätten auf den abgeschornen Haaren abgezogene im Rauch gedörrete Pferdeköpfe getragen, sieht nicht nach historischer Treue, sondern als poetische Fiction aus.

Eher sollte ich vermuthen, daß die bey den Persern, und hernach bey Alexander dem Grossen in Gnaden stehenden

§. 196. Sabbath.

Griechen, (*) anfänglich den griechischen Königen von Egypten, und zuletzt unter denen von Syrien. Als endlich die Syrer anfiengen, die Juden wegen ihrer Religion zu verfolgen, und sie zwangen, den Götzen zu opfern, flohen viele gewissenhafte Juden in die Wüste, und suchten mit Weibern und Kindern in grossen unterirdischen Höhlen Zuflucht. In einer dieser Höhlen wurden sie am Sabbath von den Syrern eingeschlossen, und ohne einzige Gegenwehr getödtet, (**) oder gar, wie

---

den Juden hier einen kleinen Betrug gespielt, und sich unter Vorschützung ihrer Religion und des Sabbaths, die Freyheit von Kriegsdiensten erbeten haben. Zum wenigsten finde ich zu einer andern Zeit, da sie unter Römischer Herrschaft standen, ein Exempel von diesem Betruge: sie beklagen sich gegen Agrippa darüber, daß man sie zu Kriegsdiensten zwinge, und stellen dies als eine ihrer Religion widrige Sache vor, (Josephus Antiqu. VI. c. 2. §. 3.) erhalten auch Befreyung davon, (§. 5.) da sie doch wirklich nicht allein seit der Maccabäer Zeit am Sabbath gefochten haben, wenn es nöthig war, sondern auch ihren eigenen Königen im Kriege dienten. Auf die Weise kann also auch unter den Persischen Königen, blos in der Absicht sich von Kriegsdiensten loszumachen, die unrichtige Auslegung des Gebots vom Sabbath entstanden seyn, die nachher den Juden selbst schädlich ward.

(*) Josephus erzählt Ant. XI, 8. 9. Alexander der Grosse habe den Juden versprochen, wenn welche von ihnen in seiner Armee dienen wollten, so sollten sie die Freyheit haben, nach ihren väterlichen Sitten zu leben, und darauf hätten sich viele eingefunden. Allein die Sache sieht etwas unglaublich aus, da Alexander eben nicht die Absicht hatte, seine Armeen sehr zahlreich durch allerley Zulauf aus fremden Völkern zu machen, und Josephus führt keinen Gewährsmann an. Einheimische zuverläßige Geschichtschreiber von der Zeit, aus denen er es hätte nehmen können, haben die Juden auch nicht.

(**) 1 Makk. 2, 31—38. Es wird erzählt, sie hätten nicht einen Stein nach den Syrern geworfen, auch die Höhle nicht vornen verrammelt, sondern nur gesagt: wir wollen in unserer Unschuld sterben. Himmel und Erwie Josephus es erzählt, verbrannt. (*) Dies waren gewissenhafte Leute, aber ohne einen vernünftigen Anführer: ihr Beyspiel machte bald die übrigen unter dem Priester Matthatias fechtenden Juden klüger, und sie entschlossen sich, am Sabbath zu fechten, so oft sie in die Nothwendigkeit gesezt würden; doch scheint es, sie wollten an diesem Tage keinen Angrif thun, sondern ruhen, wenn der Feind ruhete, (**) und so handeln sie auch wirklich; 1 Makkab. 9, 34. 43—48. da Bacchides sich des Vortheils bedienen will, sie am Sabbath anzugreifen. Diese Einschränkung ist zwar auch den Kriegsregeln nicht gemäß, denn man würde dabey oft die beste Gelegenheit aus den Händen lassen müssen, und Moses hatte nie dergleichen etwas geboten, oder einen Unterschied zwischen Vertheidigung und Angrif gemacht: indeß war sie doch den Juden wegen der ganz unglaublichen Tapferkeit der Makkabäer unschädlich, und sie erfochten sich wirklich am Sabbath defensiv, und an den andern Tagen so offensiv, daß die Syrischen Heere gar nicht nahe gegen sie stehen konnten, die Freyheit. Erst lange nachher, da sie einen andern Feind bekamen, ward ihnen dies Ueberbleibsel von Aberglauben schädlich, und brachte sie wieder unter fremde Botmäßigkeit. Pompejus belagerte den sehr befestigten Tempel, und Josephus meint, er würde ihn nicht erobert haben, wenn ihm nicht folgende List geglükt wäre. Er wußte, daß die Juden am Sabbath nicht föchten, wenn sie nicht angegriffen würden; er enthielt sich also am Sabbath alles Angrifs, ließ auch nicht einmal Steine gegen den Tempel werfen, allein dagegen immer

an

Erde sind unsere Zeugen, daß ihr uns ungerechter Weise tödtet. Siehe meine Anmerkungen zu dieser Stelle.

(*) Antiqu. libr. XII. c. 6. §. 2.

(**) 1 Makkab. 2, 39—41. Josephus libr. XII. Antiqu. c. 6. §. 2. L XIII. c. 1, §. 3.

§. 196. Sabbath.

an den Approchen arbeiten, (*) Belagerungsthürme bauen, und das Geschüz herzuführen: die Juden sahen aus misverstandener Religion geduldig zu, und darüber eroberte Pompejus den Tempel. Aber so machten es die Juden nicht, als Titus Vespasianus Jerusalem eroberte, sondern fochten ohne Unterschied der Tage.

Ich muß noch einmal in die Makkabäischen Zeiten zurük gehen. Die Siege der Juden machten, daß Ausländer sie doch gern zu Soldaten hatten, wenn sie gleich am Sabbath keinen Feind, der sie nicht angrif, angreifen wollten. Der Syrische König Demetrius thut ihnen 1 Makkab. 10, 36. 37. den Antrag, 30000 Juden, die ihre eigenen Officiers, die volle Freyheit nach ihren Gesetzen zu leben, und mit den königlichen Truppen gleichen Sold haben sollen, in Dienste zu nehmen; und sein Sohn, Demetrius, verspricht ihnen Kap. 13, 20. so gar Stellen unter der Leibgarde: sie leisten auch wirklich bey den innerlichen Unruhen Syriens bald diesem, bald jenem Könige gegen seinen Gegenkönig Hülfe, doch ohne eigentlich in Syrischem Solde zu stehen, dagegen Jonathan und Simon sich diese Hülfe durch wichtige Privilegia, die sie erhalten, theuer bezahlen zu lassen wissen. Als bald darauf Antiochus Sidetes, der lezte, den die Juden noch als Oberherrn erkannten, gegen die Parther zog, begleitete ihn der Jüdische Fürst und Hohepriester, Johannes Hyrkanus, mit einer Jüdischen Armee, und der König richtete sich so nach dem Gewissen der Juden, daß er zwey Tage stille lag, weil die Juden an ihnen nicht marschiren konnten, denn auf ihren Sabbath folgete diesmal unmittelbar der gleichfalls als Sabbath gefeyerte erste Pfingsttag. Dies sagt uns Josephus Ant. XIII, 8. 4. auch Nikolaus Damascenus, dessen eigene Worte er auch anführet. Fast zu eben der Zeit sind auch bey der Armee der egyptischen

---

(*) Josephus Antiqu. XIV, 4. 2.

§. 196. Sabbath.

schen Cleopatra in Cypern nicht blos jüdische Soldaten, sondern auch zwey jüdische Generals, Helkias und Ananias, die allein ihr treu bleiben, da die übrige Armee abfällt. (Josephus Ant. XIII, 10. §. 4. der hier Strabo zum Gewährsmann anführet.)

Wenn die Juden blos Hülfstruppen waren, konnte der Schade, daß sie am Sabbath nicht angriffen, durch die übrige Armee gemäßiget werden; aber größer war er freilich bey einer blos aus Juden bestehenden Armee. Dies müssen die Fürsten und Könige der Juden bemerkt haben, sie fiengen wenigstens an, Ausländer in Sold zu nehmen, und durch diese ward endlich unter Herodes dem Großen die einheimische Miliz ganz verdrängt. Eben der Fürst Johannes Hyrkanus, der dem Könige von Syrien Juden gegen die Parther zu Hülfe führte, machte doch, da er Geld genug hatte, den Anfang, fremde Truppen zu halten. (Josephus Ant. XIII, 8. §. 4.) Sein Sohn, Alexander, sezte dies fort, nahm aber keine Syrer, wie der Vater gethan zu haben scheint, sondern Pisidier und Cilicier: (Ant. XIII, 12. §. 5.) dessen Wittwe, Alexandra, behielt sie bey, gestattete aber, daß die Pharisäer sie so lange drukten, bis sie zur Königin giengen, und Abschied oder Schuz foderten. Sie beriefen sich auf ihre Dienste und Thaten, und sagten, sie könnten auch an andern Orten Bröd finden, der König vom Peträischen Arabien, Aretas, und andere Könige, würden Leute gern in Sold nehmen, deren bloßer Name ihnen vorhin schreklich gewesen wäre. Die Königin behielt sie bey, und verlegte sie außerhalb Jerusalem in Besatzungen, doch nicht in die drey Hauptfestungen, in denen sie ihre Schätze hatte; sie muß also außer ihnen noch einheimische Soldaten gehabt haben. (Ant. XVIII, 16. §. 2. und 3.) Herodes der Große hingegen muß gegen das Ende der Regierung gar keine anderen als Ausländer zu Soldaten gehabt haben: denn bey seinem Leichenbegängniß begleitet ihn die Armee in folgender Ordnung: 1) die Leibgarde, die der bey den

Juden

Juden äußerst verhaßte Tyrann nicht aus ihnen gewählt haben wird, sondern nach dem Beyspiel der Römischen Kaiser aus Fremden, 2) die Thracier, 3) die Deutschen, 4) die Galater. (Ant. XVII, 8. 3.) Vermuthlich haben die Armeen seiner Söhne, auch die, welche der Vierfürst von Galiläa gegen Aretas zu Felde führte, (*) gleichfalls aus diesen Nationen bestanden haben.

Unter den Römern erhielten die Juden, selbst die nicht ausgenommen, die Römisches Bürgerrecht hatten, Freyheit von Werbungen und Kriegsdiensten, und zwar dies unter Vorschützung des Sabbaths. (Josephus Ant. XIV, cap. 10. §. 6. 11. 12. 13. 14.) Begreiflich ist die Sache sehr, denn den Römern war nach ihrer Kriegsverfassung wenig mit Soldaten gedient, die nicht zu aller Zeit fechten durften. Ausnahme von der Regel, und Strafe gegen die zu Rom wohnenden Juden und Proseliten war es, wenn unter Tiberio ihrer 4000 zu Kriegsdiensten gezwungen, und nach Sardinien gegen die Räuber geschikt wurden, wiewohl doch auch da viele Juden lieber Strafe litten, als wider ihr Gewissen den Diensteid leisteten, der ihnen mit der Lehre vom Sabbath zu streiten schien. (Tacitus B. 11. der Annalen Kap. 85. Josephus Ant. XVIII, 3. 5.) Im glüklichen Arabien ist lange die jüdische Religion die herrschende gewesen, (**) und hat sich bis ins sechste Jahrhundert auf dem Thron erhalten: was diese zur jüdischen Religion getretenen Araber wegen des Krieges am Sabbath für recht hielten, weiß ich nicht. Der Aberglaube der Thalmudischen Lehrer, und unserer jetzigen Juden interessirt mich desto weniger, weil sie jezt keinen Staat mehr haben, und von andern geschüzt werden. Nur bemerke ich die noch jezt für sie unglüklichen Folgen ihres übel verstandenen Sabbathsrechts. Wenn ein

ganzes

(*) Josephus Ant. XVIII, 5.
(**) Orientalische Bibliothek Th. 4. S. 155—159.

ganzes Volk die Waffen nicht tragen, und den Staat nicht vertheidigen kann, so wird es auch mit andern Bürgern nie egalisirt werden, und gleiche Rechte erhalten können; es wird mit mehreren Auflagen belegt werden müssen, um aus dem Beutel zu ersetzen, was es mit dem Degen und der Hand zu thun nicht im Stande ist; es wird auch billig keine liegenden Gründe erwerben können, denn wenn dies geschähe, und es etwan den grössern Theil des Landes an sich kaufte, so würde der Staat, der Bürger braucht, die pro aris & focis fechten, von Jahr zu Jahr wehrloser: man wird es blos seines Reichthums wegen im Lande dulden, und da es sich selbst nicht schützen kann, schützen, dabey aber wohl wie einen Schwamm ansehen, den man ausdrükt: und wenn es etwas verbricht, oder verbrochen haben soll, oder man seiner, wenigstens der Armen überdrüßig ist, so wird man das ganze Volk, oder die Armen, ausjagen, weil man an Einwohnern, die den Staat nicht vertheidigen können, und arm sind, nichts verliert. Ob es den Juden so gehet, oder nicht, wird jeder wissen. Das Gesez Mosis aber ist an allen diesen für sie unangenehmen Folgen unschuldig: es verbot ihnen nie am Sabbath zu fechten.

§. 197.

Drey hohe Feste, wie sie gefeyret werden.

Außer dem Sabbath hatte Moses noch andere Feste verordnet. Drey unter ihnen, die wir die hohen Feste zu nennen pflegen, unterscheiden sich vom Sabbath und allen andern heiligen Tagen dadurch merklich, daß sie sieben, und das eine unter ihnen völlige acht Tage, an einander daureten, und alle Israelitische Mannspersonen an dem Ort, wo das Heiligthum seyn würde, zusammen kommen sollten, (*) wiewohl dies lezte bey andern

Festen

(*) 2 B. Mos. 23, 14—17.

Festen nicht mit eben der Strenge genommen ward, als bey dem ersten, dem Paßa. Diese Feste waren

1) das Paßafest, zum Andenken des Ausgangs aus Egypten. Dies sollte an dem Abend, der auf den 14ten Tag des ersten Mondes folgete, mit dem Essen des sogenannten Osterlamms (*) angehen, und sieben volle Tage bis zum 21sten dauren. Monde, die sich mit dem Neumond anfangen, kann man zwar nicht ganz genau mit unsern Monaten vergleichen: so viel aber kann man doch immer sagen, daß der erste Mond der Israeliten in unsern April fallen mußte. Er war derjenige, während dessen man in Palästina reife Aehren haben konnte, und davon hat er sogar den Namen des Aehrenmondes: auch mußten am 16ten dieses Mondes, welches der zweyte Tag des Paßafestes war, die Erstlinge der reifen Aehren Gott gebracht werden, (**) und von dem Tage an war es erlaubt, die Erndte anzufangen, die gemeiniglich erst in sieben Wochen völlig geendiget war, weil sie in den wärmsten Gegenden Palästinens viel früher, in den kältern aber am Libanon später anfängt. Nun kann man in den wärmsten Gegenden Palästinens, z. B. um Jericho herum, nach der Mitte des Aprils reife Aehren haben; (***) folglich mußte dieser Aehrenmond immer in unsern April fallen. An diesem Feste mußte jeder Israelite, der konnte, zum Heiligthum kommen,

---

(*) 2 B. Mos. 12. 23, 15. 3 B. Mos. 23, 4—8. 4 B. Mos. 28, 16—27. Man vergleiche, wenn man etwan einen Zweifel hat, ob es am Abend vor oder nach dem 14ten angehen solle, die Göttingischen Anzeigen vom Jahr 1758. das 135ste Stük, sonderlich S. 1276. Wer die Göttingischen Anzeigen nicht hat, kann doch dies einzelne Stük, so wieder aufgelegt ist, beym hiesigen Postamt einzeln zu Kaufe bekommen.

(**) 3 B. Mos. 23, 9. 14.

(***) Commentatio de mensibus Hebraeorum §. 2.

§. 197. Hohe Feste.

kommen, um das Paßalamm zu essen, das, weil es ein Opfer war, nirgends anders als beym Heiligthum geschlachtet werden durfte; und wer ohne Noth das Essen des Paßalammes unterließ, sollte mit der unten (*) vorkommenden Strafe der Ausrottung beleget werden. (**) So bald aber diese Opfermalzeit vorbey war, hatte auch jeder Israelit die Freyheit, gleich am folgenden Morgen, also noch währendes Festes, nach Hause zu gehen, wenn es ihm beliebte; (***) eine Erlaubniß, die vielleicht deswegen zu geben nöthig war, weil, wenn der Aehrenmond in einem Jahr später fiel, z. B. wenn etwan der 17te April der Neumond gewesen wäre, folglich der erste Tag des Paßafestes der erste May war, in den südlichsten Gegenden die Erndte schon im Osterfeste angieng. In diesem Fall wollte der Gesezgeber die Israeliten nicht hindern, das ihrige einzuerndten.

2) Nach Endigung der vorhin erwähnten sieben Erndtewochen, oder mit andern Worten am 50sten Tage vom 16ten des ersten Mondes an zu rechnen, sollte das Pfingstfest gleichfalls sieben volle Tage gefeyret werden. Dies war eigentlich das Erndtefest, daran Gott für die Wohlthaten der Erndte gedankt, und die Erstlinge der vom frischen Korn gebackenen Brodte gebracht werden sollten. (*)

3) Das Lauberhüttenfest war das Dankfest für Obst- und Weinlese, sollte den Abend nach dem 14ten des siebenten Mondes (ohngefähr unsers Oktobers (**)) angehen, volle sieben Tage bis zum 21sten

---

(*) §. 237.
(**) 4. B. Mos. 9, 13.
(***) 5 B. Mos. 16, 7.
(*) 2 B. Mos. 23, 16. 3 B. Mos. 23, 14—21. 4 B. Mos. 28, 26—31.
(**) Commentatio de mensibus Hebraeorum §. 4.

währen, (*) und dann eine Zugabe des achten Tages bekommen, der, wo ich nicht irre, in den ältesten Zeiten und nach Mosis Einsetzung das Kelterfest der Israeliten seyn mochte. Während dieses Festes wohneten die Israeliten in Hütten, die von Laubwerk geflochten waren, welches in den wärmern Gegenden Palästinens der Witterung wegen sehr wohl angeht, denn der Oktober ist trocken.

Man muß sich hier vor der wunderlichen Vorstellung hüten, die man bisweilen von unsern drey Tage daurenden hohen Festen auf die siebentägigen der Israeliten überträgt, als wäre an allen diesen sieben Tagen die Arbeit untersagt gewesen. Schon an unsern Festen wird man gewahr, wie lastig und der menschlichen Natur zuwider eine zur Pflicht werdende Enthaltung von Arbeit ist, wenn sie mehr als Einen Tag dauret. Wie manchem werden die drey Tage sehr lange, so daß er sich recht wieder nach einem Werktage sehnt? Die Prediger erzählen dies bisweilen auf der Kanzel, und bestrafen es; allein sie werden die menschliche Natur nicht ändern können, wenn sie gleich darauf schelten, und blos ihre Moral, die wohl drey Tage nach einander Arbeit verbietet, ist schuld daran, daß dreytägige Feste den Folgsamen zur Last werden. Hätte man sich aber sieben oder acht Tage nacheinander aller Arbeit enthalten müssen, wie unerträglich würde die Last, und wie strafmäßig ein solches Fest gewesen seyn? So schließt etwan der künstlich-grausame Tyrann, der über die Unerträglichkeit des Müßiggangs reflektirt hat, und recht weiß, wie er peinigen soll, seinen Gefangenen nicht in ein Werkhaus, sondern in ein Gefängniß ein, wo ihm keine Arbeit gestattet ist. Dies siebentägige Fest wäre nur eine kürzere Strafe von eben der Art gewesen.

Solche

(*) 2 B. Mos. 23, 16. 3 B. Mos. 23, 33—44. 4 B. Mos. 29, 1—39.

§. 197. Hohe Feste.

Solche der menschlichen Natur widrige Festverordnungen haben wohl ungelehrte und den Menschen nicht kennende Geistliche aus Misverstand der Gesetze Mosis, die sie durch einen neuen Misverstand in das Neue Testament übertragen wollten, erdacht und für Sittenlehre gehalten; allein Moses ist ganz unschuldig daran. Die sieben Tage seiner hohen Feste theilt er so ein:

1) Der erste und lezte Tag ist ein Sabbath, an dem man nicht arbeiten soll. (*) Doch ist dies Verbot nicht eben so strenge, als am wöchentlichen Sabbath; denn alle zur Bereitung des Essens gehörige Arbeit war am Festsabbath erlaubt. (**) Diese Erlaubniß war nöthig, wenn nicht alle sieben Jahre zweymal entweder der Fest- oder der Wochensabbath in eine Art von halbem Fasttage verwandelt werden sollte: denn jeder von den sechs Festsabbathen der drey hohen Feste wird innerhalb sieben Jahren einmal auf den Freytag, und einmal auf den Sonntag fallen, also unmittelbar vor dem Wochensabbath vorhergehen, oder darauf folgen.

2) Die übrigen fünf Tage hingegen waren Werkeltage, an denen man arbeiten durfte, und vermuthlich wurden an ihnen, wie hernach vorkommen soll, die großen Jahrmärkte des ganzen Volks gehalten, also gewiß das meiste und größeste Gewerbe getrieben. Zum wenigsten finden wir bey Mose kein Wort von einem Verbot an ihnen zu arbeiten, oder Handel und Wandel zu treiben: und es scheint, er erlaube beides noch ausdrüklicher, wenn er so oft sagt, der erste und lezte Tag soll als heilig ausgerufen (***) werden, und an ihm keine Arbeit gesche-

---

(*) 2 B. Mos. 12, 16. 3 B. Mos. 23, 7. 21. 35. 36. 39.
(**) 2 B. Mos. 12, 16.
(***) Anstatt daß wir das Fest einläuten, da wir Glocken haben, ward es bey den Hebräern, die keine Glocken hatten,

geschehen. Dies heißt doch offenbar so viel, als, die fünf Zwischentage wurden nicht als heilig ausgerufen, und an ihnen konnte Arbeit geschehen. Das Wort, *Chagg*, dessen sich Moses bedient, wenn er Feste verordnet, heißt auch nicht, sich von Arbeit enthalten, sondern bey den Arabern entweder eine Wallfahrt, (welche Bedeutung aber daher entstanden zu seyn scheint, daß man am Fest der alten Araber vor Muhammed, und der Muhammedaner, zur Mekkanischen Caaba wallfahrten muß) oder im Kraise herum gehen, d. i. eine gewiße Gattung von Umgang, der tanzend geschiehet, um die heiligen Oerter halten. Philologisch kann ich das hier nicht ausführen: wer aber die von den hohen Festen gebräuchlichen Worte Mosis: **ihr sollt ein Fest halten,** (*) so übersetzen wollte, daß er die Etymologie mit ausdrükte, würde sie entweder, **ihr sollt Jehova einen Tanz halten,** —— oder, **ihr sollt Jehova einen Umgang halten,** übersetzen müssen.

Aber worinn, wird man nun fragen, bestand die Festfeyer der übrigen fünf Tage? — Ich bitte jeden allzustrengen Moralisten zum voraus, sich nicht zu ärgern: in Opfern, Opfermalzeiten, und Tänzen, dabey Lieder auf die Gottheit und ihre Wohlthaten gesungen wurden, also in Vergnügungen, die mit der Religion verbunden, durch sie eingeschränkt, gesitteter gemacht,

und

---

hatten, ausgerufen. Noch jezt pflegen in der Türkey und andern Muhammedanischen Ländern nicht blos die Feste, sondern auch die Stunden des Gebets ausgerufen zu werden. In großen Städten, wo man Thürme hat, geschiehet dies von den Thürmen: im Israelitischen Lager zur Zeit Mosis, und nachher in den Städten, die keine Thürme hatten, mußte es von Ausrüfern, die durch die Straße giengen, geschehen, so wie bey uns die Polizei-Ausrüfe bekannt gemacht werden.

(*) את חגתם (vechaggothem Chagg.)

§. 197. Hohe Feste.

und geheiliget wurden. Von dieser Art war häufig die Festfeyer der alten Völker, auch der heidnischen, nur daß bey diesen die Mythologie zu viel schändliches von den erdichteten Göttern erzählte, so daß die Frölichkeit der Feste nicht nur durch die Religion nicht in den Schranken der Ehrbarkeit gehalten ward, sondern wohl eigentlich durch Schuld der abscheulichen Götterlehre der Heiden in Liederlichkeit übergieng.

Also erstlich in Opfermalzeiten. Man erinnert sich, daß die zweyten Zehnten und Erstlinge zu Opfern angewandt werden sollten, (§. 192. 193.) Da nun keine Opfer anders als beym Heiligthum gebracht werden durften, so konnte der nicht beym Heiligthum wohnende Israelite diese Abgabe nicht anders entrichten, als wenn er zum Heiligthum gieng, und durch jene Gesetze war schon genug dafür gesorget, daß jeder Israelite, der etwas zu verzehnten hatte, d. i. jeder, der nicht ganz dürftig war, nicht lange sparsam überlegen durfte, was er zur Opfermalzeit anwenden wollte. Er konnte freilich noch andere Gelübde, oder freywillige Opfer hinzuthun; aber wenn er auch das nicht that, so mußte er doch Opfermalzeiten anstellen, um seine Erstlinge und Zehnten zu verzehren. Auf die Art bestand das Fest aus Tagen des Vergnügens, da man zu Gaste bat, oder zu Gaste gebeten ward, und selbst der Arme und der Leibeigene sollten an dieser Fröhlichkeit ihren Antheil haben. 5 B. Mos. 16, 11—17. wird dies ausdrüklich, erstlich vom Pfingst= und Laubenhüttenfest, und dann von allen drey Festen verordnet; wenn auch in eben dem Kapitel V. 2. befohlen wird: Schlachte deinem Gott das Paßaopfer an dem Ort, den er zu seiner Wohnung erwählen wird, von Schaaf= Ziegen= und Rindvieh, so ist offenbar, daß nicht blos vom Osterlamm die Rede seyn kann, sondern noch andere Opfer am Paßafest gebracht werden sollen. Man sehe auch 2 Chron. 35, 7. 9. 12. Nur noch dies einzige muß ich erinnern: das Halten dieser Gastgebote nennet

H 4 Moses

§. 197. Hohe Feste.

Moses gemeintglich in seinen Gesetzen, sich vor Jehova freuen, 5 B. Mos. 12, 12. 18. 14, 26. 16, 11. 14. 15. 26, 11. 27, 7. und sezt bisweilen, um die Absicht der verordneten Festopfer kenntlicher zu machen, hinzu: man solle sich zwischen seiner Arbeit vor Jehova freuen, d. i. die Arbeit des übrigen Jahrs durch diese frölichen Malzeiten unterbrechen, und sie sich durch das Wohlleben der Feste erleichtern.

Daß Tänze, bey denen Loblieder gesungen wurden, ein uraltes Stük der Festfeyer der Hebräer waren, wissen wir selbst aus Mose. Gleich nach dem Durchgange durch den Arabischen Meerbusen sungen die Israelitischen Frauenzimmer beym Tanz das darauf verfertigte Loblied, und Mirjam ist, die Adufe (*) in der Hand, ihre Anführerin. 2 B. Mos. 15, 20. 21. Als die Lade des Bundes nach Zion gebracht ward, tanzete David, welches ihm Michal übel nahm, 2 Sam. 6, 16. 20—22. und die Sänger und Saitenspieler waren auf beyden Seiten mit Jungfrauen umgeben, die die Adufe schlugen. Ps. 68, 26. Vermuthlich tanzten auch diese. Das unweit Silo gehaltene, wegen des Jungfernraubes der Benjamiten bekannte Fest, B. der Richter 21, 19—23. bestand gleichfalls in einem Tanze: die Jungfern aus Silo waren zum Tanz an einem gewissen Ort auf dem Felde zusammen gekommen, und auf diesem Tanzplaz wurden sie von den in den Weinbergen

---

(*) Ich gebrauche den aus dem Arabischen abgestammten Europäischen Namen, der allein die Sache hinlänglich ausdrukt. Adufe, Hebräisch תף (Thof) ist keine Pauke, wie wir sie haben, die sich wohl gewiß für Frauenzimmer nicht schicken würde, sondern eine zwischen einem metallenen Zirkel ausgespannte Haut, die die Frauenzimmer in der einen Hand halten, und mit der andern schlagen. An diesem metallenen Zirkel hängen Scheilen, die beym Herumdrehen der Adufe klingen. In Russels natural history of Aleppo findet man S. 94. mehr von ihr, und auch auf der 14ten Kupfertafel eine Abbildung.

§. 197. Hohe Feste.

bergen versteckten Benjamiten überfallen, und zu Frauen geraubet. (*)

§. 198.

(*) In der That ward also befohlen, zu tanzen, wenn Moses in Gottes Namen befohl: du sollst Jehova ein Fest feyren; und nach seinen Sitten und Sprachgebrauch konnte der Israelite es nicht anders verstehen, als, daß Tänze gehalten werden sollten. Wer das Gebot noch ausdrüklicher zu haben verlanget, wird es Ps. 149, 3. 150, 4. finden. Desto sonderbarer ist es freilich, daß die übertriebene und finstere Strenge mancher Theologen im Neuen Testament das Tanzen als sündlich verdammet. Bürgerlich erlaubt konnte den Israeliten wegen ihrer Herzenshärtigkeit manches seyn, das nach der Moral sündlich ist: allein wenn Moses wirklich ein göttlicher Bote, und kein Betrüger war, so kann nichts von dem, was er gebot, nichts, was zum Gottesdienst der Israeliten gehörte, sündlich seyn.

Darf ich hier die Frage erwähnen, die mir bisweilen vorgelegt ist, wenn ich eben dies mündlich gegen Verdammer des Tanzens äusserte: haben, sagten sie, auch beyde Geschlechter ehedem mit einander getanzt, oder tanzten Männer besonders und Weiber besonders? Da ich die Absicht dieser Frage wirklich anfangs nicht verstand, so hörte ich nachher, die Sündlichkeit des Tanzens solle eigentlich in Erregung böser Lüste des einen Geschlechts gegen das andere, sonderlich beym Händegeben, bestehen, und das Tanzen sey mit Unzucht im Herzen verknüpft. In der That glaube ich zwar, dies beweise etwas mehr, als die Widersacher des Tanzens bewiesen haben wollen, z. B. daß auch beyde Geschlechter nicht in Eine Kirche gehen dürfen, wo sehr oft Unzucht im Herzen vorgehet, oder daß man kein Frauenzimmer führen dürfe. Weil mir aber doch die Frage mehrmals vorgeleget ist, so wiederhole ich hier, was ich sonst mündlich zu sagen pflege.

1) Bey der großen Entfernung der Zeit und Mangel an Nachrichten kann ich freilich nicht bestimmen, ob auch in den ältesten Zeiten beyde Geschlechter mit einander getanzt haben: Jer. 31, 13. ist die einzige Stelle, die eine Entscheidung geben könnte; allein beydes Erklärung und Leseart sind ungewiß.

2) So viel ist doch aus 2 Sam. 6, 16—22. und Ps. 68, 25—27. gewiß, daß das eine Geschlecht bey dem

§. 198.

Politische Folgen, Absichten und Nutzen der Feste.

Auf diese Art waren wirklich die drey jährlichen Feste etwas längere Zeiten des Vergnügens, die sich das Volk noch außer dem wöchentlichen Sabbath gönnen sollte. Sieben Tage auf diese Weise zugebracht sind für Leib und Gemüth eine Erholung, und man kommt

---

dem Tanz des andern gegenwärtig war, und zusahe, ja daß die Jungfrauen dabey die Abufe schlugen, und Chöre von Mannspersonen in der Mitte hatten. Dies würde wohl eben so viel unerlaubte Zuneigung erwecken können, als wenn beyde Geschlechter mit einander tanzen.

3) Wäre es so gewiß und unvermeidlich, daß das Tanzen Unzucht im Herzen veranlasset, als einige Widersacher desselben es vorstellen, so würde ja in einem so südlichen Lande, als Palästina, die Gefahr noch größer gewesen seyn, wenn Mannspersonen blos mit Mannspersonen, als wenn beyde Geschlechter mit einander tanzten. Jenes könnte so gar unnatürliche Lüste veranlassen, anstatt daß dieses doch nur in Gefahr einer geringeren Sünde stürzte, oder bey unverheyratheten Personen zwar eine heftige, aber doch nicht unerlaubte Liebe, die sich in Ehe endigen könnte, erregte. Man sehe noch Niebuhrs Reisebeschreibung Th. I. S. 184 wo zwar eigentlich von lasterhaften Tänzen junger Knaben vor Mannspersonen in Weinhäusern die Rede ist.

Die Sache gehört eigentlich in die Moral, weil aber die theologische Moral diesmal Entscheidungsgründe aus dem Mosaischen Recht zu borgen hat, wird man mir diese Ausschweifung zu gute halten, sonderlich da ich glaube, daß das jezt unter Theologen so gewöhnlich werdende Verbot des Tanzens, so man noch vor 50 Jahren für eine Unterscheidungslehre der Pietisten hielt, sehr viel üble Folgen nach sich ziehet, sonderlich aber in vornehmen Häusern die Gewissen der Kinder beunruhiget, und sie früh dazu gewöhnet, aus Gehorsam gegen die Eltern oder Furcht vor Gelächter vorsätzlich und überlegt wider ihr Gewissen zu handeln.

§. 198. Hohe Feste.

kommt sich nach ihnen als neugeschaffen vor. Zur Gesundheit des ersteren tragen sie bey; und der Leib desjenigen wird auch stärker und geschikter, der von Jugend auf bisweilen frölige Tänze gehabt, als der immer einerley Arbeit wiederholt hat: der leztere kann zwar zu dieser einzelnen Arbeit stark werden, aber dabey steif, zu allen andern Wendungen des Leibes ungeschikt, und und beynahe gelähmt; eine diätetische Anmerkung, in der man die gelehrteren Medicos, und den Officier, der Soldaten werben oder ausheben soll, einstimmig finden wird. Das Gemüth wird auch durch Feste dieser Art aufgereimter und fröliger: man kehrt munterer und geschikter zu seiner vorigen Arbeit zurük, wenn man einmal eine Woche lang eine außerordentliche Lebensart geführt hat, die freilich nicht die beständige im ganzen Leben, sondern nur Fest seyn muß. Ueberhaupt scheint es eine der Absichten des Mosaischen Rechts zu seyn, daß jeder, der lebet, neben der mannigfaltigen Last auch bisweilen das Vergnügen des Lebens schmecken solle, und davon soll der Aermste, bis selbst auf den Leibeigenen, nicht ausgenommen seyn, sondern auch für den sorgete der Gesezgeber bey den Festen. Die Worte, die ich einmal ganz ohne an etwas gelehrtes oder an Mosaisches Recht zu gedenken, Mosi in einem Gedicht in den Mund legte, wenn er für Israel ein dreytägiges Fest von Farao erbittet, (*)

Dies Volk wünscht nur ein Fest, nur dreyer
    Tage Lust,
Die ihm sein Gott befielt. Fern deinen
    Zwang zu brechen,
Frohnt dirs das ganze Jahr: dein strenges
    Sklavenhaus
           Nimmt

(*) In dem Gedichte, Moses, das der zweiten Ausgabe des poetischen Entwurfs der Gedanken des Predigerbuchs Salomons angehängt ist.

> Nimmt nicht einmal den Tag des heilgen
> Sabbaths aus.
> Kannst du die kurze Lust dem Sklaven auch
> versagen?
> Misgönnst du ihm, daß er in drey vergnüg-
> gnügten Tagen
> Des Lebens Probe schmekt, und dann viel
> zu beglükt
> Auf ewig dient?

drücken wirklich Mosis Gedenkungsart, wie man sie etwan aus seinen Gesetzen malen möchte, treu genug aus.

Außer diesem Zwek hatte die Veranstaltung der drey hohen Feste noch manchen vortheilhaften Einfluß in das gemeine Wesen. Der wichtigste, den der Gesezgeber wohl ohne Zweifel zur Absicht gehabt hat, war, daß das ganze Volk mehr mit einander verbunden würde, sich als Landsleute und Brüder lieben lernte, und nicht so leicht auf immer in mehrere kleine Staaten zersplittert werden könnte. Es bestand, wie schon §. 46. 47. erwähnt ist, aus zwölf Stämmen, deren jeder sein eigenes gemeines Wesen, und bisweilen eine Eifersucht gegen den andern Stamm hatte. Die Folge hiervon hätte seyn können, daß ein Stamm den andern nach altem eng denkenden Patriotismo gehasset, und sie sich endlich ganz von einander getrennet hätten. Diesem Unglük beugeten die jährlichen Feste, so viel als möglich, vor. Wenn alle Israeliten mehrmals zu Gottesdienst und Lustbarkeiten an Einen Ort zusammen kommen, so lernen sie sich näher kennen, und es werden Freundschaften gestiftet. Daß diese am ersten bey Gastgeboten entstehen, und sogar mancher kleine Widerwille, den man gegen einander hat, bey ihnen vergessen oder aufgerufen wird, ist eine längst bekannte Anmerkung. Man findet einmal an einem muntern Tage Vergnügen am Umgange eines andern: man wünscht sich dies Vergnügen oft, und sucht seinen Umgang, und nun ist, ehe

man

§. 198. Hohe Feste.

man es selbst weiß, eine Freundschaft gestiftet. Eigentlich war zwar nur geboten, daß die Mannspersonen auf das Fest gehen sollten; aber der Vater machte doch auch wohl seiner Tochter die Freude, sie zu einem Fest, das in Tanzen und Gastmalen bestand, mitzunehmen, und so bekam man die jungen Schönheiten aller Stämme zu sehen. Dies mußte natürlicher Weise Heyrathen eines Stammes in den andern veranlassen; durch die ward immer mehr das Interesse der Familien aus verschiedenen Stämmen verbunden, und zwölf kleine Völker nicht mehr blos dem Namen, sondern auch der That und der Bürgerliebe nach zu Einem großen.

Wären Stämme gegen einander eifersüchtig gewesen, oder gar, wie es bisweilen geschahe, in einen bürgerlichen Krieg gerathen, so machte der gemeinschaftliche Ort des Gottesdienstes und der Feste, daß sie sich nicht so leicht völlig trenneten, und zu zwey oder mehreren ganz von einander abgesonderten Staaten wurden: wäre dies aber auch einmal geschehen, so gab er immer wieder Gelegenheit zur Vereinigung beyder Staaten. Dies ist so richtig, daß die Trennung der zehn Stämme vom Stamm Juda unter Rehabeam und Jerobeam nicht einmal hätte dauerhaft seyn können, wenn nicht Jerobeam einen Theil des Gesetzes Mosis abgeschaffet hätte. Immer ist es genug Empfehlung für die gesetzgebende Klugheit, wenn das Uebel, das sie zu vermeiden suchte, ohne Aufhebung des Gesetzes unmöglich scheint, und der Zerstörer oder Zersplitterer des Staats erst ein Religionsgesetz abschaffen muß, das sich doch so schwer abschaffen läßt, ohne die Gemüther unruhig zu machen oder zu erbittern. Jerobeam sahe gleich ein, die zehen Stämme würden sich dereinst wieder mit dem Stamm Juda vereinigen, und dem rechtmäßigen Könige aus der Familie Davids unterwerfen, wenn sie fortführen, an den hohen Festen nach Jerusalem zu gehen, welches ihnen wegen des Stillstandes der Waffen am heiligen Ort zur

Zeit

Zeit der Feste (*) ganz wohl verstattet gewesen seyn würde: um sich nun zu erhalten, und die Trennung zu verewigen, verbot er die jährlichen Wallfahrten nach Jerusalem, und bestimmte dem Gesez Mosis zuwider zwen Oerter des Gottesdienstes in seinem Lande, (**) wo noch dazu dem Hang der Israeliten zum Bilderdienst zu Gefallen zwar der wahre Gott, aber unter dem Bilde eines güldenen Kalbes verehret ward: ja um seiner Sache noch gewisser zu seyn, verlegte er das Lauberhüttenfest, und vermuthlich auch die übrigen, um einen Monat später, als die von Mose verordneten fielen, (***) wobey er vielleicht den Vorwand brauchen mochte, daß die Erndte und Weinlese in den unter dem Libanon gelegenen, und in die Gebirge hineingehenden Strichen seines Landes bisweilen etwas später fiel, als im übrigen Paldstina. Eine gleiche List, die wider ein gleiches Gesez arbeitet, finden wir in der Geschichte des Volks, das mit den Israeliten die nächste Verwandtschaft und größte Aehnlichkeit der Sitten hat, der Araber. Ein Kalife aus dem Geschlecht Ommija, Walid Abdulmelk, wird beschuldiget, er habe an eine gewisse Moschee zu Jerusalem in der Absicht sehr viel gewandt, seine Unterthanen von der Wallfahrt nach Mekka abzuziehen, damit sie nicht dort mit Hochachtung für die Familie des Propheten eingenommen, und von der Familie Ommija abwendig gemacht werden möchten. Wenn Abulfeda dies erzählt, (*) so bedient er sich noch dazu derselben Redensart, mit der er anderwärts die Politik Jeroboam in Verbietung der Feste zu Jerusalem beschreibt. (**) Sehr natürlich und einleuchtend muß also wohl die Wirkung eines gemeinschaftlichen Ortes der Feste zu Verhütung oder Heilung eines solchen politischen Bruchs seyn: und der Gesezgeber, der 12 kleine Völker

---

(*) §. 65.
(**) 1 Könige 12, 27—30.
(***) 1 Könige 12, 33.
(*) Abulfedae tabulae Syriae, S. 10. 11.
(**) Eben daselbst, S. 85.

§. 198. Hohe Feste.

Völker gern zu einem großen Volk auf immer verbinden wollte, konnte nichts zwekmäßigers anordnen, als was Moses auf göttlichen Befehl verordnet hat.

Noch eine andere Folge dieser Feste, von der ich nicht gewiß behaupten will, ob Moses an sie gedacht hat, (Gott, der ihm befahl, was für Gesetze er geben sollte, übersahe freilich allen künftigen Nutzen der Gesetze, und er war bey ihm Endzwek, wenn auch Moses nichts davon gewußt hätte) betraf die innere Handlung der Israeliten. Aus jährlichen gottesdienstlichen Zusammenkünften der Einwohner des ganzen Landes an einem gewissen Orte entstehen gemeiniglich, ohne daß man es zum Endzwek hat, Jahrmärkte und inneres Kommerzium; denn wenn auch weiter nichts wäre, so kommen Kaufleute, die einen ziemlich glüklichen und aufmerksamen Blik haben, alle Gelegenheit des Absatzes aufzuspüren, dahin, um ihre Waaren zu verkaufen. Daß unsere Jahrmärkte in Deutschland zuerst auf die Weise entstanden sind, zeiget noch der Name, den die vornehmsten unter ihnen tragen, Meße. Es ward etwan an einem Ort zum Andenken des und des Heiligen in uralten katholischen Zeiten an einem bestimmten Tage eine Meße gehalten, (z. B. Mittwochs nach Ostern auf der von einem in der Kirchengeschichte sehr berühmten Esel sogenannten Eselswiese bey Querfurt:) weil viel Leute der Andacht wegen da zusammen kamen, so fanden sich auch Kaufleute ein, die allerley feil hatten, und aus der von einem katholischen Pfaffen gelesenen Meße ward das, was wir jezt in der Kaufmannssprache eine Meße nennen. So hat unser Vaterland einer zwar nicht von Gott geoffenbarten, sondern blos von Menschen erdachten Religion oder religiösen Zusammenkünften, ein grosses Theil seines Gewerbes und Kaufhandels zu danken, der übrig geblieben ist, nachdem fast kein Unstudirter mehr weiß, warum man den großen Jahrmarkt, der so nüzlich ist, Meße nennet. Bey den Muham-

§. 169. Hohe Feste.

medanern haben ähnliche Feste eine gleiche Wirkung gehabt: ungeachtet der beschwerlichen Wege durch Wüsten, der Gefahren von Räubern, die den Karavanen drohen, der großen Intoleranz der Religion, die keinen Unbeschnittenen, ohne Gefahr beschnitten zu werden, nach Mekka kommen läßt, und der wegen der wunderlichen Rechnung nach Mondenjahren unaufhörlich abwechselnden Zeit der Wallfahrt, (lauter Umstände, die sonst jede blühende Meße zerstören könnten) bringt doch die jährliche Wallfahrt der Muhammedaner nach Mekka einen der größesten Jahrmärkte in der Welt zuwege, wo beynahe der äußerste Orient mit dem äussersten Occident tauscht und handelt.

Eben diese Folgen mußten nun, ohne daß sich der Gesezgeber weiter darum bekümmerte, noch in viel höherem Grad aus den Festen der Israeliten entstehen, auf denen das ganze Volk zusammen kam; doch nur eigentlich für den einländischen Handel, der immer der wesentlichste Zweig des Kommerzii ist. Man stelle sich vor, was erfolgen wird, wenn solche Feste einmal im Gange sind. Jeder wird mitbringen, was er überflüßig hat, und gern in Geld verwandeln möchte, wenn es nur irgend portatil ist; man wird auch, weil mehrere an Einem Orte auf das Fest gehen, mancherley Mittel erdenken, es portatil zu machen, denn sie wollen sich doch zum Theil ihre auf dem Fest zu verzehrenden Zehnten in natura nachführen lassen, oder sie haben sonst andere Dinge zur Bequemlichkeit nöthig, die ein Fuhrwerk erfordern. Dies Fuhrwerk, (Voiture sollte ich es wohl besser nennen) ist auch in jenen Gegenden nicht theuer, denn es bestehet nicht in Wägen und Pferden, sondern Eseln und Kameelen, den zur Beförderung der Handlung überaus vortheilhaften Lastthieren Arabiens und des benachbarten Palästina. An Käufern wird es nicht fehlen, weil das ganze Volk beysammen ist: auch werden sich bald Kaufleute en gros ihres eigenen Vortheils wegen einfinden, die jedem einzelnen seine Waaren,
sonder=

§. 198. Hohe Feste.

ſonderlich die Manufakturen, abnehmen, und er wird ſie, weil er auf dem Feſt wohl leben will, und Geld braucht, nicht im unbilligen Preiſe halten. Wer gern etwas einkaufen wollte, wird auf das Feſt warten, wo er die Wahl haben kann, und auch dies wird große Kaufleute hinziehen, die verkaufen wollen, und alles feil haben, wozu ſich nur Käufer finden.

Daß Moſes für den auswärtigen Aktiv-Handel nicht geſorget hat, geſtand ich ſchon im erſten Theil §.39. und führte die wahrſcheinlichen Urſachen dieſer in unſern handelnden Zeiten (durch die Deutſchland ſehr arm, und eine Beute der Nachbarn wird, wie man aus Engliſchen Regiſtern ſehen kann) ungereimt ſcheinenden Maxime an: allein die wichtigſte Art der Handlung, dadurch jeder, was er an einem Ort des Landes überflüſſig hat, wenn es nur portatil iſt, zu Gelde machen, und für Geld ſo gar aus der erſten Hand erhalten kann, was ihm mangelt, und anderswo im Lande vorhanden iſt, mußte durch die Feſte der Iſraeliten weit lebhafter ſeyn, als wir ſie je in Europa hoffen dürfen. Das Volk, das eine National-Religion von Gott hatte, und deſſen König Gott ſelbſt ſeyn wollte, genoß hier einen Vortheil, den andere Völker nicht haben können: denn wenn nicht Gott, ſondern blos der Fürſt, die Wallfahrt auf ein Feſt beföhle, ſo würde ſich jeder diſpenſiren, wer könnte, oder doch ungern die Reiſe unternehmen: und wenn man Religionsbetrug zu Hülfe nähme, ſo wäre es erſtlich Betrug, und dann würde er auch bald entdekt werden, und das politiſche Kunſtſtük dadurch in Verfall kommen.

§. 199.
Wichtiger Einfluß der Feſte in den Kalender, und Mäßigung ſeiner Fehler.

Die Hebräer hatten Mondenjahre, wie ſchon daraus unwiderſprechlich iſt, daß ſie keine Sonnenmonate kaum

Moſ. R. IV.Th.   I   ten,

ten, sondern ihre Monden mit dem Neumond anfiengen, und der eine unter diesen, der Aehrenmond, der erste im Jahr war, 2 B. Mos. 12, 2: denn bey einem Sonnenjahr hätte jeder der 12 Monden bald in den Anfang, bald auf das Ende des Jahrs fallen müssen.

Da nun das Mondenjahr ohngefähr um 11 Tage kürzer ist, als das Sonnenjahr, so würden sie, wenn keine Schaltmonden gewesen wären, ganz vom Sonnenjahr abgekommen seyn: es würde ihnen gegangen seyn, wie den Türken, bey denen jeder Mond alle Jahrszeiten durchläuft, und bald in den Sommer, bald in den Winter, dann einmal in den Frühling u. s. f. fällt. Dies hat freilich viel Unbequemlichkeiten. Sollen nicht unaufhörliche Ungerechtigkeiten vorgehen, und z. B. wer einen Acker auf drey Jahre gepachtet und bezahlet hat, vielleicht die dritte ihm billig gehörige Erndte verlieren; weil das Korn an dem schon um 33 Tage früher fallenden Ende des dritten Jahrs noch nicht reif ist, und die Erndte diesmal in das vierte Jahr fällt; so müssen eine Menge Verordnungen gemacht werden, die immer das Sonnenjahr zum Grunde setzen, dabey aber dem Volk, das kein Sonnenjahr im gemeinen Leben kennet, schwer zu verstehen sind. Manche nüzliche Polizei=Anstalten, die Saat, Erndte, Weinlese, Ausrottung des Ungeziefers betreffen, lassen sich auch nicht gut so machen, daß jeder sie leicht verstehen und beobachten könne. Die Historie eines solchen Volks wird durch Schuld der verworrenen Chronologie schwerer, sonderlich wenn sie mit der Historie anderer Völker, die nach Sonnenjahren rechnen, verglichen werden soll.

Wie sollte nun der Gesezgeber diesen wirklich nicht geringen Uebeln des Mondenjahrs abhelfen? — Er sollte es abschaffen, wird vielleicht die erste Antwort seyn, die manchem beyfällt, und Sonnenjahre einführen: und vielleicht wird er gar auf Mosen böse, daß ihm nicht eben dieser Vorschlag beygefallen ist. Er wäre,

ich

§. 199. Hohe Feste.

ich gestehe es, ganz gut, wenn man nur um die Zeit die wahre Länge des Sonnenjahres gewußt hätte. Allein das war der Fall nicht, und die Astronomie noch allzusehr in ihrer Kindheit. Das gewöhnliche Jahr aller Völker von 360 Tagen ist offenbar noch viel unbequemer als ein Sonnenjahr, weil es sich weder nach der Sonne, noch nach dem Monde richtet. Gesezt, die Egyptier haben schon zu Mosis Zeit ein Sonnenjahr von 365 Tagen gekannt, und es so gerechnet, wie es Diodorus Siculus in Oberegypten beschreibt, 12 Monate, jeder von 30 Tagen, und am Ende des Jahrs fünf Schalttage, (*) so war dies Sonnenjahr doch viel zu fehlerhaft, als daß ein Gesezgeber es hätte statt des alten Mondenjahrs einführen können, wenn er nur so viel mit dem Himmel, oder dem Lauf der Natur bekannt war, daß er Fehler, recht grobe Fehler, entdekte. In hundert Jahren kam es um 24, und in 400 Jahren beynahe um 97 Tage zurük: und in 1506 Jahren aber müßte jeder Monat, und jeder Tag desselben, schon durch alle Zeiten und Tage des Jahrs in die Runde gegangen, und ein ganzes Jahr mehr seyn, als der wahren Sonnenjahre verlaufen sind. Strabo (**) sagt noch mehr zum Ruhm der egyptischen Astronomie: ihre Priester hätten das Jahr auf 365 Tage und etwas darüber gerechnet, und von ihnen hätten die Griechen das wahre Jahr zuerst kennen lernen. Dies wäre aufs höchste das Julianische Jahr. Ob egyptische Priester schon zu Mosis Zeit so weit in der Kenntniß des Himmels gewesen sind, ist äusserst zweifelhaft. Würden sie bey Beobachtung des Himmels in anderthalbtausend Jahren nicht zugelernt? nicht einmal aus Erfahrung die immer sichtbarer werdenden Mängel dieses Jahrs wahrgenommen haben? Aber gesezt, sie hätten schon damals das Jahr gekannt, das

J 2 wir

(*) Diodorus Siculus libr. I. c 49. 50.
(**) Libr. XVI. p. 1160. al. 806.

wir das Julianische nennen, so konnte auch dies in die Länge nicht bestehen, weil es um elf Minuten zu lang war, welcher Fehler mit der Zeit uns Europäern sehr sichtbar und fühlbar ward.

Es ist wahr, Gott, der Mose zum Gesezgeber an die Israeliten sandte, und ihn unmittelbarer Offenbarungen würdigte, wußte schon damals die Länge des Sonnenjahrs viel genauer, als sie je ein Sterblicher berechnen wird, und bis auf den kleinsten Bruch der Sekunde: er hätte also Mosi gar wohl das Sonnenjahr so genau, als wir es nie finden werden, kund machen können. Allein so pflegt Gott nicht zu handeln, sondern überläßt es dem eigenen Fleiß der Menschen, physikalische und mathematische Wahrheiten zu entdecken: und er würde nicht gütig handeln, nicht wie ein Vater, der seine Kinder erziehen und zum Nachdenken angewöhnen wollte, wenn er ihnen durch einen Propheten die eigentliche Länge des Sonnenjahrs, oder andere Wahrheiten von gleicher Art, die sie selbst erfinden können, und die ihnen nicht sogleich schlechterdings nothwendig sind, kund machte. Wirklich war auch damals die Welt noch so weit in der Zeitmessung zurük, daß sie den Tag nicht einmal in Stunden, und noch viel weniger die Stunden in Minuten und diese in Sekunden eintheilte, weil ihr der Zeitmesser, die Uhr, fehlte. Im ganzen alten Testament findet man nicht einmal den Namen, der Stunden bedeuten könnte, früher als in Daniels Schriften, und noch dazu nur in seinen Chaldäischen: und Zeiten des Tages werden immer auf andere Weise umschrieben, z. B. in Mosis Gesezen die Zeit zwischen Sonnen-Untergang und der völligen Dunkelheit, zwischen den beyden Abenden. Die größeste Weisheit eines Gesezgebers blieb also hier, zu merken, oder zu wissen, daß das Sonnenjahr, welches man bisher kannte, fehlerhaft, in der That sehr fehlerhaft wäre, und gar kein Sonnenjahr einzuführen, sondern sein Volk bey dem doch wenigstens genug am Himmel bezeichneten

§. 199. Hohe Feste.

ten kenntlichen Mondenjahr zu laſſen, deſſen Fehler aber, wo möglich, zu korrigiren, und es irgend wodurch dem Sonnenjahr zu nähern.

Dies that nun Moſes. Ein eigentlich aſtronomiſches Sonnenjahr konnte er nicht zum Masſtabe annehmen, um darnach die Irregularitäten des Mondenjahrs zu beſſern; allein er nahm ein ökonomiſches Sonnenjahr zu Hülfe, das nie einen Irrthum von einem ganzen Mond zuließ, ohne ihn zu verbeſſern, und in das ſich jeder Bauer finden konnte. (*)

Die auf einen gewiſſen Mondestag geſezte Feſte bezogen ſich alle auf Anfang und Ende der Erndte, und auf die Weinleſe, und hätten gar nicht auf die gehörige Art, ja nicht einmal mit einer Einbildung davon, gefeyert werden können, wenn nur das Mondenjahr in 36 Monden um 33 Tage zurük gekommen wäre. Den erſten, ohngefähr unſerm April gleichenden, Mond des Jahrs nennet Moſes nicht, wie er bey andern Orientalern und ſelbſt im Hebräiſchen heißt, Niſan, ſondern mit einem die Definition in ſich faſſenden Namen, den Aehrenmond, und verordnet, er ſoll der erſte unter den Monden des Jahrs ſeyn: er befielt, am 16ten dieſes Mondes, welches der zweyte Tag des Paßafeſtes ſey, ſollen die Erſtlinge der Aehren Gott gebracht werden. Wenn nun nach Ablauf der 12 Monden des verfloſſenen Jahrs am Neumond entweder Aehren vorhanden waren, oder man doch hoffen konnte, ſie würden in der Mitte des Mondes allenfalls einzeln, und genug, um eine Garbe davon zu machen, da ſeyn, ſo war dies der Aehrenmond und der erſte des neuen Jahrs: war aber durch die Disharmonie der Monden mit dem Sonnenjahre das Ende der zwölf Monden ſo weit in den

---

(*) Ein ſolches ökonomiſches, aus lauter Monden beſtehendes, aber nach den Erndten berichtigtes Jahr, haben noch jezt die Weſt-Afrikaniſchen Negern, zwiſchen dem 16ten Grad nördlicher, und dem eben ſo vielten ſüdlicher Breite. Siehe Oldendorps Mißionsgeſchichte Th. 1. S. 308.

§. 199. Hohe Feste.

März zurük gekommen, daß man in der Mitte des Mondes keine Aehren erwarten, also das Paßafest nicht feyern konnte, so mußte man diesen dreyzehnten Mond noch zum vorigen Jahr rechnen, das ist, wenn ich es mit andern Worten geben soll, einen Mond, den die Juden jezt in ihrem Kalender Veaddar (der zweyte Adar) nennen, einschalten. Ob dies geschehen sollte, oder nicht, darüber entstand keine große erst von Astronomen durch Beobachtung des Himmels zu lösende Frage: jeder Ackermann konnte sie aus dem Anblik des Getraides in den südlichsten Gegenden entscheiden. Die Priester durften nur bekannt machen, dies sey der dreyzehnte Mond, der Schalt-Mond, oder wie man ihn nennen will: und ein solcher Betrug, als Verres einmal in Sicilien durch Einschaltung eines ganz willkührlichen Monats seines Intereße wegen spielte, würde hier kaum möglich gewesen seyn, weil die Aehren, dies Kennzeichen des Mondes und die Gabe seines sechszehnten Tages, dem Betruge zu sichtbarlich widersprochen haben würden. Eben so verhielt es sich mit den übrigen Festen. Ein Erndtefest, das mitten in die Erndte, ihr zur Störung, oder gar vor der Erndte gefallen wäre, ein Lauberhüttenfest mitten in der Zeit der Weinlese, oder vor ihr, oder gar in der Regenzeit des Novembers und Decembers, würden so schreyende Absurditäten gewesen seyn, daß sie sich gleich selbst kund gemacht und korrigirt hätten.

Auf die Weise geschahe es, daß zwar das Israelitische Mondenjahr gegen das wahre Sonnenjahr immer schwankend war, (und das kann nicht anders seyn, denn wenn auch der Neumond gerade auf den ersten April fiele, so würde doch das Mondenjahr um 11 Tage früher zu Ende gehen, als das Sonnenjahr) aber daß es doch nie um einen vollen Mond vom Sonnenjahr abweichen konnte, sondern sich immer durch die Einschiebung eines Schaltmondes dem Sonnenjahr wieder näherte. Kein einziges Jahr, für sich genommen, war

ein

§. 199. Hohe Feste.

ein Sonnenjahr, sondern entweder um 10 bis 11 Tage kürzer, oder wenn ein Mond eingeschaltet ward, um 18 bis 19 Tage länger: aber 365 solcher Jahre waren gewiß 365 wahren Sonnenjahren bis auf eine Kleinigkeit gleich; und wenn diese Rechnung Millionen Jahre fortgienge, so würden tausendmaltausend sich nach den Erndten richtende, und um ihrentwillen durch Schaltmonate dem Sonnenjahr genäherte Mondenjahre, tausendmaltausend Sonnenjahren bis auf eine Kleinigkeit gleich gewesen seyn.

Ein nicht vollkommen richtig angenommenes astronomisches Jahr hat einen kleinen, anfangs unmerklichen Fehler, der aber mit der Zeit immer größer wird, und wenn er nur Eine Minute betrüge, in etwas mehr als fünfmalhunderttausend Jahren jeden Monat alle mögliche Jahreszeiten würde durchlaufen lassen: ein ökonomisches Jahr kann jedes einztlne mal große Fehler haben, und muß sie haben, wenn es sich zugleich nach dem Lauf des Mondes richtet: allein ein Fehler hebt immer den andern auf, und rektificirt ihn, und nach noch so viel Millionen Jahren kann kein Monat desselben um 29 Tage verrükt seyn, sondern er muß immer wieder in seine wahre Jahreszeit zurükfallen. Hätten die Babylonier, wie vorgegeben ward, astronomische Observationen von vier hundert und siebenzig tausend Jahren gehabt, so hätten sie ohne alle Hülfe der Astronomie blos durch das ökonomische Jahr die wahre Länge des Sonnenjahrs herausbringen können, ohne in Gefahr zu stehen, auch nur um eine Minute zu fehlen. Sie hätten weiter nichts nöthig gehabt, als die sämtlichen Tage dieser 470000 Jahre, von denen sie Observationen haben sollten, mit der Zahl der in ihnen gewesenen Erndten zu dividiren, so wäre das richtige Sonnenjahr bis auf die Minute herausgekommen; denn 470000 Minuten würden schon mehr als drey Viertheil Jahr ausmachen, und um mehr als einen Monat wird doch wohl die Erndte des einen Jahres nicht später oder früher

früher fallen, als des andern seine. Schon aus der Division der Tage, in denen tausend Erndten gewesen sind, müßte das Sonnenjahr ohne einen Fehler, der eine Stunde betrüge, herauskommen, und je mehr Erndten man zählen kann, desto kleiner wird immer der Fehler.

Wie übrigens die hebräischen Monden mit unsern Monaten übereinkommen, davon handle ich hier nicht, sondern verweise auf meine Abhandlung de mensibus Hebraeorum.

§. 200.
Uebrige Festtage der Israeliten.

Außer diesen drey hohen Festen verordnete Moses noch 13 oder 14 Festtage.

Erstlich wurden die Neumonden als Feste angesehen, doch so, daß an ihnen, blos den des siebten Mondes ausgenommen, alle Arbeit geschehen durfte. Dies wären 12, oder in einem Jahr, das einen Schaltmond hatte, 13 Festtage. Ob zu Mosis Zeit unter Neumond, der eigentlich sogenannte Neumond, wenn der Mond in Konjunction mit der Sonne ist, verstanden ward, oder der Tag, an dem der Mond zuerst bey heiterm Wetter wieder sichtbar wird, (das neue Licht) ist eine Frage, darüber schon die alten Juden gestritten haben. Sie kann uns hier ziemlich gleichgültig seyn: doch da Moses das Jahr nicht nach astronomischen Berechnungen, sondern ökonomisch und nach Zeitzeichen, die jedem gemeinen Mann in die Augen fallen, eingerichtet hat, so ist die Meinung derer etwas wahrscheinlicher, die glauben, sein Neumond sey das erste Licht gewesen. (*)

Die

(*) Hieraus lässet sich der Scheinwiderspruch zwischen Jeremia 52, 31. und 2 Kön. 25, 27. heben; der 27ste Tag des Mondes, vom wahren astronomischen Neumond ange-

§. 200. Andere Feste.

Die Feyer der Neumonden scheint blos in einigen Zerimonien und Opfern am Ort des Heiligthums bestanden, (*) und den Zwek gehabt zu haben, abergläubische Feyren eben des Tages oder des Vollmonds zu verdrängen. Kleine Lustbarkeiten und Tänze können zwar auch wohl im ganzen Lande angestellet seyn: aber davon befielt oder meldet Moses nichts. Daß bey Saul am Neumond große Tafel war, siehet man aus 1 Sam. 20, 5. 6. 24—29.

Nur ein einziger Neumond zeichnete sich von den übrigen merklich aus, und sollte als Sabbath mit Unterlassung aller Arbeit gefeyret werden: dies war derjenige, mit dem sich der siebente, ohngefähr in unsern Oktober fallende Mond anfängt. (**) Moses nennet ihn, das Fest der Posaunen, und es war das aus ältern Zeiten noch immer beybehaltene Neujahrsfest. Das ältere Jahr der Hebräer endigte sich mit dem ersten Neumond, der in den Oktober fällt, und das ist keine unbequeme Gränzscheide der Jahre, weil alsdann Erndte, Obstlese und Weinlese in südlichen Ländern geendiget zu seyn pflegen. Diesen so natürlichen Schluß des alten und Anfang des neuen Jahrs änderte Moses nicht: er erklärte zwar den Aehrenmond (April) zum Andenken des Ausganges aus Egypten für den ersten Mond des Jahrs, doch ohne seinen Neumond irgend auf eine vorzügliche Weise zu feyren, und ihn zu einem distinguirten Tage zu machen; allein er ließ das Jahr nach wie vor mit dem Oktober angehen, weil dies für Kauf, Pachtung u. s. f. das leichteste, und den wenigsten Ausnahmen unterworfene war. Selbst in unserm viel nördlicher gelegenen Vaterlande, wo der Neujahrstag sich gar nicht nach der Oekonomie richtet, pflegen wir doch

in

---

an gerechnet, kann sehr oft der 25ste von der ersten Erscheinung des Mondes seyn. Jenes ist babylonische, dies jüdische Rechnung.

(*) 4 B. Mos. 29, 11—15.

(**) 3 B. Mos. 23, 23. 24. 4 B. Mos. 29, 1—6.

in Verpachtungen der Aecker und Gärten ein Jahr, entweder vom Ende des Septembers bis zum Ende des Septembers, oder von Martini zu Martini, das ist, bis zum 10ten November zu stipuliren. Der Oktober war also doch gewiß in Palästina kein unbequemer Anfang des neuen Jahrs, sonderlich da die vielleicht in einigen kältern Gegenden später reifende Weinlese der Pächter oder Abkäufer dadurch gesichert ward, daß erst am 15ten Tage des siebenten Mondes das Dankfest für die Weinlese seinen Anfang nahm, und am 22sten zu Ende gieng, welchen Termin mit einzubingen man in den kälteren Strichen nicht vergessen haben wird, so oft Weinberge gepachtet, oder auf eine Anzahl von Jahren gekauft wurden.

Außer den Neumonden war noch ein Fest, oder vielmehr Bustag, am zehnten Tage des siebenten Mondes, das man unter dem Namen des Versöhnungsfestes kennet. Es war vielleicht unter allen andern das heiligste, und daben der einzige Fasttag der Israeliten. An ihm durfte weder gearbeitet, noch Speise genossen werden. 3 B. Mos. 23, 26—32. Die Opferzerimonien, die am Versöhnungstage vorgenommen wurden, gehen uns hier nicht an, sondern gehören in die Antiquitäten, oder Lehre von den Vorbildern des alten Testaments.

§. 201.

Berechnung der sämtlichen Sabbathe, Feyer= Fest= und Bustage der Israeliten.

Zu einer Zeit, da vernünftige Katholiken einsehen, ihre Kirche habe mehr Festtage gehabt, als mit dem Wohl des Staats bestehen, und nach der gesezgebenden Klugheit gebilliget werden können, und da selbst Protestanten anfangen, Festtage abzuschaffen, die sie für überflüßig halten, wird vielleicht mancher Leser wünschen, eine Ueberrechnung der sämtlichen Sabbathe, Feyer= Fest= und Bustage, die Moses den Israeliten vorschrieb,

vor

§. 201. Berechnung der Feyertage.

vor sich zu haben, um sie auf Einen Blik zu übersehen, und sie mit dem zu vergleichen, was jezt genug oder zu viel genannt wird. Ich nehme dabey ein Jahr von 52 Wochen an, denn obgleich das Mondenjahr der Hebräer ordentlich nur 50 Wochen und 4 Tage hatte, so kann doch auch ein Schaltjahr von 56 bis 57 Wochen das alles wieder mit unserm Sonnenjahre ins gleiche bringen.

Also ordentlich hatten die Israeliten in einem Jahre von zwölf Monden folgende Festtage

	Tage.
1) zwölf Neumonden	12
2) das Paßafest	7
3) Pfingsten	7
4) den großen Versöhnungstag	1
5) das Lauberhüttenfest	8
	35

doch würden von diesen 35 Tagen ein Jahr gegen das andere ihrer fünf auf den wöchentlichen Sabbath fallen, müßten also von der Zahl der Festtage, wenn man sie zu den Sabbathstagen addiren will, abgezogen werden: und unter den 35 Festtagen waren nur acht Festsabbathe, an denen man nicht arbeiten durfte.

Also hatte ein Israelite nach Mosis Gesez, wenn ich die 52 wöchentlichen Sabbathe dazu rechne, zusammen 82 heilige Tage im Jahr, (83 im Schaltjahr) nemlich 59 an denen von Arbeit gefeyret werden mußte, und 23 an denen man arbeiten konnte, wenn man wollte, und an einigen dieser 23 Tage ward gerade das größeste Gewerbe und Handel getrieben. Fasttage aber waren nicht mehr, als Einer, und das in einem südlichen Lande, wo das Fasten leichter und gewöhnlicher ist, als bey uns.

Dies kann nun jeder mit unsern jetzigen Festabschaffungen vergleichen: bey denen ich nur die Erinnerung habe, daß zwar der Geseggeber wohl thut, nicht so viel
Feyertage

§. 201. *Berechnung der Feyertage.*

Feyertage zu leiden, an denen unter Vorwand des Gottesdienstes alle Arbeit untersagt ist; daß er aber dabey gemeiniglich zu wenig an Tage des Vergnügens denkt, die außer den Tagen des Gottesdienstes dem Volk in gemäßigter Anzahl gelassen werden möchten. Er siehet die Sache einseitig an, wie sie gemeiniglich von Theologen vorgestellet wird, und theilt alle Tage blos in zwey Klassen ein, 1) Tage des ernsthaften Gottesdienstes, an denen keine Arbeit gestattet wird, 2) Werkeltage, an denen man arbeiten soll, und der Meister den Gesellen, ja wohl die Obrigkeit den Meister selbst zur Arbeit anhalten kann. Auf die Weise verschwindet aber die dritte Art der Festtage, die eigentlich blos zum Vergnügen ausgesezt sind, und an denen man arbeiten kann, wenn man will, ganz unter den vom Staat privilegirten Tagen. Ob dies nüzlich sey, oder ob Moses die Sache besser getroffen habe, verdient von Gesezgebern überlegt zu werden. Freudentage, eigentlich erlaubte Freudentage, sind dem arbeiten müssenden Theil des Volks nicht blos angenehm und erwünscht, sondern auch für Leib und Gemüth zuträglich. Es wird sie sich vielleicht nehmen, wenn sie ihm das Gesez nicht giebt, und alsdann in Uebermaaß nehmen: allein wäre es nicht besser, das Gesez dächte auf sie, gäbe sie dem, der zu folgsam ist, sie sich nicht gesezwidrig zu nehmen, und beugete dadurch vor, daß nicht andere ungehorsamere und wildere sie sich in Uebermas zu nehmen Anlaß und Versuchung haben?

Noch dies muß ich zulezt sagen. Moses verbot nicht, außer den von ihm verordneten Festen künftig noch andere einzuführen. Das jährliche Fest, (*) auf dem die Jungfern unweit Silo an einer Heerstraße tanzten, scheint von dieser Art gewesen zu seyn. Vielleicht hatten auch andere Städte ihre besonderen Feste, und aus 1 Sam. 20, 29. sollte man beynahe schliessen, daß einzelne

---

(*) Buch der Richter 21, 19.

§. 201. *Berechnung der Feyertage.*

zelne Familien ihre jährlichen Familienfeste gehabt hätten; denn Jonathan giebt zur Entschuldigung des von der königlichen Tafel abwesenden Davids für, er habe zu einem Familien-Opfer kommen müssen. Dies war zwar nicht an dem, aber die Sache muß nicht ungewöhnlich gewesen seyn, sonst würde Jonathan dergleichen nicht haben vorgeben können.

Daß in spätern Zeiten, in und nach dem babylonischen Elend, manche Feste oder Bustage zu den von Mose eingesezten gekommen sind, z. B. in dem babylonischen Exilio einige nachher wieder abgeschafte, und doch wohl nach der Abschaffung beybehaltene Festtage; (*) das sonderbare Fest, Purim, an dem noch jezt Haman geprügelt wird, (**) das sehr vernünftige und bey einer überaus wichtigen Gelegenheit eingesezte Fest der Tempelweihe, ist den Lesern, die sich mit jüdischen Alterthümern abgeben, bekannt. (***) Hier gehen diese Feste mich nicht an, denn sie sind kein Stük des Mosaischen Rechts.

Noch dies verdient einen philosophischen Blik, den zu thun ich aber mich nicht im Stande finde, sondern andere auf diese Aussicht aufmerksam machen wollte. Ist es Zufall oder gesezgebende Klugheit, das weiß ich nicht, aber das Faktum ist unleugbar, daß manche Völker um den kürzesten Tag herum viel Feste hatten. Wir selbst haben sie, und wer an seine Kindheit zurükdenkt,

wird

(*) Zachariä 7, 3-7. 8, 19.
(**) Esther 9, 29. 32. Daß ich es sonderbar nenne, wird mir niemand verübeln, der es kennet. Zum Mosaischen Recht gehört es gewiß nicht: ob aber das Buch Esther, in dem es angeordnet wird, einen Plaz unter den inspirirten Büchern verdiene, darüber wird man in meiner Orientalischen Bibliothek, Th. 2. Numer 19. sowohl anderer als meine Gedanken finden. Zur Zeit der Makkabäer scheinen die Juden in Palästina dies Fest noch nicht gekannt zu haben. Siehe die Anmerkung zu 1 Makkab. 7, 48.
(***) 1 Makkab. 4, 59. Johannis 10, 22.

wird sich erinnern, daß ihm diese traurigste Zeit des Jahrs durch das frölichste Fest, das wir haben, Weihnachten, (auf dessen unschuldige Freude mancher Geistliche schmält) und andere bald darauf folgende Feste angenehm ward. Für die Gesundheit und Aufheiterung des Gemüths sind diese Feste nicht gleichgültig. Allein Moses hat im December und Januario gar keine eingesezt: seine meisten Feste, Neujahr, Versöhnungstag, und Lauberhütten, dies frölichste unter allen, fallen in den Oktober. Ist dieser Unterschied blos Zufall? oder soll man andere Ursachen aufsuchen? Hat der December in Palästina die Feste nicht so nöthig als bey uns, wo er wegen der kürzern Tage eine traurigere Gestalt annimmt? In Egypten ist er wirklich der schönste und angenehmste Monat des ganzen Jahrs: (*) in Palästina hat er doch schon mehr Regen. Ist auch dies mit in Rechnung zu bringen, daß hohe Feste wegen der Opfer eine Reise nach dem Ort des Heiligthums erfoderten, dazu die Witterung des Decembers unbequem ist? War also vielleicht der Mangel der Feste um die Zeit des kürzesten Tages blos die Folge des im 188sten §. erklärten Gesetzes? —— In spätern Zeiten haben die Juden wirklich ein achttägiges hohes Fest im December bekommen: ihr Fest der **Lichter**, oder **Tempelweihe**, das zum Andenken des wieder gereinigten Tempels von Judas Makkabäus eingesezt ist, fällt auf den 25sten des Mondes Kislev, der mit unserm December am meisten übereinstimmet. 1 Makkab. 4, 59. Josephus Antiqu. XI, 7. §. 6. Allein dies Fest aus den Makkabäischen Zeiten gehört nicht zum Mosaischen Recht.

(*) Wanslebs Beschreibung Egyptens in Manuscript auf der Göttingischen Universitäts-Bibliothek S. 14.

Polizei-Sachen.

§. 202.
Was reine und unreine Thiere, heissen soll?

Die Verordnungen von reinen und unreinen Thieren rechnen andere zum Kirchengesez: weil sie aber doch gar keine Zerimonie des Gottesdienstes, sondern blos eine weltliche Sache betreffen, will ich sie, wie man wirklich in einem jeden andern Rechte thun würde, das gewisse Speisen verböte, unter den Polizeigesezen abhandeln.

Vor allen Dingen muß ich den Namen, reine und unreine Thiere, erklären, bey dem man sich gemeiniglich eine uns ganz unbekannte Eintheilung der Thiere vorstellet, und sich dann wohl verwundert, daß Moses schon viele hundert Jahr vor seinem Gesez bey Gelegenheit der Sündfluth als Geschichtschreiber reine und unreine Thiere erwähnt, (*) und dadurch zum voraus sezt, es habe schon lange vor seinem Gesez reine und unreine Thiere gegeben.

Die Sache haben wir, und beynahe alle Völker, ob wir gleich nicht denselben Ausdruk haben. Reine und unreine Thiere, ist so viel als, zur Speise gewöhnliche und ungewöhnliche Thiere. Wie viel Thiere kennen wir, die nicht giftig sind, und ganz wohl gegessen werden könnten, die wir aber doch nicht essen, und bisweilen gar einen Abscheu vor ihrem Fleisch empfinden würden, weil wir es von Jugend auf nicht gewohnt sind? Ich will nur einige nennen, die jedem Deutschen auffallend sind —— Pferde. Die Franzosen bequemen sich in Belagerungen leicht sie zu essen; ein Deutscher würde gemeiniglich lieber kein Fleisch essen:
und

(*) 1 B. Mos. 7, 2. 8, 9.

§. 202. Speisegesetze.

und selbst der Marschall von Sachsen hat den Umstand in seinen Reveries sur la Guerre bemerkt, und noch dazu vortheilhaft für die deutschen Kriegssitten entschieden. (*) Alle Pferde, wie man sie in Belagerungen schlachtet, mögen nicht sehr gut schmecken, ob ich gleich höre, sie sollen auch nicht sehr widrig seyn: allein vornehme Polacken versichern mir, auf ihren Gütern im südlichen Polen wären die wilden Pferde in den großen Wäldern eine der Jagden, die wir nicht hätten, man schösse sie, (bey uns würde man sie gewiß einfangen und zähmen) und sie schmeckten sehr gut. Also entgeht uns vielleicht durch unsern Abscheu vor Pferdefleisch ein Leckerbissen: nur daß er in Deutschland, wo so unendlich viel Pferde zum Ackerbau, Posten (bey schlechten Wegen) und Lustreisen gebraucht werden, und Oestreich und Preußen eine so starke Kavallerie halten, uns zu theuer seyn würde. Wir thun gewiß recht, nichts so theures zu essen, aber dabey haben wir doch auch gemeiniglich vor Pferdefleisch einen Ekel, und die meisten würden es für Beleidigung halten, wenn man sie unwissend auf Pferdefleisch traktirte. — — Esel, Hunde, Katzen, würden bey uns noch viel weniger gegessen werden, so eßbar sie auch an und vor sich selbst sind, und dies gehet so weit, daß, wenn die Nachbarn bisweilen einer Stadt einen Vorwurf machen wollen, sie ihre Bürger Eselfresser oder Katzenfresser nennen: ein Schimpfwort, über das so oft blutige Schlägereyen entstanden sind. — — Kaninchen werden an einigen Orten Deutschlandes gegessen, an andern ordentlich für unrein

---

(*) Er sagt, kein deutscher Soldat esse Pferdefleisch, der französische aber esse es: (das thut er oft sehr begierig aus Armuth, und weil er doch bey wirklich guter Kriegsdisciplin von seinem Wirth keine Speisung erpressen darf, wie ich aus dem letzten Kriege weiß) dadurch geschehe es, daß der französische Soldat auch von Pferden esse, die umgefallen und an Krankheiten gestorben sind, und das mache, daß leichter Krankheiten unter der Armee einrissen.

§. 202. Speisegesetze.

unrein gehalten. — — Vor Fröschen und Schnecken hat der größere Theil unserer Nation einen Wider: blos auf einigen vornehmen Tafeln ahmt man den Franzosen nach, sie zu essen. — Heuschrecken sind eins der gewöhnlichsten Gerichte im südlichen Asien, aber Hiob Ludolph, der gern die Probe davon machen wollte, Heuschrecken aufs beste kochen ließ, und sein Gesinde ermahnte, davon zu essen, weil es sehr gut schmekte, gesteht selbst, (*) er habe immer gefürchtet, sie möchten ihm den Vorschlag thun, zuerst von dem wohlschmeckenden Gerichte zu essen: und Rösel bewieß (**) wider eine Menge von Zeugnissen, daß die Heuschrecken gegessen werden, daß sie nicht gegessen werden können, und dies alles Fabel sey. So weit kann die Ungewohnheit eine Speise zu essen bey einem sonst so vernünftigen und untersuchenden Mann gehen, als Rösel war. Wirklich war er zwar hier weniger Richter, als irgend einer in andern Gegenden Deutschlandes, denn die Franken haben noch den besondern Nationalfehler, sich manche Sachen als uneßbar vorzustellen, die sie nur nicht von Jugend auf gewohnt sind, und manche in Niedersachsen nicht blos eßbare, sondern für wohlschmeckend gehaltene Gerichte, sind nach ihrem Urtheil gar nicht für Menschen. Oft entsteht eine Freude bey Tischen darüber, wenn sie dies äußern, und gerade zu sagen, die und die Kost sey blos für die Säu. So groß ist indessen doch in einem und eben demselben Volk, das einerley Sprache redet, der Unterschied der Gewohnheit, die eßbare und uneßbare Speisen bestimmt. — — Unsere grosse Delikatesse, die Auster, wird manchem im Reich, der sie von Jugend auf nicht kennet, Ekel verursachen, wenn man sie ihm auch noch so schön und frisch vorsezte.

Was

(*) Jobi Ludolphi dissertatio de locustis.
(**) In seinen Infekten-Belustigungen, im Vorbericht zu der Heuschrecken- und Grillensammlung.

§. 202. Speisegesetze.

Was nun hier Moses that, war in der Hauptsache weiter nichts, als, alte Nationalsitten in ein Gesez verwandeln. Meistentheils waren eben die Thiere vorhin den Israeliten und ihren Vorfahren rein oder unrein, d. i. zur Speise gewöhnlich oder ungewöhnlich gewesen, und wir finden schon zu Josephs Zeit, daß die Egyptier, die andere Speisesitten hatten, und sie noch viel strenger beobachteten, nicht einmal an Einem Tisch mit den Stammvätern der Israeliten essen konnten. (*) Allein diese väterliche Sitten schrieb er nunmehr als Gesez vor, schloß vielleicht noch einige vorhin zum Essen gewöhnliche Thiere aus, und brachte die ganze Sitte in ein wirklich nach der Naturkunde sehr leichtes System, von dem ich unten reden will, und über das sie vielleicht vorhin auf der verbietenden und erlaubenden Seite hinausgegangen seyn mochte.

Sobald man weiß, was **reine und unreine Thiere** heißt, fallen manche zum Theil lächerliche Irrthümer weg, von denen auch große Gelehrte nicht ganz frey gewesen sind. **Unrein**, von Thieren gebraucht, ist gar kein heruntersetzendes Beywort: unter allen Thieren war der Mensch das unreinste, das ist, man durfte am allerwenigsten Menschenfleisch essen. Und so ist es bey jeder Nation, die man nicht unter die Menschenfresser zählt. Der Löwe und das Pferd sind unreine Thiere, aber den Hebräern eben so wenig verächtlich, als uns.

Ein anderer Irrthum ist, wenn man sich einbildet, Juden dürften keine unreine Thiere im Hause haben, oder sich mit ihnen beschäftigen, wovon noch ein wunderliches deutsches Sprichwort entstanden ist. (**) Man denke nur an Esel und Kameele, die gewöhnlichen Lastthiere der Hebräer, zu denen noch zulezt die Pferde kamen: alle drey Gattungen von Thieren waren unrein.
Auch

(*) 1 B. Mos. 43, 32.
(**) **Wie eine Sau im Judenhause.**

§. 202. Speisegesetze.

Auch Schweine zu halten, um damit zu handeln, ist dem Juden so wenig verboten, als der häufig von diesem Volk getriebene Pferdehandel.

Selbst einige wahre Gelehrte haben sich übereilt, zu glauben, das Bild eines unreinen Thiers würde sich wenigstens nicht zum Tempel der Juden geschikt haben, und dies angewandt, den Vorwurf zu widerlegen, der den Juden seit Antiochi Epiphanis Zeit gemacht ist, sie hätten im Allerheiligsten das Bild eines Esels gehabt, und angebetet. Bilder beteten freilich die Juden nicht an, und ein unpartheiischer Zeuge, der im Allerheiligsten gewesen ist, Pompejus der Große, hat es selbst den Römern richtiger beschrieben; (*) allein daß Bilder unreiner Thiere im Tempel gewesen sind, ist unleugbar. Cherubinen waren eine Gattung von Sphingen, die etwas von der Stellung eines menschlichen Leibes, (menschliche Hände und Füße, auch eine des Aufrichtens fähige Gestalt) dabey Flügel, und dann den Kopf bald dieses, bald jenes Thieres, eines Menschen, Löwen, Ochsen, Adlers u. s. f. hatten: (**) nun sollten nach Mosis eigenem Gesez auf der Bundeslade, dem allergrößesten Heiligthum der Israeliten, zwey Cherubinen gegossen, und in die sämtlichen Tapeten der Stiftshütte Cherubinen gewirkt werden; (***) auch die Wände des Tempels hatten Cherubinen-Figuren, und dies sind,

K 2 wenn

(*) Tacitus lib. 5. hist. c 9. *Templum jure victoriae ingressus est. Inde evulgatum, nulla intus Deum effigie vacuam sedem & inania arcana.* Nichts wahreres konnte Pompejus sagen, wenn er erzählte, was seine Augen sahen. Kein Bild einer Gottheit war im Allerheiligsten, denn die Cherubinen lagen zur Erde niedergebükt, und sahen nicht wie Gottheit aus. Ein Siz für die unsichtbare Gottheit war da, die Bundeslade und Cherubinen, allein auf diesem Siz zeigete sich dem Auge keine sichtbare Gottheit oder Bild der Gottheit.

(**) Siehe meine Abhandlung, *de cherubis equis tonantibus Hebraeorum.*

(***) 2 B. Mos. 25, 17—22. 26, 1.

wenn Ezechiel in einem Gesicht den von Misbräuchern gereinigten Tempel siehet, Menschen= und Löwenköpfe. (*) Von dem im Triumph aufgeführten heiligen Leuchter des zweyten Tempels haben wir noch eine Abbildung auf dem Triumphbogen Titi Vespasiani: (**) hier hat sein Fuß gleichfalls Sphingen, die jedermann für Bilder, und zwar gewiß nicht von eßbaren Thieren, auch nicht von Engeln, erkennen wird. Noch in spätern Zeiten haben einige Handschriften der Bibel in den großen Initialbuchstaben Figuren von Sphingen und Löwen. (***) Nicht Bilder unreiner Thiere sind den Hebräern verboten, oder unheilig, sondern blos das Fleisch eines solchen Thiers dürfen sie nicht essen: und sein todter Körper verunreiniget, so gut wie der Leichnam eines Menschen, denjenigen, der ihn anrühret. Doch von diesen Verunreinigungen nach dem Tode bey einer andern Gelegenheit.

§. 203.
Absicht der Gesetze von unreinen Thieren.

Die Hauptabsicht dieser Verwandlung uralter National=Gewohnheiten in unabänderliche Gesetze mochte wohl seyn, die Israeliten mehr von andern Völkern abzusondern. Sie sollten ein Volk für sich bleiben, in Paläſtina beysammen wohnen, sich nicht in andere Länder zerstreuen, nicht zu vielen Umgang mit andern Völkern haben, um nicht von der Abgötterey, die damals der Sens commun des ganzen menschlichen Geschlechts war, und von den Lastern der benachbarten Völker,

unter

(*) Ezechiel 41, 19.
(**) Reland de spoliis templi Hierosolymitani in arcu Titiano Romae conspicuo, S. 6. Man findet nicht blos Beschreibung, sondern auch Abbildung.
(***) Wer ein Beyspiel in Kupfer gestochen sehen will, wird es in *Blanchini evangeliario quadruplici versionis Italae* P. II. T. II. in der Kupfertafel vor Bl. 604. finden.

§. 203. Speisegesetze.

unter denen sich sonderlich die Kananiter auszeichneten, angestekt zu werden. Das eine, die Verhütung der Abgötterey, und Erhaltung des Dienstes eines einzigen Gottes, war die Grundmaxime der Mosäischen Gesez-gebung, §. 12. und das andere, unser Volk vor An-steckung mit allerley bisher ungewöhnlichen Lastern, Be-stialität, Knabenschande, Blutschande, solchen Heyra-then in die nahe Freundschaft, dabey es nicht lange glüklich bleiben kann, Wahrsagereyen, menschlichen Opfern u. s. f. zu bewahren, und ihm die mittelmäßig guten Sitten, die es jezt hat, zu erhalten, muß jedem Gesezgeber wichtig seyn, wenn etwan ein sehr lasterhaf-tes Volk, wie Moses und die Römer die Kananiter be-schreiben, nahe bey uns wohnete. Diesen Endzwek scheint Moses selbst im dritten Buch Kap. 20, 25. 26. und zwar eben, nachdem er die Israeliten gewarnt hatte, den Kananitern in den vorhin genannten Lastern nicht gleich zu werden, anzuzeigen: Ihr sollt, fährt er fort, reine und unreine Thiere, reine und unreine Vögel, von einander unterscheiden, und euch an vierfüßigen, fliegenden, oder kriechenden Thieren, die ich als unrein ausgesondert habe, nicht verunreinigen: ihr sollt mir heilig seyn, denn ich Jehova bin heilig, und habe euch von andern Völkern ausgesondert, mein Eigenthum zu seyn.

Zur Absonderung einer Nation von der andern kann die Verschiedenheit der reinen und unreinen Spei-sen ein sehr wirksames Mittel seyn. Die meisten genaue-ren Freundschaften werden bey Tische gestiftet, und mit wem ich nie essen und trinken kann, mit dem werde ich, ungeachtet alles Umganges wegen Geschäfte, doch selten so familiär werden, als mit dem, dessen Gast ich bin, und der der meinige ist. Haben wir gar eine Art von Erziehungs-Abscheu vor des andern Speisen, so ist dies eine neue Hinderniß der nähern Vertraulichkeit. Nun hatten alle Nachbarn der Israeliten Speisen, die den

Israeliten von Jugend auf verboten waren. Die Egyptier giengen am meisten von ihnen ab, denn sie hatten selbst schon von undenklichen Zeiten eine noch härtere Art von Nationalspeisegesetzen, die sie weit stärker vom Umgang mit Ausländern abhielten. Was die Israeliten aßen, waren zum Theil bey ihnen zwar nicht unreine, aber doch heilige Thiere, einer Gottheit so geweihet, daß man sie nicht schlachten durfte, oder man mußte gar nach der egyptischen Lehre von der Seelenwanderung befürchten, seine eigene Vorfahren zu fressen, wenn man das Fleisch solcher Thiere genossen hätte, in welche die besten menschlichen Seelen zu fahren pflegten. Noch ehe die Vorfahren der Israeliten nach Egypten zogen, gieng dies schon so weit, daß die Egyptier nicht nur nicht einerley Speise, sondern nicht einmal an Einem Tische mit den Stammvätern der Israeliten essen konnten: (*) und herumziehende Hirten waren ihnen deswegen, weil sie Rind- Schaaf- und Ziegenfleisch aßen, davon der eine Kanton diese, der andere jene Art für verboten hielt, so zuwider, daß sie sie nicht unter sich wohnen ließen, (**) sondern ihnen andere Gegenden in Egypten einräumten. Nicht einmal das Eßgeschirr eines Ausländers, der unegyptische Speisen aß, durfte der Egyptier gebrauchen, auch ihn nicht küssen, (wiewohl ich nicht behaupten will, daß dies lezte Gebot stets unverbrüchlich gehalten ist, wenn ein gelber Egyptier eine wegen ihrer Speisen unreine, aber schöne Griechin allein fand.) Man könnte sogar vermuthen, daß Mose etwas von der gesezgebenden Klugheit der Egyptier geborget, und, um die Absonderung beyder Nationen zu verewigen, bey den Israeliten zum Gesez gemacht habe, was vorhin nur väterliche Sitte war.

Die Kananiter, oder wie sie griechisch heißen, Phönizier, aßen nicht blos solche von Mose verbotene Speisen,

---

(*) 1 B. Mos. 42, 32.
(**) 1 B. Mos. 46, 33. 34.

§. 203. Speisegesetze.

sen, als wir zu essen pflegen, sondern noch andere, unter denen uns Hunde bekannt sind. Justinus erzählt uns, (*) daß Xerxes, der einen Don Quichot vom Universalmonarchen spielen wollte, den Karthaginensern unter Bedrohung eines Krieges untersagte, menschliche Opfer zu bringen, die Todten zu verbrennen, und Hundefleisch zu essen. Hier steht das Hundefleisch essen unter den Sitten der Karthaginenser, die sie ohne Zweifel so wie die beyden andern von ihren Vorfahren, den Phöniziern, hatten. (**)

Zwischen den Israeliten und Arabern war freilich der Unterschied wegen der nahen Verwandtschaft am geringsten: aber dennoch genug, dem genauen Umgang beyder Völker eine Hinderniß in den Weg zu legen. Das Kameel ist nicht blos der größeste Reichthum der Araber, sondern auch eines ihrer Hauptessen: Hasen sind eine andere gewöhnliche Speise der Araber, und der Araber, dem sie verboten wären, würde bey Reisen durch die armen Wüsten schlecht stehen, denn in diesen sind noch am ersten Hasen, und die in ziemlicher Menge zu finden: (***) und eben so ist es mit der zweybeinigten (oder vielmehr zwey lange Hinterfüße habenden, und die Vorderfüße mehr als Hand gebrauchenden)

(*) Justinus l. XIX. c. 1.

(**) Shaw hat die ganz wahrscheinliche Vermuthung, daß die Einwohner von Zaab, einer Landschaft in Sabara auf der Südseite des Königreichs Algier, am Fluß Gir, die noch jezt als Hundefresser bekannt sind, diese Sitte von den Karthaginensern behalten haben. Siehe Shaw's Travels S. 67. der guten Englischen Ausgabe von 1757, oder S. 61. der deutschen Uebersetzung. Nicht weit davon liegt das Königreich Segelmeße, oder stößt wirklich an den Gir, und von dessen Einwohnern erzählt Abulfeda Num. 83. sie mästeten Hunde, um sie zu essen, wobey er Ibn—Said zum Gewährsmann anführt.

(***) Itineraire de l'Arabie deserte, ou lettres sur un Voyage de Balsora a Alep fait par M. M. *Plaisted & Elliot*, S. 18. 19. und an mehreren Orten.

arabischen Bergmaus Jarbo: alle drey aber waren den Israeliten verboten.

Ausser dieser Hauptabsicht können gar wohl bey einzelnen Thieren diätetische Absichten eingetreten seyn, nur sind sie nicht bey allen Verboten unreiner Thiere zu suchen. Beym Verbot des Schweinefleisches fallen sie ziemlich deutlich in die Augen, und jeder kluge Gesezgeber mußte einem Volk in den Umständen, und unter dem Himmelsstrich, das Schweinefleisch auf eine gute Weise zu nehmen suchen, oder gar gerade zu untersagen. Wer mit Hautkrankheiten, sollte es auch nur die gemeine Kräze seyn, behaftet ist, muß sich, wenn er heil werden will, des Schweinefleisches enthalten. Man hat auch schon längstens bemerkt, daß das Essen des Schweinefleisches eine größere Empfänglichkeit krätziger Krankheiten zuwege bringt. Nun ist unter dem ganzen Himmelsstrich, darunter Palästina liegt, etwas nördlicher und etwas südlicher, der Aussaz eine einheimische Krankheit, und die Israeliten kamen mit dieser Egypten noch vorzüglicher eigenen Krankheit so sehr behaftet aus Egypten, daß Moses manche den Aussaz betreffende Gesetze geben mußte. Sollte diese Ansteckung geschwächet, und das Volk unter dem Himmelsstrich mittelmäßig vor Aussaz bewahret werden, so mußte Schweinefleisch seine Speise nicht seyn. Allein dies Verbot unterscheidet sich auch von allen andern durch zweyerley genug: erstlich, die Araber, die andere den Juden verbotene Speise essen, halten doch das Schweinfleisch für unrein, und ihren Sitten zufolge verbot es Muhammed im Koran: zum andern, jeder Medicus wird einem mit Hautkrankheiten behafteten das Schweinefleisch untersagen, und sogar in unsern von Hautkrankheiten noch so ziemlich reinen Deutschland, will man sie doch an Orten, wo viel Schweinefleisch gegessen wird, vorzüglich bemerkt haben.

Kaum kann ich mich enthalten, zu glauben, daß unter den verbotenen Thieren eins stehe, das die Juden
nicht

§. 103. Speisegesetze.

nicht nur jezt häufig zur Speise gebrauchen, sondern auch mit dem Fett davon kochen und backen, die Gans. Die philologischen Gründe meiner Meinung kann ich hier nicht ausführen. Nur das darf ich sagen: bey der Gans würde man auch gleich errathen, aus was für diätetischen Gründen ein Gesezgeber der Jsraeliten sie verboten haben könnte. Einem mit Hautkrankheiten behafteten, oder dazu geneigten, ist sie schädlich. Sonderbar wäre es freilich, wenn die Juden ihr ehemaliges, jezt sich nicht mehr zu ihren Umständen schickendes Gesetz so misverstanden hätten, fast alles ihr Bakwerk mit dem Fett eines verbotenen Vogels zuzubereiten, und den Vogel selbst zum Lieblingsessen zu haben: allein bey einem der Namen der verbotenen Vögel entsteht wirklich eine philologische Wahrscheinlichkeit, daß er entweder die Gans bedeute, oder die ganze Gattung von Wasservögeln, zu der Gänse und Enten gehören, unter sich begreife. Zum wenigsten muß die Gans kein so gewöhnliches Essen bey den alten Juden gewesen seyn, als sie bey den jetzigen ist, da wir entweder ihren Namen gar nicht in der Bibel finden, oder ihn unter den verbotenen Vögeln suchen müssen: und doch gab es gewiß in Egypten sowohl, als Syrien, (*) Gänse.

Man hat auch moralische Ursachen aufsuchen, und dem Essen gewisser Thiere einen Einfluß in das moralische

K 5 Tem-

───────────────────

(*) Plinius hist. nat. l. X. §. 28. Daß der See bey Apamea in Syrien Gänse (nemlich wilde Gänse) in Menge habe, sagt Abulfeda in seiner Beschreibung der Seen. Man kann die Stelle in Abulfedae tabulae Syriae S. 158. nachlesen, wenn man Arabisch verstehet: denn im Arabischen, und nicht in der Lateinischen Uebersetzung, müßte sie gelesen werden. Bey den Egyptiern war die Gans ein Bild des Gottes Osiris, (Kircheri Oedipus, Tom. III. Syntagma III. §. 6. p. 242.) und daher kommt es vermuthlich, daß einige Sokratische Philosophen, die den Egyptiern in vielen Dingen nachahmten, bey der Gans schworen, nur daß bald daraus ein listiger Meineid ward. Siehe Suidas unter λάμπων ὄμνυσι τὸν χῆν.

Temperament zuschreiben wollen: z. B. das Kameel ist sehr rachgierig, und man will vorgeben, das häufige Essen des Kameelfleisches mache die Araber rachgierig. Dies ist zu wenig ausgemacht. Andere südliche Europäische Nationen, denen eben diese National-Leidenschaft schuld gegeben wird, und die entweder ein Vergnügen an Rache, selbst an der heimlichen finden, (Italiäner) oder durch ein wunderliches Point d'honneur zur unversöhnlichen Rache genöthiget werden, (Portugiesen) essen kein Kameelfleisch, und trinken keine Kameelsmilch. Vielleicht ist die Rachgier der Araber eine Folge vom Klima, oder von ihrem Point d'honneur in Absicht auf die Blutrache, nicht aber vom Essen des Kameelfleisches. Ich leugne damit nicht ganz den Einfluß der Speisen in das moralische Temperament; aber davon bin ich noch nicht überzeugt, daß das doch nicht tägliche Essen einer gewissen Art von Thieren es so sehr verändern, und dem Gesezgeber Ursache geben könne, die Thiere zu verbieten: auch glaube ich nicht, daß das Essen des Fleisches eines Thieres uns gerade die Affekten des Thieres gebe, sondern es wird auf andere Weise wirken.

§. 204.
Welche Thiere Moses für unrein erklärt.

——Die Geseze von reinen und unreinen Thieren stehen 3 B. Mos. 11, und 5 B. Mos. 14. Dies wäre etwan ein Auszug aus ihnen, wie er sich für einen Leser schikt, der sie nicht selbst beobachten, sondern nur als Philosoph über sie reflektiren will.

1) In Absicht auf die vierfüßigen Thiere bringet Moses die bisherigen Gewohnheiten der Israeliten, und was er noch ausser ihnen zu verordnen nöthig fand, in ein sehr leichtes und natürliches System. Alle Thiere, die den Fuß ganz spalten, und zwar ganz durch, oben sowohl als unten, und dabey wie-

§. 104. Speisegesetze.

derkäuen, sind rein: die keines von beyden thun, oder denen doch eins von diesen Merkmalen fehlt, sind unrein. Man muß sich wirklich wundern, in einem so frühen Weltalter eine so systematische und gute Eintheilung der Thiere anzutreffen, die noch jezt nach so vieler Ausarbeitung der Naturgeschichte nicht aufgehört hat, von Kennern als brauchbar angesehen zu werden.

Hier konnte wegen einiger Thiere ein Zweifel entstehen, ob sie den Fuß ganz spalten, oder wiederkäuen? z. B. ob der Hase wiederkäuet, oder nicht, ist so unentschieden, daß man selten, wenn man zwey Forstverständige fragt, einerley Antwort bekommt. (*) Hier muß nun, um Zweifeln vorzubeugen, der Gesezgeber authentisch entscheiden: das heißt nicht, er befielt dem Naturkenner, was er glauben soll, sondern er entscheidet, welches Thier bey Auslegung der Gesetze und im Jure für wiederkäuend oder gespaltene Klauen habend angesehen werden soll.

Das Kameel wiederkäuet, ob es aber den Fuß ganz durchspalte, ist eine so unentschiedene Frage, daß man nicht einmal in den Memoires der Akademie von Paris eine recht befriedigende Antwort antrift. Wirklich ist der Fuß des Kameels in zwey Klauen gespalten, und die Spalte geht auch unten durch: also hätte man es für rein halten können. Allein sie gehet nicht den ganzen Fuß lang unten durch, sondern nur vorn; hinten ist der Fuß nicht gespalten, und es liegt noch ein zusammenhängender Ballen unter ihm, auf dem das Kameel gehet. (**) Bey dieser zweifelhaften Lage der Sache

erklärt

(*) Siehe die Anmerkungen zu meiner deutschen Bibel-Uebersetzung, bey 3 B. Mos. 11, 6.

(**) Um in einer Sache zur Gewißheit zu kommen, von der in den besten Büchern nicht genau genug geredet, oder wohl gar geirret war, schrieb ich, als ich das erste Buch Mosis übersezte, an einen Freund nach Kassel, weil ich in der Fürstlichen Menagerie zwey Kameele gesehen,

und

erklärt Moses, (*) das Kameel habe keinen völlig gespaltenen Fuß. Es scheint, der Gesezgeber wollte das vorhin bey den Vorfahren der Israeliten rein geachtete, und bey den sämtlichen von Abraham abstammenden Arabern, (Ismaeliten, Midianitern u. s. f.) stets rein gebliebene Kameel, nicht von den Israeliten gegessen wissen, vermuthlich, um sie hierdurch von den sonst so nahe mit ihnen verwandten, und in vielen Stücken mit ihnen übereinstimmenden Arabern abzusondern, vielleicht auch zu verhüten, daß die Israeliten nicht Lust bekommen möchten, in Arabien zu bleiben, (**) oder sich

---

und nur vergessen hatte, die Natur um das, was ich jezt zu wissen nöthig hatte, zu befragen. Er antwortete mir am 5 Sept. 1771: Die zwey Zehen liegen vorn auf dem Ballen des Fußes, und sind von Horn. Sie wachsen mit der Zeit ziemlich hervor, und man muß sie absägen, wenn sie dem Thier nicht beschwerlich fallen sollen. Ich habe selbst zwey solcher abgesagter hornichter Zehen. Die Spalte gehet ganz durch, wie die Zeichnung zeigen wird, und ich habe gestern selbst mit meiner Hand zwischen den beyden Klauen durchgefühlt, und muß sagen, daß sie fast fingerslang durchgehet. Die Pariser dürfen also auch nicht sagen, „ihr Fuß ist allein oben am „Ende gespalten." Der Fuß ist auch ohngefähr fingerslang unten, aber nur vorn, wo die Zehen sind, gespalten. Die Zeichnung zeiget auch, daß der ganze Fuß oben einen Spalt bis an die Röhre des Beins hat, der aber nicht durchgehet. — — Die Zeichnung, die dies alles erläutert, und von der Hand des Herrn Prof. Tischbein ist, wird künftig der Verleger meiner Bibelübersetzung zum dritten Buch Mosis stechen lassen, und diejenigen, die die erste Ausgabe besitzen, werden sie alsdenn nachbekommen. Es ist blos aus Vergessenheit geschehen, daß sie nicht, wie ich bey 3 B. Mos. 11, 4. vorhatte, zum fünften Buch Mose gestochen ist.

(*) 3 B. Mos. 11, 4.
(**) 4 B. Mos. 32. bezeugen dritthalb Stämme Lust jenseits des Jordans zu bleiben, weil dies Land zur Viehzucht bequem sey, und entsagen deswegen ihrem Erbtheil
diesseits

§. 204. Speisegesetze.

sich künftig aus Liebe zur herumziehenden Viehzucht hinein zu begeben, denn in Arabien ist man doch immer in einer unangenehmen Lage, wenn man das Kameel nicht essen, und die Milch davon nicht trinken darf.

2) Bey den Fischen hat Moses wiederum eine sehr leichte systematische Eintheilung: alle Fische, die Floßfedern und Schuppen haben, sind rein, und alle andern unrein.

3) Von Vögeln verbietet er blos gewisse Arten namentlich, als unrein, und erlaubt dadurch alle übrigen: ohne eine systematische Eintheilung zum Grunde zu legen. Welche Vögel es aber sind, die er verbietet, das ist bisweilen aus Mangel der Sprachkunde nicht mehr möglich auszumachen, und Juden, die das Mosaische Gesez für noch jezt verpflichtend ansehen, sind in dem unangenehmen Fall, ein Gesez, das sie halten sollen, selbst nicht zu verstehen, sondern auf ein Gerathewohl auszulegen.

4) Insekten, Schlangen, Ungeziefer u. s. f. sind verboten; sonderlich aber ist Moses sorgfältig, mehrere Arten von Eidexen zu untersagen, die also wohl in einigen egyptischen Kantons, oder von andern benachbarten Völkern gegessen worden seyn müssen, wovon ich doch, das gestehe ich, sonst keine Nachricht gefunden habe. (*)

Nur hier macht Moses für alle geflügelte Insekten, die außer den vier Füssen, auf denen sie gehen, noch

zwey

---

diesseits des Jordans. Moses läßt ihnen zwar ihren Willen; allein man siehet auch leicht, daß sie nicht eigentlich nach seiner Absicht handelten. Siehe auch §. 44.

(*) Eine Gattung von Eidexen, Gecko, ist giftig, und zwar so, daß ihr Gift auch dann, wann es unter Speisen kommt, tödtet, (Hasselquists Reise nach Palästina, *Amphibia* LVII.) also nicht wie Schlangen, deren Gift blos in einer Wunde schadet, und die man gar wohl essen, ja so gar ihr Gift, falls man nur einen völlig gesunden Mund ohne blutende Theile hat, hinterschlucken kann. Die Eidexe Gecko wird freilich kein benachbartes Volk gegessen haben, und Moses hatte nicht nöthig, sie zu verbieten.

zwey höhere Springfüsse haben, eine Ausnahme, und erklärt sie, namentlich aber die Heuschrecken, und zwar diese in allen ihren vier Altern, nach ihren vier Härtungen, für rein. Heuschrecken sind in Palästina, Arabien, und andern benachbarten Ländern, eine der gewöhnlichsten Speisen, und das Volk würde sehr übel daran seyn, das sie nicht essen dürfte. Denn wann ein Heuschreckenschwarm die Felder verwüstet, so wird er doch wieder einigermaßen das Gegenmittel der Hungersnoth, die er verursachet, und dies geht so weit, daß bisweilen die Armen der Ankunft eines Heuschreckenschwarms, der sie umsonst nähret, mit Begierde entgegen sehen. Man ißt die Heuschrecken nicht bloß um die Zeit, wann sie eben das Land überziehen, frisch, sondern sammlet sie auch, und weiß sie, nachdem sie in einem Ofen gedörret sind, lange zur Speise aufzubehalten. (*)

Noch verordnete das Gesez, das Aas der unreinen Thiere nicht anzurühren. (**) Die Meinung ist aber nicht, daß man es gar nicht hätte anrühren dürfen, denn sonst würde es ja immer im Wege liegen geblieben seyn, und wir werden unten sehen, daß es beygescharret werden sollte: sondern nur, daß derjenige, der es anrührte, bis an den Abend für unrein gehalten ward. Diese Gesetze sollen aber unten bey den Verunreinigungen vorkommen, und ich nenne die Sache hier nur, damit man sie nicht ganz vergeblich suche.

Fremden, die unter den Israeliten wohnten, waren unreine Thiere nicht verboten: und gewiß war dem Gesezgeber nie eingefallen, sein Verbot gewisser Speisen zu einem Moralgesez zu machen, damit darnach sich jeder Mensch richten müßte. War sein Endzwek bey diesen Gesetzen, die Israeliten von andern Völkern abzusondern,

so

(*) Niebuhrs Beschreibung Arabiens, S. 171. Man beliebe auch das übrige nachzulesen, was Herr Niebuhr S. 170—175. vom Essen der Heuschrecken hat.
(**) 3 B. Mos. 11, 8. 24. 25. 27. 31.

§. 105. Speisegesetze.

so mußte sein Wunsch und Wille seyn, daß andere Völker essen möchten, was er den Israeliten verboten hatte: und gesezt, ein anderes benachbartes Volk hätte alle diese Speisen auch für unrein gehalten, so würde Moses vermuthlich ganz andere Speisegesetze gegeben, einige davon für unrein, und hingegen andere für rein erklärt haben. Wenn einer seinen Soldaten eine Kokarde giebt, um sie von andern zu unterscheiden, so verlangt er ja nicht, daß jedermann die Kokarde tragen soll, sondern würde sie lieber dem Fremden, der sie sich aufsezte, abnehmen lassen. Diese Gesetze von reinen und unreinen Thieren waren niemals, auch nicht im Alten Testament, ein Gebot der Religion, das jeder Mensch, er sey aus welchem Volk er wolle, der ewigen Seligkeit wegen hätte beobachten müssen, sondern blos, wenn ich es so nennen darf, eine Kokarde für Israeliten; aber eine, die sie nicht unterlassen durften zu tragen, wenn sie nicht ein göttliches Gesez übertreten wollten, und die ihnen mit der ersten Erziehung so fest aufgeheftet ward, daß es gewiß schwer hielt, sie jemals abzulegen.

§. 205.

Andere verbotene Speisen

Ausser den unreinen Thieren gab es noch andere verbotene Speisen.

Speise und Trank, ja sogar Backöfen und Kasterolen, wurden durch das in sie fallende Aas der 3 B. Mos. 11, 29. 30. erwähnten Ungeziefer, Maulwürfe, Mäuse, und gewisser dort genannten Eidexenarten verunreiniget, und zwar dies so sehr, daß in den leztern nicht weiter gekocht und gebacken werden durfte. 3 B. Mos. 11, 32: 38. Dies nöthigte die Israeliten zu einer Reinlichkeit und genauern Aufsicht, wodurch unglükliche Vergiftungen verhütet, oder doch seltener gemacht werden können. Von Vergiftung der Getränke durch Kröten, die in ein Faß gekrochen sind, lieset man öfters: von

der

§. 105. Speisegesetze.

der Eidexe Gecko erzählt Hasselquist ein Exempel, daß ihr Gift in einem Käse beynahe tödtlich gewesen sey: Mäuse und Ratzen vergiften auch bisweilen die Speise, wenn sie nicht zugedekt ist, weil ihnen selbst Gift geleget wird, das durch Brechen unter die Speise kommt. Ich erinnere mich eines Gebraues, das in einer ganzen Stadt allen, die von dem Bier trunken, heftige Leibschmerzen verursachte, und so sehr es auch von Rath und Brauerschaft geleugnet ward, schien allerdings Arsenikum auf diese Weise unter das Malz gekommen zu seyn.

Kein an Krankheiten gestorbenes oder zerrissenes Thier durften die Israeliten essen, es gehöre, sagt der Gesezgeber, für die Hunde, erlaubt indessen doch den Auswärtigen, die im Lande wohnen, es zu essen, wenn sie wollen. 2 B. Mos. 22, 30. (31.) 5 B. Mos. 14, 21. Dies Gesez, welches auch die Araber haben, (*) kann
uns

(*) Die Hauptstelle davon im Koran, die vielleicht zugleich als Erklärung des Mosaischen Verbots aus arabischen Sitten dienen kann, steht (ich zitire die Verse nach) Marraccii Koran, theils weil Hinkelmanns seiner nicht mehr zu haben ist, theils weil meine meisten Leser nicht Arabisch verstehen, also lieber einen Koran mit einer lateinischen Version angeführt wünschen möchten) Sur. V, 4. Euch ist verboten, was umgefallen ist, Blut, Schweinefleisch, Götzenopfer, Erstiktes, was von einem Schlage, oder Fall gestorben, oder von andern gehörnten Thieren todt gestossen ist, (dies hat nemlich sein Blut noch meistentheils bey sich), und wird von den Arabern dem Erstikten ziemlich gleich geschäzt) oder ferner was von wilden Thieren zerrissen ist, wenn ihr es nicht noch zulezt geschlachtet habt. Also nach der Sitte der Araber isset man, recht wie bey uns, was zwar von einem andern Thier gebissen, aber ehe es noch todt ist, abgeschlachtet wird. Die übrigen Stellen sind Sura II, 175. XVI, 115. Auch kann man Herrn Niebuhrs Beschreibung von Arabien S. 178. 179. nachlesen, wo man sehen wird, daß die Sitten der Araber jezt etwas strenger sind, als Muhammeds Vorschrift, weil man nemlich gemeiniglich die Schwachheit hat, zu den Geboten der wahren oder falschen Religion noch etwas hinzu zu setzen, und mehr zu thun, als sie wollen.

§. 205. Speisegesetze.

uns nicht fremd seyn, denn es enthält nichts anders, als was bey uns hergebrachte deutsche Sitte ist. Für die Erhaltung der Gesundheit ist es nicht gleichgültig: der Marschall von Sachsen bemerkt, wie schon oben erinnert ist, in seinen Reveries sur la Guerre, es sey vortheilhaft bey einer deutschen Armee, daß der deutsche Soldat kein Pferdefleisch esse, und sich dies zur Schande ziehen würde, denn auf die Weise habe er auch nie Lust, von umgefallenen Pferden zu essen, welches dem französischen Soldaten Krankheiten zuziehe. Hier muß man wenigstens den Marschall von Sachsen als Kenner des Einflusses der Speisesitten in die Gesundheit gelten lassen. In Palästina und Arabien kommt noch ein besonderer Umstand hinzu, (*) der den Nutzen eines solchen Verbots vermehrt: es giebt dort viel tolle Wölfe, folglich auch viel tolle Hunde und Füchse, auf die sich die Hydrophobie durch den Biß fortpflanzt: findet man nun auf dem Felde ein zerrissenes, aber nicht aufgefressenes Thier, so ist es eine Wage, ob es nicht von einem tollen Hunde, Wolf, Fuchs, Schakal, gebissen seyn, und diese fürchterliche tödtliche Krankheit auf den, der es isset, fortpflanzen möchte. Immer ist es in solchem Fall besser, zu viel, als zu wenig verbieten.

Fleisch mit Butter zu kochen und zu braten, war verboten. Das dreymal wiederholte Gesetz ist: (**) du sollst das Böckchen nicht kochen oder braten (***)

in

―――――――――――――――――――――――――――

(*) Für Ausländer muß ich, um verstanden zu werden, hinzusetzen, wir haben in unsern Gegenden Deutschlands zwischen der Weser und Oder keine Wölfe: wird aber ja einmal ein Hund toll, so ist dies bald in der Gegend bekannt, und man würde sogleich merken, das Thier, das man etwan zerrissen auf dem Felde fände, sey von ihm zerrissen.
(**) 2 B. Mos. 23, 19. 34, 26. 5 B. Mos. 14, 21.
(***) בשל (Baschal.) heißt nicht blos, kochen, (dies heißt es freilich, wenn dabey stehet, in Wasser) sondern auch, braten. Siehe 5 B. Mos. 16, 7. 2 Chron. 35, 13. wo es von Zubereitung des Osterlamms gebraucht wird, das gebraten werden mußte.

in seiner Mutter Milch. Hier muß man nur wissen, daß die Orientaler eine sehr große Menge von Namen oder Umschreibungen haben, die aus einer Zusammensetzung mit Sohn, Tochter, Schwester, Bruder, Mutter, Vater, entstehen, und des Bökchens Mutter im Arabischen wirklich weiter nichts ist, als, ein Schaaf, das gelammet hat: daß Moses seine Gesetze in einzelnen Exempeln zu geben pflegt, ohne gerade alle gleiche Arten zu nennen, (*) so daß, was er von Schaafmilch verordnet, auch auf Kuhmilch gelten muß: daß alle Butter ursprünglich Milch ist, und man keine Speise mit Butter zubereiten kann, ohne sie mit Milch zuzubereiten: und daß wirklich die Juden dies Gesez immer so verstanden haben, als wäre ihnen verboten, mit Butter zu kochen und zu braten, wie sie sich denn noch jezt scheuen, Butter an ihr Essen zu bringen.

Kein Gesez hat mehr von den Auslegern ausgestanden, als dieses. Einige haben es sogar vom eigentlichen Kochen des Bökchens in seiner eigenen Mutter Milch genommen, und sich bemühet, Spuren von einer so sonderlichen Kochart zu finden, ohne einen Koch zu fragen, ob es denn auch wohl möglich sey? ob ein Schaaf auch in ein oder zwey Tagen so viel Milch gebe, daß man ein Bökchen darinn kochen könne? Wohl zehnerley Ursachen des Gesetzes hat man errathen wollen, die eine immer unglaublicher als die andere, nur die ausgenommen, daß Moses eine unbarmherzig scheinende Handlung nicht gestatten wolle, um die Israeliten zum Mitleiden zu gewöhnen, wiewohl bey dieser Absicht des Gesetzes immer die Frage bleibt: wie kamen denn aber doch die Israeliten auf den wunderlichen Einfall, die Bökchen in Milch, und gerade in ihrer Mutter Milch zu kochen? Das Unglük der Ausleger, Rabbinen, oder sonst das Gesez erklären wollenden war, daß sie gar kei-

nen

(*) §. 166. gleich im Anfang.

§. 205. Speisegesetze. 163

nen ökonomisch-politischen Blik auf Palästina wurfen: hätten sie das gethan, so würden sie nicht lange über einem so sehr vernünftigen, das Volk an sein Land bindenden, und zur besten Kultur nöthigenden Gesez, haben Schweiß vergiessen müssen.

Palästina ist gerade das beste Baumölland, das wir kennen. Egypten müßte sich aus Mangel des Baumöls mit Butter behelfen, die aber in einem warmen Himmelsstrich nicht so lange gut bleibt als in unsern kältern: lauter Sachen, die schon im 191sten §. da gewesen sind. Die Israeliten hatten einen Hang nach Egypten, allein ihr Staat soll in Palästina gegründet werden, und in diesem Lande das ganze Volk beysammen bleiben, ohne wieder auszuwandern. Hier kam nun viel darauf an, sie an eine wohlschmeckende Speiseart zu gewöhnen, die man in Egypten nicht haben kann. Wer von Jugend auf der Butter beym Kochen und Braten gewohnt ist, behilft sich freilich damit, und sieht den Uebelschmak als unvermeiblich an, den die Butter bey dem geringsten Fehler (*) dem Essen giebt, und läßt es sich wohl schmecken. Wer hingegen einmal an recht gutes Baumöl gewöhnt ist, der wird nicht gern Butter, nicht die beste, dafür austauschen wollen, und vielleicht gegen geschmolzene Butter, die man bey uns zum Braten herumzugeben, oder jedem sehr dienstfertig wohl wider seinen Willen aufzuschütten pflegt, einen kleinen Ekel bekommen. Dies ist Delikatesse, (weitgetriebene Delikatesse, wird mancher Leser in Deutschland sagen) aber sie kann einem Volke nüzlich werden, das man in ein Land, wie Palästina ist, führet. Wenn es sich von Butter ab, und zum Baumöl gewöhnt hat, so wird es sich nicht mehr nach Egypten zurük sehnen, wo es ungeachtet der reichen Kornerndten doch schlechter leben müßte.

L 2 Dabey

(*) Z. B. wenn sie zu alt geworden ist, oder am unrechten Ort gestanden, oder vom Futter des Viehes einen Geschmak angenommen hat.

Dabey wird es die natürliche Gabe seines Landes, den Oelbaum, aufs beste kultiviren, und auch dies ist ein großer Vortheil. — — Ich wiederhole hier bey einer andern Gelegenheit, was ich schon oben vom Gebrauch des Oels bey Mehlopfern gesagt habe: der Unterschied ist nur, daß dort blos ein Gebot des Oels bey heiligen Malzeiten ist, und zwar bey dem Bakwerk, hier aber ein Verbot der Butter bey allem Gekochten und Gebratenen. Um das Gesez noch mehr zu heiligen, hatte es eine Art von Stempel einer bildlichen Moral; anstatt zu sagen: **du sollst nicht mit Butter braten oder kochen,** hieß es: **du sollst das Bökchen nicht in seiner Mutter Milch kochen oder braten.** Ein Thier in seiner eigenen Mutter Milch, die ihm zur Nahrung bestimmet war, kochen, kann einem grausam vorkommen. Wirklich ist zwar die Butter, mit der wir, die wir so viel Handel und Wandel haben, Lämmer oder Kälber braten, selten von der Milch ihrer Mutter: aber bey dem, die Milch oder allenfalls Butter nicht von Fremden kaufenden, sondern fast alles auf seinem Hofe habenden Israelitischen Hausvater war es anders: hätte er das Lamm in Schaafbutter gebraten, so würde es ordentlich Butter von seiner Mutter Milch gewesen seyn. Dasselbe vernünftige Kunststük, ein bloßes Polizeigebot dadurch ehrwürdiger zu machen, daß es das Emblem eines Tugendgebots wird, haben wir schon im 171sten §. gehabt.

Nachdem die Juden seit ihrer Zerstreuung in nördlichere Länder gekommen sind, für die Moses sein Gesez nicht gegeben hatte, hat dies für einen ganz andern Himmelsstrich schikliche Gesez eine ganz umgekehrte Wirkung gehabt. Butter dürfen unsere Juden zum Kochen, Backen und Braten nicht gebrauchen, gutes Baumöl haben sie in unsern Ländern nicht: sie nehmen also Fett, meistentheils Gänseschmalz, dazu. Ueberhaupt würde Fett wohl nicht die von Mose begünstigte Zuthat gewesen seyn, da er das Nierenfett, den Fettschwanz der Schaa-

fe

§. 206. Speisegesetze.

se u. s. f. ganz-untersaget: vielleicht am wenigsten das Gänsefett, das niemand einem mit Hautkrankheiten behafteten Volk für zuträglich halten wird, und der Medikus immer einem, den er an Hautkrankheiten kuriren soll, am strengsten untersaget. Ich kann mich auch des Gedankens nie erwehren, daß die Gans ein unreiner Vogel gewesen seyn möchte: war sie aber auch das nicht, so haben doch gewiß die alten Israeliten sie selten gegessen, und ihr Schmalz nicht so, wie unsere deutschen und polnischen Juden gebraucht, sonst würde man etwas in der Bibel von Gänsen lesen. — Dies ist ein Beyspiel, wie das in einem Klima sehr schikliche Gesez in einem andern eine den Absichten des Gesezgebers gerade zuwiderlaufende schädliche Folge hervorbringt: in Palästina schließt es Butter aus, um an Baumöl zu gewöhnen, und in Deutschland gewöhnt es an Gänseschmalz, das ganz wider Mosis Absichten war.

§. 206.
Verbot von Fett und Blut, die beyde auf den Altar gehören, und zu heilig zum Essen gehalten werden sollen.

Die sogenannten Fettstücken an Rind- Schaaf- und Ziegenvieh waren den Israeliten gleichfalls zur Speise verboten. 3 B. Mos. 3, 17. 7, 25. Unrein kann ich sie nicht nennen, aber sie wurden als zu heilig, und blos auf den Altar gehörend, angesehen. Doch war hierdurch nicht alles Fett verboten, (das würde ein zu halten beynahe unmögliches Gesez gewesen seyn) sondern blos die Fettstücke, die Moses selbst bey Gelegenheit der Opfergesetze, und dessen, was auf dem Altar verbrannt werden soll, so bestimmt,

1) das Fett, damit die Eingeweide überzogen sind, omentum lateinisch, und an einigen Orten in Deutschland, das Nez;

2) (Ues

§. 206. Speisegesetze.

2) alles Fett, das an den Eingeweiden ist, mesenterium, deutsch, Gekröse;
3) das Nierenfett;
4) der Fettschwanz einer gewissen Art von Schaafen, der 15 bis 50 Pfund zu wiegen pflegt, und von dem man entweder meine Anmerkung zu 3 B. Mos. 3, 9. oder, falls man etwas ausführlicheres verlanget, Bocharts Hierozoicon, P. I. libr. II. c. 45. S. 494. nachlesen kann. Die Beschreibung davon, die ich bey 3 B. Mos. 3, 9. gegeben habe, ist aus Russels natural history of Aleppo genommen.

Was man mit diesen Fettstücken anfangen sollte, wenn man zu Hause schlachtete, sie also nicht zum Opfer auf dem Altar verbrennen konnte, sagt Moses nirgends; es muß also wohl aus einem ältern Herkommen bekannt, und folglich die Enthaltung von diesen Fettstücken keine ganz neue Einsetzung gewesen seyn: blos in dem einen Fall, wenn das Thier nicht vor dem Messer starb, folglich unrein war, erlaubt er ausdrüklich, das Fett anzuwenden, wozu man wolle, nur aber nicht zur Speise, 3 B. Mos. 7, 24. Ob dies nun auch bey den Fettstücken anderer nicht auf den Altar kommenden Rinder, Schaafe und Ziegen gestattet war, weiß ich nicht.

Sonderbar kann es einem vorkommen, daß diese wirklich zur Speise so brauchbaren Fettstücke gar nicht gegessen werden durften, auch nicht das Nierenfett, das den meisten unter uns als eine Delikatesse vorkommt, und Moses selbst so ansieht. (*) Ursachen muß der

Gesez-

(*) 5 B. Mos. 32, 14. heißt das, was ich, den besten Weitzen, übersetzt habe, mit einer uns, die wir Nierenfett essen, zu harten, den Hebräern aber doch gewöhnlichen Figur, von Wort zu Wort, Nierenfett des Weitzens. Siehe auch Ps. 51, 17. 147, 14. und 4 B. Mos. 18, 12. Unter andern benachbarten Völkern, wenigstens unter den Kananitern, deren Sprache eigentlich die Hebräische ist, und von denen diese Figur zu den Israeliten gekommen seyn mag, muß das Nierenfett vermuthlich gegessen seyn.

Gesezgeber wohl gehabt haben, ein so sonderbares Herkommen der Vorfahren in Gesez zu verwandeln, oder falls diese vorhin Fett gegessen hatten, ein so verschwenderisches Gesez zu geben. Die Absonderung von den Malzeiten und näheren Freundschaft anderer benachbarten Völker kann Eine gewesen seyn: vielleicht aber die vornehmste, daß das Essen dieser Fettstücke, und der Gebrauch ihres Fettes bey Kochen, Backen und Braten, für ein Volk, unter dem Hautkrankheiten einheimisch sind, nachtheilig ist, und die Hautkrankheiten verschlimmern würde. Zugleich nöthigte eben dies Gesez das Volk, den Oelbaum mit dem größesten Fleiß zu kultiviren. Die Butter war ihm untersagt, die Fettstücken von Rind-Schaaf- und Ziegenvieh, die man in Ermanglung der Butter zum Backen, Kochen und Braten gebraucht, waren ihm untersagt: was blieb ihm übrig, als, sich sehr auf den Oelbau zu legen, und so viel Baumöl, als nur möglich war, zu gewinnen? Ein sogleich von der ersten Kindheit an von allen andern Fettungen der Speisen entwöhntes, und blos an das wohlschmeckendere vortreflichere Baumöl von Palästina gewöhntes Volk ward schon durch seine Speisart abgehalten, sich in andere Länder zu zerstreuen: und nachdem die Providenz es wider seinen Willen in alle Gegenden der Welt geworfen hat, ist ihm wirklich dies Verbot von Butter und Fett sehr beschwerlich, kaum würde es sich bey uns zu helfen wissen, wenn es nicht Auslegungen machte, die wohl Moses Sinne nicht gemäß seyn dürften, und noch darüber das seinen Absichten gewiß am meisten widrige Gänseschmalz häufig gebrauchte.

Mit dem Verbot des Fettes ist beydemal ein anderes verbunden, das Verbot des Blutessens, (3 B. Mos. 3, 17. 7, 26. 27.) nur daß es noch an fünf andern Orten 3 B. Mos. 17, 10—14. 19, 26. 5 B. Mos. 12, 16. 23—24. 15, 23. vorkommt, und nicht blos den Israeliten, sondern auch den unter ihrem Schuz lebenden Fremden bey Lebensstrafe gegeben war. 3 B. Mos. 17, 10.

§. 206. Speisegesetze.

Die ganz ungewöhnliche öftere Wiederholung desselben Verbots, die auf den Uebertretungsfall gesezte Strafe der Ausrottung aus dem Volk, und die Androhung der besondern göttlichen Rache, die den Blutesser verfolgen werde, (*) geben genug zu erkennen, daß dem Gesezgeber an ihm mehr, als an andern Verboten unreiner Speisen gelegen gewesen seyn müsse, und daß die Israeliten auch mehr Versuchung hatten, es zu übertreten. Wirklich die würden wir nicht haben, wenn uns Blut verboten wäre, und man sollte denken, einer, der von Kindheit auf kein Blut gegessen hat, könnte eher einen Wider gegen das Blut haben. Blutwürste, Gänse und Haasen, schwarz gekocht, essen wir zwar ganz gern, aber einen so sehr vorzüglichen Appetit müßte ich mich nicht zu erinnern bey jemanden gefunden zu haben, den einzigen Fall ausgenommen, wenn die Blutwürste ganz frisch waren; und dies wäre gerade der Fall, wo der des Bluts vorhin nicht gewohnte am ersten Scheu empfinden möchte. Noch dazu sind die Blutwürste von Rinderblut bey weitem nicht so wohlschmeckend, (**) als unsere von Schweineblut, und von denen kann hier gar nicht die Rede seyn. Also muß die Versuchung der Israeliten, dies Gesez zu übertreten, von einer andern Ursache, als vom Appetit nach Blut hergerührt haben: und dies um so viel mehr, da eigentlich das Blutessen nie bey ihnen väterliche Sitte gewesen zu seyn scheint; denn auch die von Abraham abstammenden Araber essen kein Blut, und Götzenopfer, Blut, Ersticktes, Umgefallenes, Zerrissenes, und Schweinefleisch, sind die Speisen, die Muhammed seinen Arabern untersaget.

Ich muß nur noch, ehe ich von der Ursache des so außerordentlich strengen Blutverbots rede, bemerken, daß es blos auf Blut der vierfüßigen Thiere und Vögel gieng:

von

(*) 4 B. Mos. 17, 10.
(**) Die von Rinderblut haben etwas mehlichtes an sich, das man sogar alsdann merkt, wenn aus Betrug Rinderblut unter Schweineblut gemischt wird.

§. 206. Speisegesetze.

von Fischen hingegen war das Blut erlaubt. 3 B. Mos. 7, 26. 17, 13. Die Sache ist so klar, daß auch selbst unsere neuere Juden, bey so vieler Uebertreibung der Gesetze Mosis, sich doch kein Gewissen daraus machen, in ihrem Blut gekochte Karpen zu essen.

Nun komme ich zu der Ursache dieses so angelegentlichen Verbots: sie hängt mit der einen großen Hauptabsicht des Gesezgebers zusammen, allen Götzendienst aus seinem Staat auszuschliessen. (§. 32.) Blutessen, oder wohl gar Bluttrinken, war in Asien bey Götzenopfern und heidnischen Eiden sehr gebräuchlich. (*) Dies ist so sehr die asiatische, und sonderlich die phönicische Sitte, daß sie auch die römische Schriftsteller als etwas Rom ausländisches, und jenen Völkern eigenes bemerken: und so wie man die Christen in den römischen Verfolgungen nöthigte, Weihrauch zu streuen, so that man es in den Persischen, Blut zu geniessen. Das eine ward im Occident, und das andere im Orient als ein Uebertritt zum Heidenthum angesehen, weil beydes ein abgöttischer Gebrauch war. Eben deswegen untersagte ihn nun auch Moses den Israeliten und allen Fremden im Lande wohnenden so strenge, unter Lebensstrafen; und um das Verbot durch eine damit verbundene moralische Bedeutung noch mehr zu heiligen und ehrwürdig zu machen, erklärte Gott: Alle Israeliten wären ihrer Sünden wegen, die sie täglich begiengen, und die nie durch Opfer auf dem Altar völlig versöhnt würden, alles Blut der Thiere, die sie schlachteten, Gott schuldig, und dürften es nicht essen, weil Blut zur Versöhnung der Sünden bestimmet sey. 3 B. Mos. 17, 11. 12. 14. Allein eben auch deshalb, weil der Genuß des Bluts ein abgöttischer Gebrauch benachbarter Völker war, standen

die

(*) Siehe das kritische Kollegium über Ps. 16, 4. S. 107—111. und die Erklärung des Briefes an die Hebräer, Anmerk. 209. zu Hebr. 9, 20.

§. 206. *Speisegesetze.*

die Israeliten desto mehr in Gefahr, sich zum Blutessen verführen zu lassen, und zwar das nicht Wohlschmaks wegen, sondern wegen ihres grossen Hanges zu der damals allgemeinen Abgötterey.

Bey manchen andern heidnischen Gebräuchen verfuhr zwar Moses anders, und heiligte sie, indem er befahl, sie künftig mit geänderter Bedeutung dem wahren Gott zu Ehren zu vollbringen: daß er aber mit dem Bluttrinken bey Opfern und Eidschwüren nicht so verfährt, sondern lieber allen Genuß des Bluts verbietet, ist nicht zu verwundern. Das Blutessen ist der Moral, und wenn es nur nicht in Uebermas geschiehet, der Medicin gleichgültig; niemand wird davon grausam oder unbarmherzig, auch niemand krank werden, oder sterben. Allein das Bluttrinken ist doch gewiß keine schikliche Zerimonie des Gottesdienstes. Eine sanfte Sitte ist es nicht, und könnte vielleicht, oft wiederholt, ein Volk zur Grausamkeit gewöhnen, und gegen Blut unempfindlich machen: eine solche Erziehung soll die Religion den Sitten des Volks nicht geben, ja nicht einmal den Anschein haben sie zu geben. Dabey ist es wirklich nicht ohne Gefahr, Blut zu trinken, denn zu viel noch warmes Blut getrunken kann tödlich werden, sonderlich das Rinderblut, das durch sein Gerinnen im Magen Konvulsionen und plözlichen Tod verursacht, und deswegen von den Griechen den Malefikanten als ein Gifttrank gegeben ward. Anderes Blut wird zwar nicht immer die Wirkung des Rinderbluts, aber doch, wenn die Portion nicht sehr klein ist, schädliche Wirkungen haben. Ein solcher Gebrauch, Blut bey Opfern und Eiden zu trinken, müßte wenigstens bisweilen aus Unvorsichtigkeit die Wirkung haben, die ihm Valerius Maximus (*) beym Themistocles

---

(*) Lib. V. c. 6, *Themistocles — — — instituto sacrificio exceptum patera tauri sanguinem hausit, & ante ipsam aram quasi quaedam pietatis clara victima concidit.* Die Meinung ist: Themistokles, der dem Könige von Persien versprochen hatte,

§. 206. Speisegesetze. 171

stoffes zuschreibt, nur daß dieser aus Vorsoz so viel Blut beym Opfer trank, als hinlänglich war, ihm das Leben zu rauben, und ein anderer es aus Versehen oder abergläubischem Eifer thun würde.

Dies

---

hatte, ihm Griechenland unterthänig zu machen, habe aus Liebe gegen sein Vaterland, und um das Versprechen nicht zu erfüllen, bey einem Opfer das Rinderblut, von dem ein Paar Tropfen ihm freilich nicht geschadet haben würden, aus einer Schale getrunken, um sich den Tod zu verursachen. Ob die Erzählung wahr sey, ist ungewiß, und aus Cornelio weiß jeder Schüler, daß es ungewiß ist, ob Themistokles an einer Krankheit, oder auf andere Art gestorben ist. Die Sage aber zeiget doch, was leicht geschehen konnte, wenn man Opferblut trank, und jeder Medicus von einiger Theorie wird wissen, daß es sehr leicht möglich ist, ob es gleich bey uns, wo niemand Blut trinkt, nicht leicht in Praxi vorkommen wird. Das einzige praktische Exempel, von dem ich in meiner Zeit gehört habe, war, daß ein Mann, dabey ein unbändiger und recht dafür bekannter Fresser, der bey einem Schlachtfest gegenwärtig war, sich an Blutwürsten zwar nicht zu Tode, aber doch so in eine dem Tode ähnliche Schlafsucht aß, daß man ihn für todt hielt, übereilt begrub, und nach einigen Tagen, da man ihn wieder aufgrub, gewahr ward, er sey lebendig begraben, im Grabe wieder von seiner Ohnmacht erwacht, und habe alle Schrecken eines lebendig Begrabenen, der sich vergeblich losarbeiten wollte, gefühlt. Ich habe den Mann selbst gekannt. Zu einem moralischen Verbot des Blutessens, das sich einige machen, und selbst der Arzt Bartholinus mit viel schwächern Gründen und ohne alle medicinische Erfahrungen vertheidiget hat, ist dies nicht genug: denn es war blos eine Uebermas, die das Unglük zuwege brachte, und wirklich ich hätte immer zum voraus eher darauf gerathen, daß der Mann an Uebermas von Wein sterben würde, als an Blutwürsten, und doch wird niemand deshalb den Wein für sündlich halten. Ich erinnere dies, weil ich weiß, daß sich aus Schuld der unvollständigen und sorglosen Erklärungen über Apostelg. 15, 20—29. immer manche vernünftige und gewissenhafte Christen ein Gewissen über das Blutessen machen, und ich nicht gern, indem ich das Mosaische Recht erkläre, etwas dazu beytragen wollte, durch Anführung des wirklichen Schadens, nicht des Blutessens selbst, sondern der bey allen Speisen sündlichen Uebermas im Blutessen, etwas zur Vermehrung ihres sehr beunru-

§. 207. Levitische Unreinigkeiten.

Dies war Ursache genug, das Bluttrinken nicht zum Stük des Gottesdienstes zu machen: und so bald das nicht geschahe, mußte es, weil es ein heidnischer Götzendienst war, nach Mosis Grundmaxime auf das strengste verboten werden. Man wird sich auch nun nicht wundern, das verbotene Blutessen nicht blos Apostelg. 15, 20—29. sondern auch bey den Arabern und im Koran, in Gesellschaft der Götzenopfer anzutreffen. Es war wirklich im Orient gemeiniglich ein Stük des Götzendienstes.

Vom verbotenen Kastriren der Thiere ist schon §. 168. geredet, dahin ich verweise.

Gesetze von levitischen Unreinigkeiten der Menschen, Häuser, Möblen, u. s. f.

§. 207.
Von levitischer Unreinigkeit überhaupt.

Unrein werden Personen im Mosaischen Gesez genannt, deren Berührung oder gar Umgang andere Leute fliehen mußten, wenn sie nicht selbst unrein, d. i. vom Umgang ausgeschlossen werden wollten, und die sich dabey des Ortes des Gottesdienstes, und der Opfermalzeiten unter harter Strafe enthalten sollten.

Dauer,

---

unruhigenden Gewissenzweifels beyzutragen. Thäte ich das, so bezahlte mancher Leser das, was er vom Mosaischen Recht lernt, wirklich zu theuer. Vors erste könnte, wer etwan wegen der Moralität einen Zweifel hätte, das nachlesen, was ich in meiner Paraphrasis der kleinen Briefe Pauli gleich hinter dem Briefe an die Galater als einen Anhang zu diesem Briefe geschrieben habe: ich habe aber doch wirklich vor, da ich sehe, daß so manche vernünftige Christen von diesem Zweifel geängstiget werden, einmal vollständiger davon zu schreiben. Nur hier im Mosaischen Recht kann ich es nicht thun.

§. 207. **Levitische Unreinigkeiten.**

Dauer, und Grad der Unreinigkeit waren verschieden. Einige konnten durch gewisse Zerimonien sogleich mit Sonnenuntergang wieder rein werden, bey andern aber gieng dies erst acht Tage nach Aufhörung der physikalischen Ursache ihrer Unreinigkeit an. Ein Aussätziger mußte abgesondert von andern an einem Abort wohnen, sich wirklich entfernt von ihnen halten, durch Kleidung unterscheiden, und wann ihm jemand nahe kam, ihn durch den Ausruf: Unrein! Unrein! warnen; andere durften nur keinen Reinen unmittelbar berühren, wenn sie ihn nicht gleichfalls verunreinigen wollten, und mußten, um den Reinen nicht im Wege zu seyn, sich ausserhalb des Lagers aufhalten, 4 B. Mos. 5, 1—4. woraus ich doch noch nicht sogleich zu schliessen wage, daß sie auch nachher nicht hätten in der Stadt in ihren eigenen Häusern bleiben dürfen, aber sie mußten sich doch in diesen abgesondert halten, um niemanden durch ihre Berührung von neuem zu verunreinigen. Daß dies ein beschwerlicher Zustand war, der jeden bewog, Verunreinigungen so viel zu vermeiden, als möglich ist, habe ich nicht nöthig zu sagen.

Ein unrein gewesener konnte ohne gewisse von Mose vorgeschriebene Zerimonien, als, Opfer, Abwaschungen, Besprengungen, nicht wieder bürgerlich rein werden, wenn auch gleich die physikalische Unreinigkeit aufgehört hatte: und wenn er sich ohne Reinigung unterstanden hätte, zum Heiligthum zu kommen, oder Opfermahlzeiten beyzuwohnen, so war ihm die Ausrottung gedrohet. Unrein zu werden, oder auch sich wissentlich zu verunreinigen, war nicht strafbar, der Arzt, z. B. der einen mit der Gonorrhee behafteten kurirte, ward durch dessen Anrühren unrein; (*) wer einen Todten begrub, ward auf sieben Tage unrein, (**) und doch sollte dies geschehen, ja es war so gar ein Endzwek der Verordnung von Un-

reinig-

(*) 3 B. Mos. 15, 7.
(**) 4 B. Mos. 19, 11—16.

reinigkeiten, die Israeliten zum Begraben zu zwingen: auch wer nach Mosis eigenem Befehl die zur Reinigung verordnete rothe Kuh schlachtete und verbrannte, der Priester selbst, der bey dieser Handlung zugegen war, wer ihre Asche sammlete, wer das Weihwasser sprengete, ward unrein. 4 B. Mos. 19, 7. 8. 10. 21. Allein sich nicht reinigen lassen, war im höchsten Grad strafbar, und mit der Ausrottung verpönt. 4 B. Mos. 19, 20.

§. 208.

Vom Aussaz.

Einiges allgemeine von Beschaffenheit dieser Krankheit, und was der Gesezgeber bey ihr, oder andern unvermerkt ansteckenden Krankheiten zu thun haben möchte.

Die größeste, und wirklich nach der gesezgebenden Klugheit nothwendigste bürgerliche Unreinigkeit verursachte der Aussaz, eine ansteckende, aber langsam und unvermerkt ansteckende Krankheit, die sehr betrieglich und gelinde anfängt, gemeiniglich nur mit einem kleinen Flecken, der keine Beschwerlichkeiten verursacht, aber auch durch kein Mittel zu vertreiben ist, mit der Zeit zunimmt, und unvermerkt in eine mit den fürchterlichsten Symptomen, z. B. Absterben und Abfallen ganzer Glieder, verknüpfte, und wann sie einen gewissen Grad erreicht hat, unheilbar werdende Krankheit übergehet. Der Tod erfolget gemeiniglich ganz unerwartet auf ein schwaches Fieber, (febricula) und das alsdann so plözlich, daß man so gar ein Exempel eines Aussätzigen im südlichen Frankreich weiß, der in der Nacht vor seinem durch ein schwaches Fieber erfolgten Ableben noch seiner Frau ehelich beygewohnt hatte.

Wer von dieser Krankheit mehr lesen will, wird ausser den Anmerkungen zu Hiob 2, 7. noch meine Fragen an die arabische Reisegesellschaft Numer 11. 28. 36. nachlesen

§. 208. Aussatz.

leſen müſſen: und da ich dort vieles vorhin unbekanntes aus franzöſiſchen und engliſchen Medicis genommen habe, die ſie in der lezten Hälfte unſers Jahrhunderts auf einem Theil der ſüdlichen Küſte von Frankreich, und auf den Zuckerinſeln in Amerika, dahin ſie durch afrikaniſche Mohrenſklaven gebracht war, kennen lernten, unterſuchten, und viel genauer mit Moſis Erzählung übereinſtimmen, als irgend ein Schriftſteller zwiſchen ihm und dem Jahr Chriſti 1750, ſo muß ich noch hinzuſetzen, daß dies den Herrn Profeſſor und Bibliothekarius Eyring veranlaſſet hat, die meiſten dieſer engliſchen und franzöſiſchen Urkunden ins Deutſche zu überſetzen. Man findet ſie nur zerſtreuet in den hannöveriſchen Beyträgen und Magazin, nemlich in den **Beyträgen zum Nutzen und Vergnügen**, Stück 32 und 48. des Jahrs 1762 **im hannöveriſchen Magazin**, St. 86. 87. des Jahrs 1763, und St. 63. 64. des Jahrs 1764. Ich vermuthe, daß dieſe meinen Leſern intereſſante Stücke im Intelligenzkomtoir zu Hannover einzeln zu haben ſind: wären ſie es nicht, ſo verdienten ſie, mit einigen kleinen Aenderungen wieder abgedrukt zu werden. Eine einzige Stelle aus ihnen, die mir gerade wegen deſſen wichtig iſt, was die geſezgebende Klugheit thun ſoll, und der allgemeine Wunſch des Volks bey ſich offenbarendem Ausſaz von ihr fodert, kann ich mich nicht enthalten, abzuſchreiben, und als Note zu ſetzen. (*) Ich ſelbſt habe

---

(*) Peyſſonel, der nach der Inſel Guadelupe als Medicus hingeſandt war, um den dort ausbrechenden Ausſaz zu unterſuchen, ſchreibt am 3ten Febr. 1757: „Es ſind ohngefähr 25 oder 30 Jahre her, da ſich eine beſondere Krankheit auf dieſer Inſel bey vielen Perſonen hervorthat: Ihr „Anfang iſt unmerklich, es erſcheinen nur etliche wenige „ſchwärzlich-röthliche Flecken auf der Haut der Weißen; „an den Schwarzen aber waren ſie kupferroth. Dieſe Flecken ſind anfangs weder mit Schmerz, noch irgend einem „andern Zufall verbunden: man kann ſie aber durch kein „Mittel wegbringen. Die Krankheit nimmt unvermerkt zu, „und fährt einige Jahre lang fort, ſich mehr und mehr

§. 208. Ausſaz.

habe ein Beyſpiel des Ausſatzes zu Göttingen an einem
Schneider

„auszuweiſen. Die Flecken werden gröſſer, und breiten ſich
„ohne Unterſchied über die Haut des ganzen Leibes aus. Sie
„ſind bisweilen etwas erhaben, jedoch flach. Wenn die
„Krankheit zunimmt, ſo ſchwillt der obere Theil der Naſe
„auf, die Naſenlöcher werden gröſſer, und die Naſe ſelbſt
„weich. An den Kinnbacken erſcheinen Erhebungen; die
„Augenbraunen ſind aufgetrieben, die Ohren werden dik,
„das äuſſerſte der Finger, wie auch die Füße und Zehen,
„ſchwellen, die Nägel werden ſchuppig, die Gelenke an
„Händen und Füßen geben ſich aus einander und ſterben ab,
„in der flachen Hand und an den Fußſohlen finden ſich tiefe
„trockene Geſchwüre, die ſtark zunehmen, und dann wieder
„vergehen. Kurz, wenn die Krankheit ihren lezten Auftritt
„macht, ſo wird der Kranke ſcheußlich, und zerfällt in Stü-
„cken. Alle dieſe Zufälle finden ſich mit ſehr langſamen
„Schritten ein, einer nach dem andern, und erfodern oft
„viele Jahre, bis ſie alle eintreten: der Kranke hat keine
„heftige Schmerzen, doch fühlt er an ſeinen Händen und
„Füſſen eine Art von Erſtarrung. Dieſe Leute werden die
„ganze Zeit hindurch in den ſogenannten naturalibus nicht
„gehindert: ſie eſſen und trinken, wie ſie vorhin zu thun
„pflegten, und ſelbſt dann, wann das Abſterben ihnen Fin-
„ger und Zehen weggenommen hat, iſt doch der Verluſt des
„abgeſtorbenen Theils die einzige Folge, denn die Wunde
„heilt von ſelbſt ohne Kur und Arzney wieder zu. Aber
„wenn die armen Leute in die lezte Periode der Krankheit kom-
„men, ſo ſind ſie abſcheulich verunſtaltet, und ſehr mit-
„leidenswürdig.

„Man hat bemerkt, daß dieſe ſchrekliche Krankheit noch
„ſonſt ſehr betrübte Eigenſchaften hat, als erſtlich, daß ſie
„erblich iſt, und daher einige Familien mehr als andere von
„ihr angegriffen werden: zweytens, daß ſie anſteckend iſt,
„indem ſie durch den Beyſchlaf, auch wohl durch lange
„fortgeſezten Umgang fortgepflanzet wird; drittens, daß ſie
„unheilbar iſt, oder doch wenigſtens noch keine Mittel zu
„ihrer Heilung ausgefunden ſind. Man hat die Merkuriali-
„ſchen, und die Schweiß-treibenden, auch alle andere bey
„veneriſchen Krankheiten gewöhnlichen Mitteln und Diäten,
„verſucht, weil man meinte, die Infektion könnte veneriſch
„ſeyn; aber vergeblich: anſtatt zu helfen, beförderten ſie
„den völligen Untergang des Kranken, denn die in veneri-
„ſchen Krankheiten dienſame Mittel brachten dieſe Krankheit
„erſt recht zum völligen Ausbruch, die fürchterlichſten Zu-
„fälle

Schneider gesehen, der auch an der lange miskannten, und

"fälle erschienen, und alle diejenigen, mit denen man auf
"diese Weise verfuhr, starben etliche Jahre früher als an=
"dere." (Beyläufig, wenn ich dazwischen sprechen darf,
der Schneider in Göttingen war auch dadurch unheilbar ge=
macht, daß ihn andere wider alle seine Protestationen lange
auf venerische Krankheiten traktirt hatten, ehe er in die
Hand eines gelehrten Arztes, des Herrn Leibmedici Vogels,
und das viel zu spät, kam.)
   "Eine sehr gerechte Furcht, von dieser grausamen Krank=
"heit angestekt zu werden, die Schwierigkeit, die angestek=
"ten Personen zu erkennen, ehe die Krankheit zu ihrer Voll=
"kommenheit gelanget ist, die Länge der Zeit, da sie wegen
"der Sorgfalt der Kranken, sie geheim zu halten, verborgen
"bleibt, die Ungewißheit der Zufälle am Anfang, die sie
"von andern Krankheiten unterscheiden sollten; verursachten
"bey allen Einwohnern dieser Insel eine ausserordentliche
"Furcht. Sie hatten sich unter einander im Verdacht, weil
"Tugend und Stand nicht gegen diese grausame Geissel
"beschirmeten. Sie nannten diese Krankheit den Aussaz,
"und überreichten den Befehlshabern und Aufsehern ver=
"schiedene Bittschriften, darinn sie ihnen alle diese oben
"gemeldeten Umstände vorstelleten, das gemeine Beste, die
"Unruhen, welche das Mistrauen in diesem neu angebaue=
"ten Lande verursachte, die Beschwerden, und den Haß,
"so dergleichen Beschuldigungen unter ihnen veranlasseten,
"die Gesetze, die vorhem wider Aussätzige gemacht worden,
"und ihre Verstossung aus der bürgerlichen Gesellschaft.
"Sie verlangten eine allgemeine Besichtigung aller, die die=
"ser Krankheit wegen verdächtig wären, damit die, so man
"angestekt befinden würde, in besondere Lazarete, oder an
"einige abgesonderte Oerter gebracht werden möchten."
   Er erzählt darauf, wie der Hof in die Bitte gewilliget,
und ihn nach Guadelupe geschikt habe, die Besichtigung
anzustellen: und beschreibt die Krankheit, wie er sie fand.
Wie sehr die Kranken sie verhelen, und wie nöthig es also
für die gesezgebende Gewalt sey, sich darum zu bekümmern,
siehet man aus Num. 9. seines Berichts: "Beynahe alle
"diese, da sie wünschten ihre Krankheit zu verhelen, such=
"ten mich dadurch zu hintergehen, daß sie unrichtige Ursa=
"che ihrer Verwundungen und Geschwüre angaben. Der
"grösseste Theil von ihnen gab vor, daß die Razen ihre
"Zehen abgefressen, und sie sich einmal verbrannt hätten,
                                                   "wovon

und dadurch unheilbar gewordenen Krankheit gestorben ist. Herr Professor Murray hat sie in einem eigenen Buch beschrieben. (*) Die älteren Aerzte, die auch wohl unter dem Namen elephantiasis vom Aussaz gehandelt haben, sonderlich Aretaeus Cappadox und Paulus Aegineta weitläufig, lasse ich hier vorbey, weil ich sie in einer andern Schrift, die noch nicht gedrukt ist, exzerpirt habe. (**)

Daß der Aussaz anstekt, ist gewiß, nur thut er es mit einem sonderbaren Eigensinn. Geschwind geschiehet es

---

„wovon ihre Geschwüre herrührten. Dies waren die Aus-
„flüchte, die jeder von ihnen uns glaublich machen wollte."
Von der Ansteckung schreibt er N. 11. 12. „Wir wurden
„durch unsere Beobachtungen völlig versichert, daß die Krank-
„heit ansteckend und erblich sey, obgleich die Ansteckung nicht
„so wirksam und giftig als bey Pest und Pocken, auch nicht
„wie bey dem Zittermale, der Kräze, der Raude, und
„andern Hautkrankheiten ist — — Wir glaubten, daß diese
„Ansteckung sich nicht anders eräugnet, als nur durch einen
„lange fortgesezten Umgang mit dem Angestekten, oder
„durch fleischliche Vermischung. Wir haben sogar bemerkt,
„daß auch ein solcher Umgang, oder fleischliche Vermischung
„nicht allezeit die Krankheit mittheile, denn wir haben ge-
„sehen, daß Eheweiber, die sich zu ihren Männern, und
„Männer, die sich zu ihren Weibern ehelich hielten, ver-
„schont blieben, und der eine Theil gesund, der andere
„aber aussätzig war. Wir sehen, daß Familien mit Aus-
„sätzigen umgehen, bey ihnen leben, und dennoch nicht an-
„gestekt werden: und also, obgleich Erfahrung und der von
„den Kranken eingezogene Unterricht das Anstecken erweisen,
„so sind wir doch der Meinung, daß bey dergleichen Leuten
„schon eine besondere Leibesbeschaffenheit da seyn müsse,
„die des Gifts empfänglich sey."

(*) *Joannes Andreas Murray de vermibus in lepra oboiis, juncta leprosi historia*, Goettingae 1769.
(**) In einer Abhandlung von dem, was im Buch Hiobs einen Autor verräth, der Egypten kannte; in der auch beyläufig von der Krankheit Hiobs ausführlicher gehandelt ist. Sie ist im Jahr 1754, 1755. in der Göttingischen Societät der Wissenschaften abgelesen: der Theil der Kommentarien aber, zu dem sie gehört, ist noch nicht gedrukt, und die in das Jahr gehörigen Abhandlungen besonders heraus zu geben, nicht verstattet.

es nicht, und vor dem Anstecken durch eine einzelne Berührung, (die fleischliche Vermischung ausgenommen) scheint es, kann man sicher seyn. Es ist sonderbar, daß er nicht einmal immer durch den Beyschlaf anstekt, denn man hat Ehepaare gefunden, von denen der eine Theil aussäzig war, und der andere rein blieb, ungeachtet sie sich des Beyschlafs nicht enthielten. Allein bey allen den Ausnahmen zeigt doch die Erfahrung im großen, daß er langsam, aber fürchterlich anstekt, und sich schleichend ausbreitet, dies ist die allgemeine Nachricht von allen den Oertern, wo er je eingerissen gewesen ist: und als er noch in diesem Jahrhundert durch afrikanische Mohrensklaven auf die amerikanischen Zuckerinseln kam, breitete er sich bald auf mehr als Einer Insel fürchterlich aus. Auch in Deutschland haben wir ihn gehabt: von den sogenannten heiligen Kriegen war er mitgebracht, und um seinetwillen wurden Lazarete errichtet, in denen noch im vorigen Jahrhundert die lezten Ueberbleibsel der Infektion sparsam zu finden waren: aber, vermuthlich weil unser Klima, Lebensart, und Kleidung (*) der Krankheit nicht förderlich war, ist sie endlich so verschwunden, daß man nur sehr selten ein ganz einzelnes Beyspiel gleichsam zur Rarität bemerkt. Der sel. Werlhof hat mir versichert, daß er in seiner langen Praxi nur einen einigen Patienten gehabt habe, an dem er die wahren Kennzeichen des arabischen Aussatzes bemerkte, der aber auch niemanden anstekte, (**) auch wirklich nicht am

M 2 Aussaz,

(*) Vielleicht ist kein Land so reich an Leinewand als Deutschland, das so viel andere damit versiehet. Daher kommt es, daß jeder, dem nur nicht der Medikus das Gegentheil verordnet hat, ein linnenes Hemd unmittelbar auf dem Leibe trägt, und dies noch dazu ziemlich oft abwechselt: dahingegen orientalische Nationen viel Wolle auf dem bloßen Leibe tragen, auch nicht so oft ihre Kleidung abwechseln können, als wir das Hemd. Wen wir sehr arm nennen, hat doch gemeiniglich mehr als Ein Hemd; dies wäre in manchen asiatischen Gegenden schon ein kleiner Reichthum, und ein Duzend Hemder ein Luxus.

**) Die eigenen Worte des großen und vorsichtig urtheilenden
Mannes

Aussaz, sondern erst nach 15 Jahren an einer Brust=
krankheit starb, also doch vielleicht den orientalischen
Aussaz nicht hatte: und derjenige Schneider in Göttin=
gen, dessen Krankheit Herr Prof. Murray beschrieben
hat, starb zwar am Aussaz, aber auch ohne jemand an=
gestekt zu haben. Sein Haus ist nach seinem Tode ver=
kauft, und von einem meiner guten Freunde bewohnt,
ohne daß die geringste üble Folge daraus entstanden wäre.

Auch erblich ist die Krankheit, aber nicht auf immer,
sondern blos bis ins dritte und vierte Glied, und zwar so,
daß nach dem Zeugniß französischer Aerzte im vierten
Gliede nicht der volle Aussaz mehr übrig seyn soll, son=
dern blos der stinkende Odem. Auch bey dieser Aufer=
bung ist ein sonderbarer Eigensinn der Krankheit, den
man gütig nennen könnte, wenn er einen nicht Zeitlebens
in der marternden Furcht von einem ungewissen Uebel
ließe. Der Sohn des Aussäzigen soll bisweilen blos eine
nähere Disposition zum Aussaz erben, die vielleicht spät,
vielleicht auch niemals ausbricht. (*) Dies bemerkt
man

Mannes verdienen, nicht verloren zu gehen: Ich erinnere
mich nur eines einzigen Patienten, an dem ich die wah=
ren Kennzeichen des arabischen Aussazes gesehen habe.
Es war ein Artillerie=Lieutenant, welcher in der Be=
lagerung von Philippsburg lange in feuchten Bara=
ken gelegen hatte. Man hatte ihn dreymal saliviren
lassen, aber das Uebel war immer schlimmer gewor=
den. Da er hier in sein Vaterland kam, wo er Frau
und Kinder hatte, behielt er das Uebel bis an seinen
an einer grassirenden Brustkrankheit nach 15 Jahren
erfolgten Tod, und stekte keinen Menschen an. Ich
traue mir aber nicht zu bestimmen, daß, unerachtet
dergleichen Zeichen, das Uebel eben die Materie, als der
arabische Aussaz, welcher freilich manchmal anstekt,
zum Grunde gehabt habe. Hannover d. 17 Mai 1762.

(*) Ich setze hier abermals Peyssonels Worte her. Was ich
oben mehr sage, als er, ist aus andern französischen Aerz=
ten, die die Krankheit beschreiben, wie sie noch jezt in eini=
gen Gegenden Frankreichs ist, aus Niebuhrs Reisen, und
andern zuverläßigen neuern Schriftstellern genommen.
Peyssonel schreibt Num. 13. 14. „Was die Erblichkeit der
„Krank=

man im Orient, und läßt die Kinder der Ausſätzigen eine Probezeit halten, um zu ſehen, ob ſie die Krankheit geerbt haben, oder nicht (*): und in Frankreich hat man Erfahrungen, daß der erbliche Ausſaz wohl noch im vierzigſten Jahr nach einer heftigen Gemüthsbewegung, ſonderlich Schrecken, plözlich mit einem Flecken ausbreche, da er bis dahin ſchlafend gelegen hatte. (**) Recht ſo, wie ich bisher den Ausſaz beſchrieben habe,

„Krankheit anlanget, iſt dies zuverläßig: wir haben ganze „Familien geſehen, die angeſteckt waren, und faſt jedes Kind „eines ausſätzigen Vaters oder einer ausſätzigen Mutter wird „allmählig wieder ausſätzig, und dennoch haben wir in ver„ſchiedenen andern Familien einige geſunde und andere aus„ſätzige Kinder geſehen, der Vater war an dem Ausſaz ge„ſtorben, und die Kinder wurden alt ohne Ausſaz: daher „wir, ob ſie gleich gewiß erblich iſt, dennoch glauben, „daß es ſich damit wie mit denjenigen Familien verhalte, „die mit Schwindſucht, Steinſchmerzen, und andern erb„lichen Krankheiten geplaget ſind, welche oft vom Vater „auf den Sohn gebracht werden, ohne eben einen recht „regelmäßigen Weg zu halten, doch ſo, daß ſie bald den „einen, bald den andern, unter ſeinen Nachkommen treffen.

„Wir konnten niemals einen zuverläßigen Saz ausfinden, „in welchem Alter ſich dieſe Krankheit bey denen zuerſt „zeigen würde, die von angeſteckten Eltern gezeuget waren: „doch haben wir, in ſo weit wir gekonnt, bemerkt, daß bey „dem andern Geſchlecht dieſe Zufälle mit der monatlichen „Reinigung anfangen, und unbeträchtlich fortgehen, bis „ſie im erſten oder zweyten Kindbette geweſen ſind, daß aber „alsdann die ſichtbaren und fürchterlichen Zufälle zum „Vorſchein kommen. Vom männlichen Geſchlecht läßt ſich „keine ſichere Regel angeben.“

(*) Niebuhrs Beſchreibung von Arabien S. 137. in der Note. Die Chriſten zu Aleppo nehmen das Kind ausſätziger Eltern, die Chriſten ſind, gleich von der Mutter, und geben es einer geſunden Wärterin. Zeigt ſich nun nach drey Monaten bey dem Kinde kein Zeichen des Ausſatzes, ſo wird es in der Stadt erzogen: findet man aber die Krankheit auch am Kinde, ſo wird es ſeinen Eltern in das abgeſonderte Quartier der Ausſätzigen zurük gegeben. Die Perſon, welche es geſäuget hat, darf nicht fürchten, angeſteckt zu werden.

(**) Medical obſervations by a ſociety of Phyſicians at London, T. I. p. 204.

redet auch Moses von den göttlichen Strafen der Abgötterey. Gott pflegt den Israeliten den Aussaz zu drohen, wenn sie seine Gebote übertreten: die Sanktion des, wie es die Lutheraner zählen, ersten, oder nach den Reformirten ersten und zweyten Gebots ist: Ich Jehova dein Gott bin ein eifersüchtiger Gott, der die Sünde der Väter an den Kindern derer, die mich hassen, bis ins dritte und vierte Glied strafet. 2 B. Mos. 20, 5. Dies ist wohl ohne Zweifel vom Aussaz zu verstehen.

Was wegen einer solchen Krankheit der Gesezgeber eines Volks, unter dem sie einheimisch oder doch epidemisch ist, zu thun haben möchte, und was nicht blos Klugheit und Gerechtigkeit, sondern auch wohl gar, wie in Guadelupe, die laute Stimme des Volks von ihm fodert, scheint auf folgendes hinaus zu laufen:

1) Die Aussätzigen müssen von den Reinen abgesondert werden, und in gewissen besondern Quartieren wohnen. Das Heyrathen kann man ihnen zwar ohne die äusserste Härte nicht verbieten, weil die natürlichen Triebe zum Beyschlaf bey ihnen so stark, oder nach anderer Erzählung noch stärker, als bey Gesunden sind: man muß es also freilich geschehen lassen, daß sie vermuthlich eine neue Race von Aussätzigen wieder in die Welt setzen. Allein wer mit ihnen genau umgehen will, also auch ihre Frauen, und die von ihnen selbst erzogenen Kinder, müssen sich gefallen lassen, an eben dem abgesonderten Ort zu bleiben, und sich des Umgangs mit andern Reinen zu enthalten.

Geschieht dies nicht, so wird sich die Krankheit fürchterlich ausbreiten, und viele Familien bis auf künftige Geschlechter anstecken.

Niemand würde vor Ansteckung sicher seyn können, wenn eine solche Absonderung nicht geschähe; die natürliche Sicherheit aber gegen aufgedrungene Ansteckungen muß doch billig jeder, der in die bürgerliche Gesellschaft tritt, von ihr haben, oder sie müßte ihm

gestat-

gestatten, sich diese Sicherheit durch eben die Mittel selbst zu schaffen, die im statu naturali erlaubt sind, durch eben diejenige, die wir zu Pestzeiten zu Wasser und zu Lande gebrauchen, wenn ein Inficirter an unsere Küste steigen, über unsere Gränze kommen, in unser Haus bringen, oder uns sonst zu nahe kommen will. Da kein vernünftiger Gesezgeber diese, so vielem Misbrauch unterworfene Selbsthülfe gestatten kann, wo ein Schuz der Obrigkeit möglich ist, so folget, daß der Gesezgeber diesen obrigkeitlichen Schuz vor Infektion veranstalten muß.

2) Weil die Krankheit so schleichend und schwer zu erkennen ist, auch, wovon Peyßonel nichts saget, bisweilen an Theilen des Leibes anfängt, die durch die Kleider bedekt sind, (*) so muß eine Gewalt seyn, vor die man jeden, der irgend des Aussazes wegen verdächtig ist, ohne Widerrede bringen kann, um sich besichtigen und genau untersuchen zu lassen. Bey dem mindesten Zeichen des Aussazes muß jeder Bürger das Recht haben, auf Untersuchung und Besichtigung zu bringen; und der rein befundene muß mit dem Vortheil zufrieden seyn, daß ihn nun niemand mehr fliehet.

(*) Aretaeus Cappadox. de causis et signis morborum, l. II. c. 13. S. 69. unterscheidet zwey Arten der Elephantiasis (des schlimmsten Aussazes) 1) eine, die sich zuerst im Gesicht zeiget, und also früh zu erkennen giebt. So war sie bey dem Schneider in Göttingen, den ich einigemal erwähnt habe, er sagte mir auf Befragen, ohne zu wissen, weswegen ich fragte, daß er wirklich lange vorher, er meinte ohngefähr vor 10 Jahren, einen kleinen vorhin nicht gewesenen Flek im Gesicht bemerkt habe, aus dem er nichts gemacht habe. Wenn man gleich nach Entdeckung dieses Fleks, dessen Alte und Neue gedenken, zur Sache thut, so soll die Heilung möglich seyn; 2) eine, die sich am Ellenbogen, Knie, und Gelenken der Hände und Füße anfängt. Diese ist schon versteckter, und Aretäus schäzt sie darum für gefährlicher, weil man ihrer zu spät gewahr werde.

Ist keine solche Anstalt gemacht, so wird nicht blos der wirklich Inficirte, der seine Krankheit auf alle Weise zu verhelen sucht, andere der Infektion Fähige damit anstecken, auch wohl in eine reine Familie heyrathen, und seine Braut oder Bräutigam mit großem Schaden der Nachkommenschaft und des Publici betriegen: sondern auch unschuldig=verdächtige werden bey dem allgemeinen Mistrauen aller gegen alle, das Penßonel beschreibt, wie er es auf Guadelupe gesehen hat, sich und andern zur unerträglichen Last seyn. Wer sich selbst rein weiß, wird sich von denen auch nur im mindesten, vielleicht durch einen unschuldigen Flek oder Sommersproße verdächtigen, absondern, auch wohl ihnen sein Haus und Umgang verbieten, vielleicht im Affekt und Angst zu einigen härtern Mitteln greifen, die die Selbstvertheidigung an Hand giebt, und es wäre hart, ihn über einen nicht gar zu großen Exzeß zu strafen: der unschuldig in Verdacht gekommene wird die Beschimpfung sehr hoch nehmen, daraus werden Feindschaften, Beleidigungen, Thätlichkeiten entstehen, und doch hat der Unschuldige auch das Unglük, da er von anderer Gesellschaft geflohen wird, fast so gut als in die Gesellschaft der Aussätzigen getrieben zu werden. Auch diejenigen notorisch Reinen, die gar keinem Verdacht ausgesezt sind, und blos Verdacht auf andere werfen, haben doch das große Unglük, in steter vielleicht eingebildeter Furcht vor Ansteckung zu leben, und sich vor so manchem, der ihnen begegnet, zu scheuen. Dies ist nicht blos eine Plage des Gemüths, sondern auch ein medicinisches Uebel, so die Gesundheit des Leibes in Gefahr sezet. Furcht ist bey ansteckenden Krankheiten für die Gesundheit sehr verderblich: ich glaube wohl nicht, daß sich der Aussaz, so wie die Pest, am ersten dem Furchtsamen mittheilen wird; allein andere Krankheiten werden aus beständiger oft wiederholter Furcht, und den von ihr herrührenden Einschränkungen im Hause, entstehen.   3)

3) Diejenigen, die nach geschehener Untersuchung gesund, oder doch nicht mit dem Aussaz behaftet, oder als völlig rekonvalescirt befunden werden, müssen auf eine rechtskräftige Weise für rein erklärt werden. Wie sehr ihnen selbst daran gelegen sey, brauche ich nicht zu sagen: allein auch der ganzen übrigen Gesellschaft ist es wichtig, mit Zuverläßigkeit zu wissen, wer rein ist, um nicht durch unnöthigen Verdacht beunruhiget zu werden.

Diese Reinsprechung muß nicht zu leicht geschehen, nicht nach einer medicinischen Theorie a priori, denn sonst verläßt man sich nicht auf sie, und der alle beunruhigende Verdacht bleibt: sondern nach hinlänglichen lange geprüften Erfahrungen. Hier tritt einmal gerade das Gegentheil des vernünftigen Kriminalrechts ein, das lieber 10 Spizbuben ungestraft lassen, als einen Unschuldigen hängen will: es ist besser, 10 Unschuldige und Reine noch eine Zeitlang für Aussätzige zu halten, als einen einzigen Aussätzigen für rein zu erklären: denn durch dies lezte fällt sogleich aller Vortheil weg, den nicht 10, sondern tausend, und in einem großen Volk mehrere tausend, von ihrer Rein-Erklärung haben sollten; man trauet ihnen doch nicht, und der allgemeine Verdacht aller gegen alle tritt wieder ein.

Vielleicht scheint manchem Leser hier noch das wichtigste zu mangeln. Sollte nicht auch die Kur vorgeschrieben werden? Nein, das fodre oder wünsche ich nicht, am wenigsten bey einer in alten Zeiten für unheilbar gehaltenen Krankheit, und gegen die man wirklich, wenn sie einen gewissen Grad erreicht hat, noch jezt kein Heilungsmittel weiß. Wenn eine epidemische Krankheit, z. E. Pest oder rothe Ruhr, auf eine kurze Zeit einreißt, so pflegt wohl die Obrigkeit nach Befragung der Aerzte die besten Gegenmittel durch öffentliche Ausschreiben bekannt zu machen, aber doch nur eigentlich als Rathschläge, und nicht als Gebote: allein wo von einer

einer einheimischen, oder etliche Menschenalter hindurch dauernden epidemischen Krankheit, und nicht von einem Ausschreiben, sondern auf immer geltendes Gesez die Rede ist, würden Gesetze über Rezepten und Art der Kur, die mehr thäten, als etwan eine schädliche Arznei verbieten, sehr zwekwidrig seyn. Nicht zu gedenken, daß die zur Zeit des Gesetzes lebenden Medici wohl gar etwas schädliches verordnen könnten, wo⸗ man bey Pest (*) und Pocken so große Beyspiele ha. b daß jeder in der Wahl der medicinischen Mittel, we..:s auf sein eigenes Leben ankommt, doch nicht gern alle Freiheit verlieren will: so werden ja immer neue und bessere den alten Medicis unbekannte Arzneyen und Kuren erfunden. Sollte diese der Gesezgeber, der auf Jahrhunderte Gesetze giebt, schon zum voraus, und ehe er sie noch kennet, ausschließen? Er überlasse es den Nachkommen, und den Aerzten künftiger Zeitalter, zu gebrauchen, was man dann als das Beste kennen wird; sonderlich da Krankheiten (**) bisweilen nach gewissen Perioden ihre Gestalt so verändern, daß dies Jahrhundert andere Gegenmittel erfodert, als jenes.

Aber Moses, wird man sagen, war ein inspirirter Gesezgeber, und Gott hätte also das beste Mittel zur Heilung des Aussatzes durch ihn bekannt machen, und in seinen Gesetzen auf ewig verordnen können! — — Das hätte er freilich thun können, aber er pflegt es nicht zu thun, sondern läßt die Menschen selbst durch eigenen Fleiß Gegenmittel gegen die Krankheiten erfinden. (***) Hierzu kommt noch: wenn auch ein ganz untrügliches Mittel gegen den Aussaz in der Natur vorhanden seyn sollte, so wäre es doch mit dem übrigen Inhalt der Mosaischen

---

(*) *Hodges* de peste, pag. 24. *Mead* de peste, im zweyten Theil der operum medicorum, S. 88. 89.

(**) Das Beyspiel der venerischen Seuche wird dies genug erläutern.

(***) Man wende hier wieder an, was schon §. 199. von mathematischen und physikalischen Wahrheiten gesagt ist.

faischen Gesezgebung nicht recht übereinstimmend, es zu entdecken; denn eben der Aussaz ist die Strafe, die die Providenz den Uebertretern des Gesezes Mosis, sonderlich den Gözendienern, drohet. So wenig es wider die Güte Gottes ist, daß in einer von ihm erschaffenen und regierten Welt Krankheiten, unheilbare Krankheiten, und andere physikalische Uebel sind, die er zu Strafen gebrauchen kann, eben so wenig ist es auch wider die Güte Gottes als bürgerlichen Gesezgebers, wenn er das vielleicht vorhandene und seiner Allwissenheit bekannte kräftigste Mittel gegen den Aussaz nicht durch eine unmittelbare Offenbarung entdekt.

§. 209.

Der Aussaz war eine gewöhnliche Krankheit des Himmelsstrichs und des Volks, dem Moses Gesetze gab.

Der Aussaz ist noch jezt, nach einigen tausend Jahren, eine gewöhnliche Krankheit in ganz Syrien, davon Paläftina ein Theil ist, also eine Krankheit des Landes, in das Moses die Israeliten führte. In Egypten, wo sie vorhin gewohnt hatten, soll er noch häufiger und schlimmer seyn, so daß sich manche Römer einbildeten, die Elephantiasis entstehe blos in Egypten.

Est elephas morbus, qui propter flumina Nili
Nascitur Aegypto in media, nec præterea usquam.

Der Himmelsstrich muß hierzu etwas beytragen. Er wird zwar wohl den Aussaz nicht von selbst hervorbringen, denn Länder unter demselben, oder einem noch heissern Himmelsstrich sind ohne Aussaz gewesen, z. B. amerikanische Zuckerinseln bis auf unser Jahrhundert, da ihn Mohrensklaven aus Afrika hinüberbrachten: allein er macht, daß die Krankheit nicht so völlig wieder ausstirbt, als es in Deutschland geschehen ist, wo jezt der Medicus, Gottlob! die gelehrt sogenannte *lepram*
Ara-

Arabum gemeiniglich blos aus Büchern, oder gar nur dem Namen nach kennet.

Unter den Israeliten war auch gewiß um die Zeit, da Moses sie aus Egypten führte, der Aussaz nichts frembdes. Was griechische und römische Schriftsteller davon sagen, daß die Israeliten um des Aussatzes oder anderer ansteckenden Krankheiten willen aus Egypten vertrieben wären, kann ich hier, wo ich keine Historie schreibe, nicht untersuchen. Die Zeugen sagen nicht einmal immer völlig das, was man sie sagen macht, oder ihnen nacherzählt, nicht einmal unter sich gleich und einstimmend, aus: nur zu ihrer Abhörung ist hier keine Zeit. Allein so viel wollte ich wohl erinnern, daß die Frage, bey der einige Widersacher der Religion so wichtig thun, und einige ihrer Vertheidiger sich so ereifern, zu theilen wäre. Ganz eine andere Frage ist es: war der Aussaz unter den Israeliten um die Zeit, da sie aus Egypten giengen, eine gewöhnliche Krankheit? — — und, hat man sie wegen des Aussatzes aus Egypten ausgetrieben? Das lezte wäre wohl kaum glaublich. Welcher nicht ganz dumme Regent wird ein Volk von 600,000 Mann, also mit Weibern und Kindern von dritthalb Millionen, wegen einer Krankheit austreiben, die in seinem Lande einheimisch ist? Doch ohne mich in diese Untersuchungen von Wahrscheinlichkeit einzulassen, die noch dazu hier übel angebracht wäre, weil beynahe jeder dergleichen vorgebende Schriftsteller, — die Sache anders erzählt, und ich sie hier nicht abhören kann, wollte ich die Frage lieber theilen, und dann den Schriftsteller über sie vernehmen, der wenigstens 1000 Jahre früher gelebt hat, als alle Griechen und Römer, die etwas von der Sache geschrieben haben, und der selbst die Israeliten aus Egypten geführt hat, Mose!

Der sagt uns:
1) Daß die Israeliten gewiß nicht wegen des Aussatzes ausgetrieben sind, sondern selbst aus Egypten wegge-

hen wollten, und sich ehe losrissen. Das sagt er in einem eigentlich für die Israeliten geschriebenen Buch, in dem er ihnen sonst sehr viel Vorwürfe zu machen pflegt. Das sagt er dabey, daß in Einer Nacht alle Erstgebornen der Egyptier auf einmal gestorben sind, (Pest könnte man dies nennen, aber vom Aussaz entsteht kein solch Sterben) und daß deswegen die Israeliten, die vorhin um das Auszugsrecht vergeblich angehalten hatten, in der Nacht mit Gewalt ausgetrieben wurden, welches von spätern griechischen und lateinischen Schriftstellern, die die Geschichte der sogenannten Barbaren gemeiniglich ohne Kenntniß der einheimischen Geschichtschreiber dieser Barbaren und ihrer Sprache aus der dritten oder wohl gar zehnten Hand hatten, embellirt und unrichtig vorgestellet seyn mag.

2) Daß aber doch gewiß der Aussaz damals unter den Israeliten einheimisch und sehr eingerissen war. Selbst seine Gesetze vom Aussaz sind hiervon der deutlichste Beweis: denn wer wird Gesetze von einer Krankheit geben, die unter dem Volk entweder gar nicht, oder doch nur selten gefunden wird? Wer wird jeden, an dem eine kleine Finne, oder Flek, oder Geschwür auffährt, nöthigen, daß er sich von Haupt bis zu Fuß besichtigen, und dann noch wohl sieben Tage einschliessen lasse, wenn nicht der Aussaz eine sehr eingerissene Krankheit, und dadurch der Verdacht billig ist, dies Maal könnte ein Anfang des Aussatzes seyn? Ausserdem redet Moses schon im zweyten Buch, Kap. 4, 6—8. vom Aussaz als von einer ihm auf den ersten Blik bekannten Krankheit, die er also wohl vorhin oft gesehen haben mußte: erzählt auch 4 B. Mos. 5, 1—4. daß die Aussätzigen aus dem Lager weggeschaft sind, und ihnen ein Ort ausserhalb des Lagers angewiesen ward.

In der That war kaum etwas anders bey einem Volk zu vermuthen, das aus Egypten, dem vorzüglichen Siz

des

des Aussatzes, kam. Noch einige andere Umstände hatten dazu beytragen müssen, den Aussaz unter den Israeliten sehr auszubreiten. Sie waren arm und unterdrükt gewesen, und Hautkrankheiten, ja beynahe alle ansteckende Krankheiten, greifen vorzüglich die Armen an, die sich nicht reinlich und von andern Angestekten abgesondert halten können. Sie hatten zum Theil in den feuchten und sumpfichten Gegenden Egyptens gewohnt, (*) und auch dies befördert den Aussaz; ja eine sehr feuchte Wohnung kann wohl ohne alle Anstekung entweder den Aussaz selbst, oder doch eine ihm sehr ähnliche Krankheit zuwege bringen. (**) Und nun noch ein Hauptumstand, ihre Wohnung längst dem Nil und an Sümpfen (bucoliis) hatte gemacht, daß sie Fische umsonst essen konnten, 4 B. Mos. 11, 5. keine Diät aber ist zu Verschlimmerung und Ausbreitung der Hautkrankheiten wirksamer, als die von Fischen lebende, oder doch viel Fische essende, und noch jezt ist in Norwegen und Island, (***) wo nicht der Aussaz, doch eine ihm sehr nahe kommende und ähnliche Symptomen habende Hautkrankheit, die man vom vielen Fischessen herleitet.

So beförderlich der Aufenthalt in Egypten der Ausbreitung des Aussatzes gewesen zu seyn scheint, so vortheilhaft zur Verminderung desselben mag es vielleicht gewesen seyn, daß die Israeliten 40 Jahre lang in dem trocknen Arabien herum zogen, wo sie ordentlich keine Fische haben konnten, und auch wirklich über diesen vielleicht nüzlichen Mangel klagen. 4 B. Mos. 11, 5. Arabien ist zwar auch, wie andere Länder unter der Breite, vom Aussaz nicht frey, aber seine sehr trockene Luft ist der Ansteckung doch nicht so beförderlich, als die

feuchtere

(*) §. 21. S. 54. des ersten Theils.
(**) Siehe den beym vorhergehenden §. in der Note (**) abgedrukten Brief des sel. Werlhofs.
(***) Eggert Olafsens Reise durch Island §. 493. 494.

feuchtere in gewissen Gegenden Egyptens, und selbst in Palästina. Auch die Wohnung in Gezelten ist bey ansteckenden Krankheiten vortheilhaft. Ob die sonderbare Diät, da das Volk 40 Jahre hindurch Manna essen mußte, einen Einfluß in die Reinigung des Geblüts und Verminderung der Hautkrankheiten haben konnte, überlasse ich den Medicis zu untersuchen: es gehet mich hier weniger an, denn es gehört nicht zu den Gesetzen, sondern zur Geschichte der Israeliten.

§. 210.

Gesetze Mosis wegen des Aussatzes.

Die den Aussaz betreffenden Gesetze Mosis stehen im 13ten und 14ten Kapitel des dritten Buchs, ferner 4 B. Mos. 5, 1—4. und 5 B. Mos. 24, 8. 9. Ihr Inhalt ist folgender:

1) Gegen die Heyrathen der Aussätzigen verordnet Moses nichts, sie waren also erlaubt, und gewöhnlich. Betrübt ist es zwar, daß aussätzige Eltern Kinder zeugen, die bis ins dritte oder vierte Glied den Aussaz haben, oder doch in Gefahr stehen, ihn zu bekommen; aber es ist, wie mit allen der Auferbung fähigen Krankheiten. Ein Gesez, das sie verböte, würde nicht blos hart, sondern auch im hohen Grad zwekwidrig seyn: da die Aussätzigen die Triebe der Wollust so, als Gesunde, oder nach Paulus Aegineta noch in höherm Grad haben, so würde die Versagung der Ehe sie zu einer Verzweiflung treiben, bey der sie oft, es möchte nun auch für Strafe darauf folgen was wollte, Gewalt oder Betrug gegen reine Frauenspersonen gebrauchten, und dadurch das Uebel nur mehr ausbreiteten.

2) Er verordnet, daß jeder Verdächtige besichtiget werden soll. Keiner, auf dessen Haut nur eine verdächtige Finne oder Flecken ausfuhr, dem Haare auf eine verdächtige Weise vergiengen, keiner der sich verbrannt hatte, und am Orte des Brandschadens zu lange einen

verdäch-

verdächtig werdenden Flek hatte, konnte sich von der Besichtigung ausschliessen: recht, wie es die Leute in Guadelupe verlangten. Die Sorgfalt wegen des Brandmals war desto nöthiger, weil Aussätzige, die ihre beschämende Krankheit verhelen wollen, häufig vorgeben, sie hätten sich nur verbrannt: auch mag wohl, wie ich schon in der Anmerkung zu 3 B. Mos. 13, 24. vermuthet habe, bey solchen, die eine Disposition zum Aussaz hatten, jede andere Verlezung in den Aussaz übergegangen, und also der Aussaz oft gelegentlich entstanden seyn. Sagt man doch, daß er so gar bey plözlichem Schrecken, oder andern heftigen Gemüthsbewegungen ausbricht.

Die Besichtigung verrichtete ein Priester, beydes als gerichtliche Person und Arzneyverständiger. Daß der ganze Stamm Levi sich der Gelehrsamkeit widmen sollte, ist schon im 12ten §. da gewesen. Bey den Egyptiern, die ihre zum Gottesdienst bestellten Personen in drey Klassen, 1) **Propheten**, so die höchste Gattung der Priester war, 2) **Hierogrammateis**, oder Kenner der hieroglyphischen Schrift, die sich mit den meisten Theilen der Gelehrsamkeit beschäftigten, und 3) **Neokoros**, d. i. Tempelwärter, eintheilten, hatten die leztern eigentlich die Medicin zum Departement. Es scheint aber, bey den Israeliten hatte sie, wie billig, einen höhern Rang, und einige unter den Priestern selbst legten sich auf sie. Diese sollen nun als *periti in arte* die Besichtigung anstellen.

Die Zeichen, auf die sie Acht geben sollen, werden ihnen vom Gesez selbst umständlich genug vorgeschrieben, und wirklich so, daß sie mit dem, was neuere Medici, die gar nicht einmal dabey an die von ihnen nie zitirte Bibel gedacht zu haben scheinen, auf den amerikanischen Zuckerinseln, Englischen so wohl als Französischen, gefunden haben, genauer übereinstimmen, als man zum voraus zu erwarten gewagt haben würde.

Blieb bey der ersten Besichtigung noch irgend ein Zweifel, ob das Maal ein Zeichen des Aussatzes wäre, so ward die besichtigte Person auf 7 Tage eingeschlossen, um zu sehen, ob der verdächtige Flek sich ausbreitete, vergienge, oder bliebe, wie er war, und diese Einschliessung konnte wiederholet werden. Vermuthlich hat man in der Zeit Mittel gebraucht, den Flek wegzubringen, so wie auf den Zuckerinseln in Amerika bey gleicher Probezeit geschiehet. Breitete sich nun der Flek in der Zeit aus, oder blieb doch völlig so, wie er war, ohne blasser zu werden, so erregte er einen stärkern Verdacht des Aussatzes, und der Besichtigte mußte für unrein erkläret werden. War der Flek verschwunden, und kam nach Loslassung des Besichtigten wieder zum Vorschein, so mußte er von neuem besichtiget werden, u. s. f. Ich kann hier nicht das ganze Kapitel abschreiben. Es enthält sehr genaue Regeln, die mit den neuesten Beobachtungen auf den amerikanischen Zuckerinseln übereinstimmen: eine Erläuterung verdient es, sie würde aber für eine Schrift vom Mosaischen Recht zu medicinisch, auch zu weitläuftig werden.

3) Der Unreine ward von dem übrigen Volk abgesondert. Schon im zweyten Jahr des Zuges der Israeliten mußten die Aussätzigen ausserhalb des Lagers campiren, 4 B. Mos. 5, 1—4. und dies Gesez war so strenge, daß auch Mosis Schwester, da sie den Aussaz bekam, aus dem Lager fortgeschaffet ward. 4 B. Mos. 12, 14—16. Als die Israeliten in ihr Land kamen, und in Städten wohneten, galt der Sinn des Gesetzes dahin, daß der Aussätzige an einem besondern Ort, der **Beth Chofschith** (Haus, oder Ort der Unreinigkeit) heißt, wohnen mußten, und auch von dieser Absonderung war nicht einmal der aussätzig gewordene König ausgenommen. 2 Könige 15, 5. Weil aber doch der Aussätzige nicht stets in seiner Wohnung bleiben kann,

(*) folglich bisweilen Reinen begegnen wird, so war er schuldig, einmal sich durch seine Kleidung kenntlich zu machen, d. i. mit zerrissenen Kleidern, entblößtem Haupt, und verhülletem Kinn zu gehen, dann aber auch, wenn ihm jemand zu nahe käme, dem zuzurufen, er sey unrein. 3 B. Mos. 13, 45. 46. Freilich würde er gewiß durch das blosse Begegnen und Berühren niemanden sogleich angestekt haben, wie aus allen medicinischen Nachrichten vom Aussaz klar ist: allein er soll auch niemanden durch den wirklich häßlichen Anblik Ekel, oder wenn er ihn gar unvermuthet berühret, Schrecken verursachen. Dazu kam noch, daß er durch eine Berührung den, welchen er berührte, wenigstens levitisch verunreiniget haben würde, denn

4) es war zu Verhütung der Ausbreitung des Aussazes durch genauen Umgang festgesezt, daß ein Aussäziger auch levitisch oder bürgerlich unrein seyn sollte: folglich ward der, der ihn berührete, unrein: medicinisch- oder physisch-unrein, d. i. inficirt, ward er freilich durch eine einzelne Berührung nicht, wohl aber bürgerlich unrein.

5) Dagegen war aber auch zum Besten der Reinbefundenen im Gesez bestimmet, wer rein gesprochen werden sollte, und ein solcher war alsdann von allen Vorwürfen des Aussazes frey, bis etwan neue Anklage wegen sich wieder offenbarenden Aussazes kam.

Wer bey der ersten Besichtigung rein befunden ward, oder bey wem das vermeinte Merkmal des Aussazes währender Einschliessung verschwunden war, ward rein gesprochen, doch so, daß der leztere seine Kleider waschen mußte.

(*) Auch noch jezt ist den Aussäzigen im Orient das Ausgehen nicht schlechterdings untersaget, denn sie sind keine pestilentialische. Herr Kap. Niebuhr schreibt S. 136: Ich hätte von diesen Leuten genug sehen können, aber als ich sie mir einmal auf der Strasse entgegen kommen sahe, hielt ich es für rathsam, ihnen auszuweichen.

mußte. Hatte einer wirklich den Aussaz gehabt, und war davon frey geworden, so mußte er gewisse Opfer bringen, bey denen er rein gesprochen ward. Für ganz unheilbar sahe also Moses den Aussaz nicht an, und das ist er auch nicht, wenn früh genug bald nach Entdeckung der ersten Zeichen zur Sache gethan wird, sondern wird es nur in der Folge: und doch sollen auch nach dem Zeugniß der alten Aerzte bisweilen solche, die ihn schon im höchsten Grad hatten, und deswegen in die Wüsten ausgestossen waren, vielleicht durch ein ihnen unbekanntes Mittel oder Diät, rein geworden seyn. Alle uns bisher bekannte medicinische Mittel sind freilich zu einer solchen Heilung zu schwach, aber die uns noch verborgene Kräfte der Natur und des seltenen Zufalls übersteigt sie nicht, und das, vermuthlich von Mose geschriebene, Buch Hiobs scheint eine solche dem Hiob selbst unmöglich vorkommende Genesung nicht ganz als unmöglich anzusehen, weil es ihn doch wieder gesund werden läßt.

6) Sonderlich aber sorgt der Gesezgeber für zweyerley Art Leute, die man gar nicht für unrein halten soll.

Die eine hat eine Hautkrankheit, die er nicht Aussaz, sondern **Bohak** nennet, 3 B. Mos. 13, 38. 39. Die Worte sind: **wenn Mann oder Frau weiße Flecken auf der Haut bekommen, und der Priester siehet, daß die Farbe dieser Flecken schwach und blaß ist, so ist es Bohak, der auf der Haut ausgebrochen ist: sie sind rein.** Weil man vorhin nicht genau gewußt hatte, was dies für eine Krankheit sey, und doch das Wort im Arabischen noch übrig ist, fragte ich die arabischen Reisenden darum. (*) Herr Niebuhr antwortet S. 135. seiner Beschreibung Arabiens: **Bohak ist weder ansteckend, noch gefährlich. Ein schwarzer Knabe zu Mochha, der mit diesem Aussaz behaftet war, hatte hin und wieder auf dem Leibe weiße**

(*) 28ste Frage an die arabische Reisegesellschaft, Num. 8.

Flecken. (*) Man sagte, daß der Gebrauch des Schwefels diesem Knaben auf einige Zeit geholfen, die Krankheit aber nicht völlig gehoben hätte: und S. 137. excerpirt er aus des sel. Forskals Papieren noch folgendes: 1763 den 15 Mai sahe ich selbst den Aussaz Bohak bey einem Juden zu Moccha. Die Flecken dieses Aussatzes sind von ungleicher Größe. Sie haben keinen Glanz, sie sind unmerklich höher als die Haut, und verändern die Farbe der Haare nicht. Ihre Farbe ist dunkelweiß, oder etwas röthlich. Die übrige Haut desjenigen Aussätzigen, welchen ich sahe, war schwärzer, als die Landeseinwohner zu seyn pflegen, die Flecken aber waren nicht so weiß, als die Haut der Europäer, wenn sie nicht von der Sonne gebrannt ist. Die Flecken dieses Aussatzes zeigen sich nicht auf den Händen, und nahe an dem Nabel, aber wohl am Halse und im Gesicht, doch nicht auf dem Theil des Kopfes, welcher stark mit Haaren bewachsen ist. Sie breiten sich nach und nach aus. Bisweilen bleiben sie nur zwey Monate, bisweilen auch wohl ein bis zwey Jahre, und vergehen nach und nach von selbst. Diese Krankheit ist weder ansteckend, noch erblich, und verursacht dem Körper gar keine Unbequemlichkeit. Hieraus läßt sich genug begreifen, warum ein mit Bohak behafteter nicht für unrein erklärt werden soll, weil nemlich diese noch dazu unschädliche mehr Haut-Anomalie als Haut-Krankheit weder ansteckend, noch erblich ist. Daß dies 3500 Jahr nach Mosis Zeit noch so befunden wird, gereicht wirklich seinem

---

(*) Dergleichen erinnere ich mich im 6ten Stük der neueren ostindischen Mißionsnachrichten gelesen zu haben: ein Medicus in Tranquebar würde also leicht die Krankheit noch näher und gewisser bestimmen können.

nem Gesez auch bey denen zur Ehre, die es nicht für göttlich gelten lassen wollen.

Die andere Gattung von Leuten, für die der Geseʒgeber sorget, sind die, denen der Kopf kahl wird. Bey uns, und in jedem Lande, in dem der Aussaz nicht sehr eingerissen ist, bedürfen sie wirklich einer solchen Vorsorge nicht, niemanden fällt es ein, sie für aussäßig zu halten, wenn sie auch vor der Zeit, und selbst in den Jugendjahren, einen kahlen Kopf bekämen. Allein weil das Ausfallen der Haare bisweilen, und mit andern Zeichen verbunden, ein sehr kritisches Merkmal des Aussatzes ist, und es wirklich einen besondern Kopf-Aussaz giebt, der sie vielleicht mit der dieser Krankheit eigenen sonderbaren Gränzscheidung bald am Vorder- bald am Hinterkopf allein zeigen mochte, so konnte derjenige, der eben kahl ward, sonderlich wenn es nicht im höchsten Alter geschahe, in Verdacht kommen, als wäre er aussäßig. So gar das Wort, Kahlkopf (Kareach) bedeutet im Hebräischen der Abstammung nach einen, der Geschwüre hat, also vielleicht ursprünglich, einen Aussätzigen. Hier giebt nun Moses die in unsern Gesetzen nicht zu erwartende Erklärung: wenn sich bey einem weiter nichts finde, als ein kahlwerdender Kopf, so sey er deshalb in keinem Verdacht des Aussatzes zu halten, sondern für rein zu achten. Die Stelle steht 3 B. Mos. 13, 40. 41. Um sie zu verstehen, muß man wissen, daß die Morgenländer sorgfältiger, als wir, zwey Arten des Kahlwerdens, 1) die sich vom Vorderkopf, 2) die sich vom Hinterkopf anfängt, unterscheiden, und daß die Hebräer so gar für jede ein besonderes Wort haben. Die arabischen Poeten nennen das erste, den edlen Kahlkopf, weil er vom öftern Tragen des Helms (bey uns vom Tragen der Perücke) zu entstehen pflegt; und das andere, den knechtischen. Nun wird man Mosis Worte verstehen: wenn einem die Haare auf dem Kopf ausfallen, der ist ein Kahlkopf (Kareach) und rein: wird er vorn gegen die Stirn zu kahl, so heißt er, ein Vorderkahlkopf (Gibbeach) und ist rein. Hernach fährt er fort zu sagen, in welchem Fall man einen für des Kopfaussatzes verdächtig oder überwiesen zu halten hat.

7) Die Art der Kur und die gegen den Aussaz zu gebrauchenden Arzneyen schreibt zwar Moses nicht in seinem Gesezbuch vor; und da vielleicht jede Art des Aussatzes, auch jede Stufe und neues Symptom der Krankheit, eine Aenderung der Kur erfoderte, so würden die Vorschriften für Mosis Gesezbuch viel zu weitläufig, und dabey doch nur für einen der Medicin kundigen verständlich, bey andern aber, die sich selbst heimlich kuriren wollten, dem größesten Misbrauch unterworfen gewesen seyn. Dagegen aber scheint Moses die Inficirten an die Priester, deren wenigstens einige sich auf die Medicin legten, zu verweisen. Buchstäblich übersezt lauten die Worte so: nimm dich vor dem Aussaz in Acht, dich sehr in Acht nehmend, und nach allem thuend, was euch die Priester aus dem Stamm Levi lehren werden. Wie ich es ihnen befohlen habe, sollt ihr euch in Acht nehmen, (d. i. sorgfältig seyn) zu thun. 5 B. Mos. 24, 8. Hier scheint das in Acht nehmen vor dem Aussaz darauf zu gehen, daß man sich 1) vor Ansteckung und Umgang mit Aussätzigen, 2) auch vor Sünden hüte, die Gott mit dem Aussaz strafen möchte: das Thun aber auf das, was man thun soll, des Aussatzes wieder los zu werden, d. i. auf die Kur. Nach dieser Erklärung habe ich die Stelle umschreibend übersezt, weil die buchstäbliche Uebersetzung zu dunkel, oder doch wenigstens zu undeutsch gewesen seyn würde: hüte dich sehr vor dem Aussaz, nimm dich vor der Ansteckung in Acht, so viel du kannst, und gebrauche dagegen, was dir die Priester aus dem Stamm Levi vorschreiben werden: verfahre genau so, wie ich es ihnen verordnet habe. Es scheint, Moses gab den Priestern eine umständliche Vorschrift, wie in jedem Fall mit

mit dem Aussaz verfahren werden sollte, wohl einverstanden, daß, wenn man künftig noch neue und bessere Mittel entdecken würde, diese auch gebraucht werden sollten. In dieser nicht mit in das Gesezbuch eingerükten Vorschrift verlangte er nicht als Prophet und göttlicher Bote, sondern nur als Arzneykundiger, oder der aus den Erfahrungen egyptischer Aerzte das bewährteste gesammlet hatte, angesehen zu werden. Ob die Instruktion schriftlich verfasset, oder nur mündlich gegeben ist, kann ich nicht sagen: bey den Egyptiern, auch lange bey einigen andern alten Völkern, war die Medicin eine mündlich fortgepflanzte Sammlung von Erfahrungen und Vorschriften.

8) Wie vortheilhaft die Speisegeseze Mosis einem mit Hautkrankheiten beschwerten Volk waren, ist schon oben gesagt, wo ich von diesen Gesetzen handelte. Manche unter ihnen würden noch jezt, und nachdem sie längstens aufgehört haben, das Gewissen als göttliche Geseze zu verbinden, für ein in Palästina wohnendes Volk nüzlich seyn.

§. 211.

Aussaz der Kleider und Häuser.

Zwey Gesetze Mosis vom Kleider= und Häuser=Aussaz können einem auf den ersten Blik sehr sonderbar vorkommen, weil man in Europa von einem solchen Aussaz nichts gehöret hat, und man bey dem Namen gleich an etwas mit dem menschlichen Aussaz verwandtes zu denken gewohnt ist. Gelehrte, die in ihren Stuben über die Bibel schreiben, kennen bisweilen sonst nichts, als ihre Bücher, nicht die Natur, oft nicht ihr eigenes Haus, in dem wohl wirklich der Mosaische Aussaz seyn mag, und sind zu sehr in sich selbst eingeschlossen, als daß sie einen Ungelehrten fragen sollten. Vielleicht gehörten Kleider= und Häuser=Aussaz nicht eigentlich hieher, sondern unter die Polizeigeseze von Gebäuden, Manufakturen und Kleidern; allein man wird sie

doch

doch hier suchen: und wenn auch das nicht wäre, so muß ich einiges allgemeine von beyden Gesetzen sagen, das verlieren würde, wenn ich sie von einander trennete.

Also erstlich, wenn man von Aussaz der Kleider und Häuser hört, muß man nicht so einfältig seyn, sich einzubilden, es sey dieselbe Krankheit, die bey den Menschen Aussaz heißt. Menschen, Kleider, und Steine, haben nicht einerley Krankheiten; aber die Namen menschlicher Krankheiten werden nach einer Analogie, oder wie es der Grammatikus nennt, nach einer Figur, auf Krankheiten anderer Dinge angewandt. Man redet z. B. in Bern vom Krebs der Gebäude, er ist aber nicht der Krebs der Menschen. So gut **Krebs der Gebäude** eine schweizerische Redensart ist, so gut ist, **Aussaz der Gebäude**, eine Hebräische. Der sel. Forskal schrieb mir aus Egypten, daß man dort so gar ein paar von Insekten herrührende Krankheiten gewisser Bäume Aussaz nennet: ich lasse aber die Worte seines Briefes nicht abdrucken, weil ich glaube, man wird die Sache in seinem nächstens herauskommenden Reisediario vollständiger finden, dem ich nicht gern vorgreifen möchte. Auch schon Haßelquist hat S. 221. seiner Reise nach dem heiligen Lande einen Aussaz der Feigenbäume.

Zum andern, wenn Moses wegen Kleider- und Gebäude-Aussazes Gesetze giebt; muß man sich nicht, da er doch kein Wort davon fahren läßt, einbilden, ein solcher Aussaz könne Menschen anstecken. Dies zu befürchten, ist Moses so weit entfernt, daß er vielmehr, wenn ein Haus in Verdacht des Aussazes ist, bestelt, vor der Besichtigung sollen alle Möblen ausgerdumt werden, damit der Priester sie nicht für unrein erklären dürfe. Stäcke in den Wänden des Hauses ein Gift, das in Menschen übergehen, und sie mit dem Aussaz inficiren könnte, so würde dies eine wunderliche Vorschrift seyn. Man stelle sich doch nur vor, wenn ein Haus wegen der Pest verdächtig wäre, und man befähle, vor

der

Aussaz.

der Untersuchung alles sorgfältig herauszunehmen, was darinn ist, damit es nicht für inficirt erklärt werden dürfe, hieße das nicht, die Infektion recht ausbreiten? Eben das wäre aber, wiewohl in geringerem Grad, geschehen, wenn der Aussaz der Häuser Menschen anstekte. Kann man Mosi, wie man ihn bisher als Gesezgeber hat kennen lernen, dergleichen zutrauen?

Den Aussaz der Kleidungsstücke beschreibt Moses im dritten Buch Kap. 13, 47—59. als grüne oder röthliche Flecken, die ungeachtet alles Waschens bleiben, und sich ausbreiten, und bey denen das Tuch bald auf der rechten, bald auf der linken Seite kahl wird, (Ausfallen oder Abfallen der Haare nennt er dies, wenn man das Hebräische in einer Stelle, die für einen Gelehrten ihre Schwierigkeiten haben könnte, weil er von Wollenmanufakturen zu wenig verstehet, mit völlig buchstäblicher Treue geben wollte:) auch sollen sich diese Zeichen des Aussatzes bisweilen blos am Aufzuge, (oder, wie man es bey wollenen Tüchern heißt, an der Kette,) (*) und ein anderes mal blos am Einschlage finden.

Einem, der nicht mit Wolle, Leinewand, Fabriken, Juchten, sondern blos mit Büchern umgegangen ist, muß dies freilich dunkel seyn: höchstens werden ihm dabey, doch ohne ihn recht zu befriedigen, Stokflecken einfallen. Von allem habe ich noch nicht Nachrichten bekommen können, wegen der Wolle und wollenen Zeuge aber habe ich den größesten Manufakturier im Hannöverischen gefragt. Dieser sagt mir, allerdings finde sich das, was er in meiner deutschen Bibel-Uebersetzung am angeführten Ort lese, bey wollenem Zeuge, und rühre von der sogenannten Sterbewolle her. Sterbewolle heiße die Wolle eines Schaafs, das nicht vor dem Messer, sondern an einer Krankheit gestorben sey: bey einer kurzen Krankheit sey diese nicht ganz unbrauchbar, von

einem

(*) Aufzug ist eigentlich das bey Leinewebern gewöhnliche Wort; in Wollfabriken heißt es, wie man mich belehret, Kette: beydes ist einerley.

§. 211. **Levitische Unreinigkeiten,**

einem lange krank gewesenen Schaaf aber sey sie sehr schlecht, und es fallen sonderlich die Spitzen ab. Eigentlich sey es nach dem Herkommen redlicher Manufakturiers unrecht, Sterbewolle zu etwas, das Menschen tragen sollen, zu verarbeiten, weil sich das Ungeziefer so gern darinn setze, sonderlich wenn das Kleidungsstük nahe auf dem Leibe getragen und davon warm werde. Da ich ihm sagte, daß man in den Ländern, für welche ich fragte aus Mangel der Leinewand und aus Armuth wollene Kleidungsstücke auf dem blossen Leibe getragen hätte, und noch trüge, so meinte er, da müsse die unangenehme Wirkung noch viel stärker seyn, als wo nach deutscher Sitte, die dort Luxus ist, zwischen dem wollenen Kleide und der Haut noch ein leinenes Hemd ist. Allenfalls, sagt er, pflege man Sterbewolle zu Fuß- und Pferdedecken zu verarbeiten. Er selbst wünschte ein Gesez, ohngefähr wie das Mosaische war, das den Gebrauch der Sterbewolle genug bekouragirte: oder ein Gesez, nach dem der Verkäufer der Sterbewolle, ja selbst der Manufakturier, der sie wissentlich zu menschlichen Kleidungsstücken verarbeitete, nachdrüklich gestraft würde. — — Auch Hamburger erzählen mir, daß in ihrer Gegend mit der Sterbewolle mancher Betrug vorgehe, und sie für gute Wolle verkauft würde, wovon dann nicht allein das daraus verarbeitete Zeug früh kahl werde, sondern auch erst Grübchen, und dann Löcher hinein fielen.

Hieraus läßt sich das Gesez, so fern es Wolle und wollene Zeuge betrift, ziemlich verstehen. Man begreift, wie die Krankheit bisweilen blos in der Kette, und ein andersmal blos im Einschlage haften konnte, wenn nemlich zum einen gute, und zum andern Sterbewolle genommen war. Ob diese Sterbewolle auch mit der Zeit gute Wolle anstecke, weiß ich nicht: allein solche Zeuge ausser Gebrauch zu bringen, und ganz zu dekreditiren, die erst doch bald kahl werden müssen, und von selbst Löcher bekommen, und dann noch dazu leicht Ungeziefer

hegen,

hegen, ob es gleich aus der Wolle selbst nicht entstehen kann, sondern sie nur eine sehr empfängliche Wohnung dafür ist, muß das Werk der gesezgebenden Klugheit seyn. Ohne solche widerrechtlich verarbeitete Zeuge zu zerstören, weiß kaum einmal jezt die Polizei zu ihrem Zwek zu gelangen. Vermuthlich war auch in jenen frühen Zeiten der Welt, da alles in seiner Kindheit war, der Kaufmann noch nicht so viel wußte als jezt, und bey kleinen unabhängigen Völkern keine Manufaktur-Polizei, kein Besichtigungsamt war, der Betrug mit Sterbewolle häufiger als in unserer, ohne daß man recht die Ursache der Folgen wußte: und diese mußten in einem Himmelsstrich, sonderlich in dem viel Ungeziefer habenden Egypten, schlimmer seyn, als bey uns. Das beste Mittel war, das, wie Moses es nennet, ausfäzige Stük zu vernichten; denn so wird bald jeder vorsichtig werden, nichts zu verarbeiten, es sey für sich, oder auch zum Verkauf, das für ausfäzig erklärt werden möchte, und man wird bald merken, wenn man Schaden gehabt, oder zu seinen Manufakturen keine Käufer mehr findet, weil die vorigen Käufer Schaden gehabt haben, wo der Fehler liegt: Verbote gegen Sterbewolle, wenn auch der Gesezgeber noch so genau wüßte, daß die Schuld an ihr liege, sind für sich allein unzulänglich, denn man wird sie doch heimlich gebrauchen, und es hernach leugnen, sonderlich wo kein Beschauamt ist: allein wenn das Zeug, auf dem sich diese Symptomen finden, auch wider Willen des Eigenthümers vernichtet wird, so wird jeder aufmerksam werden, und sich vor Schaden hüten.

Moses verordnet also, erstlich die Stelle, an der Merkmale des Aussazes sind, die durch kein Waschen ausgehen wollen, abzureissen, und wenn dann doch wieder der Aussaz ausbräche, das ganze Stük zu verbrennen.

Von Juchten und Leinewand weiß ich nichts historisch-gewißes zu sagen, weil ich von beyden keinen grossen Fabrikanten oder Kaufmann en gros kenne, und mit Vermuthungen will ich dem Leser nicht beschwerlich seyn,

seyn, weil sie ihm doch eben so gut als mir beyfallen werden. Vielleicht aber findet mein Buch auch einen Leser, der mehr von ihnen weiß, als ich in Göttingen wissen kann, und es mir künftig mittheilet, als warum ich sonderlich meine Leser in Holland ersuche, denn unter denen möchten wohl die besten Kenner seyn. Nachdem nun bey der Wolle die Spur gefunden ist, wird es nicht schwer werden, ihr weiter nachzugehen. Nur muß ich Stubennachrichten und gelehrte Vermuthungen verbitten; von solchen, die große Leinewands- oder Juchten-Fabriken, oder den Handel mit Leinewands oder Juchten, und Pelzwerk im großen kennen, erwarte ich das Brauchbare.

Der Häuser-Aussaz soll nach 3 B. Mos. 14, 33-57. in grünlichen und röthlichen Grübchen bestehen, die sich am Gemäuer zeigen, und er soll sich immer weiter ausbreiten. Hätte man nicht an eine Krankheit gedacht, die Menschen bekommen könnten, und sich durch den gar zu buchstäblich genommenen Namen Aussaz irre machen lassen, so würde man vermuthlich längstens verstanden haben, was der Häuser-Aussaz Mosis sey. Die bloße Beschreibung Mosis ist so klar, daß ich mehr als Ein Beyspiel von Kindern weiß, die sie gelesen hatten, kurz darauf in ihrer Eltern Keller gehen mußten, da mit Schrecken den Aussaz gewahr zu werden glaubten, es ihren Eltern deutlich oder verblümt sagten, und darüber ausgelacht wurden. Ausgelacht verdienten sie nicht zu werden, sondern belehrt: und ihnen zeigte das gute Gesicht, was so manche Gelehrte vergeblich suchten. Kurz, was wir den in die Gebäude kommenden Salpeter zu nennen pflegen, hat ohngefähr die Zeichen, und dabei die Polizei-Aufsicht erfodernde Schädlichkeit des Mosaischen Häuser-Aussatzes. Ich äusserte diesen Gedanken zuerst in der 12ten Frage an die arabische Reisegesellschaft, doch nur kurz, und als an verständige Männer: Antwort habe ich von ihnen nicht erhalten, weil derjenige, der eigentlich die Frage beantworten sollte,

Forskal,

Forskal, gestorben, und sein Diarium noch nicht gedrukt ist; (*) allein die Wahrscheinlichkeit ist, so oft ich ihn von neuem überlegt habe, immer bey mir gewachsen, und

(*) Blos ein gewesener Zuhörer von mir, der eine Hebräische Archäologie geschrieben hat, in der er mich citirt, wo er etwas gegen mich sagen wollte, aber nicht citirt, wo viele meiner vor, mit, und nach ihm gewesene Zuhörer einen so kenntlichen Parallelismum zwischen seiner Archäologie und meinen Kollegiis wahrnehmen, der ihm so gar von meinen Feinden vorgerükt zu werden pflegt, hat mich belehrt, daß die Hebräer keinen geschliffenen Marmor gehabt haben, weil ich geschrieben hatte: kömmt der Salpeter in Gemäure, sonderlich in polirten Marmor, dergleichen ich am stärksten zu Eisleben in der Kirche gesehen habe, so ist er der Mosaischen Beschreibung nicht unähnlich. Ich redete vom Salpeter, wie ich ihn gesehen hatte, und nannte den Ort, dies that ich in einer kurzen Frage an vernünftige Leute, die ich hernach drucken ließ, ohne sie für jeden Imbecillen deutlicher zu machen. Ob die Hebräer den Marmor poliren konnten, oder nicht, gehet mich nichts an, wiewohl es auch ohne hinlänglichen Beweis von Herrn Faber, (dies ist der sonderbare ehemalige Zuhörer und jezt stete treue Lehrer, so oft er gut findet mich zu citiren, nur daß er bisweilen mit vieler Grobheit lehret) gesagt ist: allein was mir in polirtem Marmor so sehr in die Augen gefallen war, muß natürlicher Weise auch in unpolirtem geschehen, ob es gleich da nicht so stark ins Auge fällt, und ich wollte nur die Krankheit der Gemäuer kenntlich machen. Auch muß ich billig Herrn Faber die Gegenbelehrung ertheilen, daß Eisleben in der Grafschaft Mannsfeld, nicht aber in Palästina liegt, und daß es der Geburtsort Dr. Luthers ist. Wenn ich also von dem rede, was ich zu Eisleben gesehen habe, und da polirten Marmor nenne, so rede ich noch nicht von Palästina, noch weniger vom alten zu Mosis Zeit. Wollte er nicht, da er in so viel Dingen mit mir übereinstimmt, bisweilen schikaniren, um nicht übereinzustimmen, so würde er diese Belehrung nicht bedurft haben. Denn so einfältig ist er nicht; allein böser Wille macht bisweilen Leute einfältig, wenn sie, um sich das Ansehen zu geben, als hätten sie den und den nicht sehr gebraucht, oder aus andern Absichten, tadeln wollen, und dann gerade auf nichts stoßen, das sie tadeln können.

und hier ist der Ort, ihn etwas vollständiger vorzutragen.

Unsere Gemäuer und Häuser werden oft von etwas einfressendem und verzehrendem angegriffen, so wir gemeiniglich den Salpeter nennen. Die Erscheinungen sind ohngefähr so, wie sie Moses beschreibet, nur daß man selten die Flecken grünlich oder röthlich findet, doch meyne ich sie auch von der leztern Farbe angetroffen zu haben, weil ich mich aber nicht gewiß zu erinnern weiß, wo? so berufe ich mich auf den Herrn Prof. Bekmann, der mir auf Befragen gesagt hat, er habe auch röthliche Proben davon angetroffen, und zwar zu Lübek. Man findet diese Mauerkrankheit bey uns sehr häufig in Kellern, sie zieht sich aber auch höher an den Gebäuden hinauf, sonderlich wenn gerade an der Mauer ein Abtritt herabgehet, oder auch wegen anderer Unreinlichkeiten. In meiner Vaterstadt, Halle, ist diese Krankheit der Gebäude sehr gewöhnlich, wie denn überall die dortige Gegend salpeterreich ist, und von den aus Erde gebauten Bauerhäusern der sogenannte Salpeter (*) von den Salpetersammlern abgeschrapt wird, der immer wieder von neuem ausschlägt, wenn nur etwas von den mit Salpeter geschwängerten Theilen der Wand sitzen bleibt; und das läßt der Salpetersammler sorgfältig sitzen, um über einige Jahre wieder an der mit neuer Erde ergänzten Wand des Bauerhauses eine Erndte für sich zu finden. Doch habe ich sie nirgends in dem Grad gesehen, als in Eisleben, in der Kirche, in welcher Dr. Luther getauft ist. Ich ward 1757, an der linken Seite des Chors eines, wie mich dünkt, marmornen Grabsteines, noch aus diesem Jahrhundert gewahr, an dem die tief eingedrükte Schrift doch an manchen Orten wegen der vielen Grübchen kaum mehr leserlich war, anstatt daß ich andere zwey bis viermal so alten Grabschriften vollkommen

―――――――――――――――

(*) Eigentlich ist es nicht Salpeter, sondern er enthält das acidum, aus dem der Salpeter zubereitet wird.

Aussaz.

kommen lesen konnte: ich fragte den Küster deswegen, (*) der sagte mir, der Salpeter sey in den Stein gekommen, und erzählte mir davon noch mehr, das ich nicht genau behalten habe, weil ich eben nicht daran dachte, daß es mir zur Erklärung der Bibel nüzlich seyn würde. In Bern hat Herr Apotheker Andreä über eine Krankheit klagen hören, die sonderlich den Sandstein angriffe, so daß er sich davon abblättere, und gleichsam krebsig werde: (**) er sagt, daß man sie dort die Galle nenne, und gleichfalls dem darinn seyenden Salpeter zuschreibe. Die naturforschende Gesellschaft zu Danzig gab vor einiger Zeit die Preisfrage von den Ursachen des verderblichen Salpeterfraßes an den Mauern, und den Mitteln, so wohl bey neuen Gebäuden ihm vorzubeugen, als bereits angefressene davon wieder zu befreyen, auf, die Herr Pastor Luther beantwortete, und den Preis erhielt, doch so, daß seine Schrift, ob sie gleich die beste seyn, und also den Preis verdienen mochte, Kennern, unter andern unserm Herrn Prof. Bekmann, wenig Genüge leistet. (***)

Eigentlicher Salpeter ist wohl ordentlich nicht in diesen Gemäuern oder Gebäuden, sondern blos ein acidum nitri, daraus man durch Zusetzung eines alcali fixi Salpeter machen kann. Doch sind auch bisweilen andere acida schuld, z. B. wie Herr Prof. Bekmann mir sagt, das acidum salis, und in andern Proben hat Hr. Apotheker Andreä die Bestandtheile dieses Ausschlages dem Epsonsalz nahe kommend, also als ein acidum vitrioli und magnesiam befunden. (****)

Die

(*) Es hätte nemlich auch bloße Verwitterung des Marmors seyn können, allein dazu schien mir die Verwüstung des noch gar nicht alten Steins zu groß zu seyn.
(**) Hannöverisches Magazin 1768. St. 7. S. 100.
(***) Joh. Bekmanns physikalisch-ökonomische Bibliothek, dritter Band, S. 594.
(****) Physikalisch-ökonomische Bibliothek, 4ter Band, S. 250.

Die schädlichen Folgen dieses Mauerausschlags, oder, wenn ich den gewöhnlichen Namen gebrauchen darf, Salpeters in den Gebäuden, sind:

1) Die Mauren werden mürbe, und zwar dies so, daß sich die Verzehrung immer weiter ausbreitet. Endlich muß der Einfall erfolgen. — — Vielleicht ist dies noch, wenigstens in den meisten Gegenden Deutschlands, der erträglichste Schade, denn gewiß ist es, daß manche Häuser dabey sehr alt werden, nur, daß sie wegen des Uebertünchens zu oft eine Reparation brauchen, indem der übergesezte Kalk, wie man es nennet, abbläset, das ist, sich von der Mauer selbst absondert, einen Bauch bekommt, und dann abfällt. — — Ich habe selbst zu Halle in einem Hause gewohnt, das über hundert Jahr alt war, und noch leicht hundert Jahr stehen wird, und in dem doch der Salpeter auf der einen Seite schon von aller Zeit her, die man zu denken wußte, bis in die zweyte Etage gedrungen war. Die Mauren waren aber 3 bis 4 Schuh dicke, und von wirklich sehr guten Steinen, so wie man sie zu Halle recht vorzüglich hat. — — An andern Orten mag freilich dies Uebel noch schlimmer seyn, und ich vermuthe sehr, daß dies der Fall in den feuchten Gegenden Egyptens, in denen die Israeliten wohneten, gewesen seyn mag. (*) Stelle ich mir die Sümpfe, die die Griechen bucolia nennen, am Ausfluß des Nils, und die große Menge von Salpeter, oder doch damit verwandten Sülzen, die Egypten giebt, vor, so muß da der Salpeter in Gebäuden zerstörender gewesen seyn, als bey uns: nur pflegen die Reisenden selten in diese Gegend zu kommen, sondern nach Alexandrien, Kairo, und längst des Nils hinauf bis nach Assevan, wo ein ganz anderes Terrain ist: wir können also von ihnen keine zu unserer Sache gehörige Nachrichten erwarten. So

gar

(*) §. 21.

gar der Weg am Meer her von Damiate nach Alexandrien, den Abulfeda so schön beschreibt, (*) ist, so viel ich mich erinnere, von keinem Reisenden beschrieben. Da mein Buch das Glük hat, sonderlich in Holland viel Leser zu finden, unter denen vielleicht einige Gelegenheit haben, von jenen Gegenden etwas näheres zu erfahren, so bitte ich sie, sich um Nachrichten zu bemühen, und, wenn sie gewiß und zur Aufklärung der Sache wichtig sind, mir gütig mitzutheilen.

2) Manche Sachen, die an den vom Salpeter angegriffenen Mauren liegen, leiden dadurch Schaden, und verderben. Große Bücherstöße habe ich selbst der Verwesung nahe gesehen, und eben so gehet es andern Waaren, die Feuchtigkeit und acida nicht vertragen können. Dieser Schade kann oft größer und beträchtlicher seyn, als die langsame Verderbung des Gebäudes selbst, denn er zeigt sich in wenigen Jahren schon sehr merklich, und wohl bis zu völliger Unbrauchbarmachung der Waare.

3) Wenn der Salpeter in Zimmern, die man bewohnt, stark ist, so thut er der Gesundheit Schaden, sonderlich wenn man an der Wand schläft. — — Ueberhaupt wußte ich dies schon aus Halle, wo man solche Zimmer deshalb nicht zu bewohnen pflegt: allein Herr Prof. Bekmann erzählt mir noch ein merkwürdigeres Beyspiel, da einer, der in einem solchen Zimmer wohnete, Salzflüsse bekam, welche der Medicus blos der Wohnung zuschrieb. Er sagt mir, er habe diesen unglüklichen Patienten, der sich nur keine bessere Wohnung verschaffen konnte, oft, und zwar in Begleitung des Medici, den er zu ihm führte, besucht. — — Wer bey uns wohlhabend, oder doch nicht arm ist,

kann

(*) Siehe *Abulfedae descriptio Aegypti*, unter Damiata, S. 30. meiner arabischen Ausgabe, oder S. 24. der beygefügten Uebersetzung.

kann dieser Folge des Salpeterfraßes vorbeugen: der Salpeter kommt selten weiter, als in die unterste Etage, man wohnt also in der zweyten, die nicht leicht sehr davon angegriffen wird. Im untersten Stokwerk hat man alsdann etwan Küche, Visitenzimmer, und dergleichen. Allein unter einem Volke, das noch wenig Baukunst hatte, und gemeiniglich mit Häusern von Einem Stokwerk zufrieden seyn mußte, konnte man den schädlichen Folgen des Häuser-Aussatzes nicht so ausweichen.

Nun wird man Mosis Verordnungen vom Maueraussaz leicht verstehen. Sie suchen dieser schädlichen sich ausbreitenden Gebäude-Krankheit gleich im ersten Anfang vorzubeugen, und sie zu tilgen, da sie noch zu tilgen ist, durch Schaden jeden darauf aufmerksam zu machen, daß sein Haus nicht den Aussaz bekommen möge, und das kann er gemeiniglich verhüten, sonderlich wo das Haus keine ausgemauerte und dabey feuchte Keller unter sich hat, und dann den Nachbar, der sich vielleicht, und das nicht mit Unrecht, vor Ansteckung seines Hauses mit Salpeterfraß fürchten möchte, völlig sicher zu stellen. Dies fängt er so an:

Erstlich verordnet er, der Hausherr selbst sey schuldig, wenn sich verdächtige Flecken oder Grübchen fänden, es anzuzeigen, damit das Haus von einem der Sache verständigen, und das ist wiederum der Priester, der sich auf diese Kenntnisse gelegt haben sollte, besichtiget werden möchte. Schon dies dienete, dem Uebel bey seinem ersten Entstehen vorzubeugen, und jeden aufmerksam zu machen. Hätten wir in einer neu angelegten Stadt etwas dergleichen, so würde vielleicht nie in ihr der Salpeter so überhand nehmen. Die Ursache des etwan wo sich sezenden Salpeters würde sich auch bald entdecken, und weggeschaft werden, anstatt daß sie jezt in unsern Städten bis zu einem Grad geduldet wird, der die ganze Luft verfälscht.

Der Priester soll darauf das Haus besichtigen, doch

mit

mit der Rechtswohlthat für den Besitzer, daß es vorhin ganz ausgerdumt wird, und daß dies geschehe, soll der Priester selbst ex officio verordnen: denn was sich in dem für unrein erklärten Hause fände, würde mit unrein seyn. So viel ist klar, daß der Gesezgeber nicht glaubt, die im aussäzigen Hause seyenden Möbeln könnten irgend etwas anders inficiren, denn sonst würde er sie ja nicht ausrdumen lassen, so lange die Sache zweifelhaft ist: allein vielleicht giebt er hier einer Furcht des Volks nach, (und das muß jeder Gesezgeber thun, nicht blos sagen, das stekt nicht an, und ihr sollt glauben, das es nicht anstekt, denn Furcht vor Ansteckung, sie sey gegründet oder nicht, ist auch ein Uebel, davor wir gern sicher seyn wollten, und uns, wenn der Gesezgeber unterläßt, uns sicher zu stellen, entweder selbst mit Gewalt Sicherheit verschaffen, oder auf eine scheue Art absondern;) oder er will nur den Hausherrn zu desto mehrerer Redlichkeit im Angeben der ersten zweydeutigen Zeichen zwingen. Denn gäbe er sie nicht an, und würde etwan auf Verlangen der Nachbarn, oder sonst eines Angebers, der dabey sehr interesirt seyn kann, in sein Haus eingefallen, und es dann aussäzig befunden, so wäre sein ganzer Hausrath unrein.

Zeiget sich bey der ersten Besichtigung nicht gleich der völlige Ungrund der Sache, sondern sind die verdächtigen Flecken oder Grübchen wirklich vorhanden, so muß das Haus acht Tage lang verschlossen bleiben, und alsdann noch einmal besichtiget werden. Hat sich das Mahl nicht ausgebreitet, so ist es ein bloßer Zufall gewesen, der das Haus nicht verunreiniget; hat es sich aber ausgebreitet, so ist es kein unschuldiger Zufall, sondern wirklicher Häuser-Aussaz, (Salpeter) die damit behafteten Steine sollen ausgebrochen, ausserhalb der Stadt an einen unreinen Ort geworfen, auch die Wände des ganzen Hauses abgekrazt, und von neuem übertüncht werden. Dies ist ohngefähr, was man noch jezt thun müßte, wenn man den Salpeter aus einem Hause wieder

wieder weg haben wollte. Der Stein, oder Flek, der salpeterschwanger ist, muß schlechterdings weg: das Abkratzen und neue Uebertünchen ist auch nöthig, denn gerade in den Kalk sezt sich der Salpeter (oder eigentlicher zu reden das acidum nitri) am stärksten: nur würde bey unsern großen Häusern nicht gerade nöthig seyn, dies leztere beym ganzen Hause zu thun; allein die Hebräer hatten sehr kleine Häuser, und selbst der Tempel Salomons war einige hundert Jahre nach Mosis Zeit, ungeachtet alles Rühmens von seiner Pracht, bey weitem nicht so groß, als manches Haus in Göttingen, wo wir doch gewiß keine Palläste, sondern nur gute bürgerliche Häuser haben.

Brach alsdann der Aussaz von neuem aus, so sollte das ganze Haus niedergerissen, und die Materialien an einen unreinen Ort ausserhalb der Stadt gebracht werden. — — Moses will also gar keine aussätzige Häuser dulden. Der Schaden, den sie der Gesundheit der Einwohner, oder den darinn liegenden Waaren thun möchten, ist ihm wichtiger, als die Häuser selbst. Wem dies fremd vorkommt, und wer über das gesezmäßig niedergerissene Haus weint, der denkt vermuthlich an unsere großen und prächtigen Häuser von vielen Etagen, die viel Geld kosten, und in deren zweytem Stokwerk man doch gemeiniglich vor allem Schaden des Salpeters sicher ist: allein ich habe schon gesagt, die Häuser waren damals arm und niedrig.

Würde aber das Haus bey der zweyten Besichtigung rein befunden, so soll es auf eine feyerliche Weise, und bey Bringung eines Opfers, für rein erklärt werden, damit jeder recht zuverläßig wisse, es sey rein, und auch das Publikum von aller Furcht frey seyn möge.

Durch dies Gesez war wirklich manchem Uebel vorgebauet: der Ausbreitung des Salpeterfraßes, dem Anfang desselben, (denn man wird sich vor den Unreinlichkeiten hüten, aus denen er entstehet, wenn so genau auf ihn gesehen wird:) der Gefahr, daß einer aus Un-

auf-

aufmerksamkeit seine Sachen in einem salpeterischen Hause verderben läßt, oder gar seine eigene Gesundheit verdirbt: der Tyranney, daß man, Sklaven würden es bey den Hebräern gewesen seyn, bey uns aber etwan Dienstboten, oder an einigen Orten der Präzeptor der Kinder, in einem sonst unbrauchbaren, vom Salpeter angefressenen Zimmer wohnen, und gerade an der ungesunden Wand schlafen läßt. Uebel zufrieden kann mit diesem Gesetz niemand seyn, und allenfalls möchte man fragen, warum haben wir es nicht in Städten, die neu angelegt werden?

Sonderbar ist es freilich, daß wir auf dem Lande, aber doch nur an einigen Orten, das geradeste Widerspiel dieses Gesetzes haben. Allen Schaden thut es wegen sehr geänderter Umstände, und weil man den zum Schießpulver nöthigen Salpeter oft abkratzet, da freilich nicht, und man siehet hier ein großes Beyspiel, wie die gesetzgebende Klugheit nach Land und Zeit verschieden seyn muß. Wir haben viel Salpeter nöthig, nachdem das Schießpulver erfunden ist: da nun in einigen salpeterreichen Gegenden Deutschlandes (z. B. im Saalkraise) die Bauerhäuser von undenklichen Jahren blos Wände von Erde haben, an die sich wegen mancher Dorf-Unreinlichkeit der Salpeter ansezt, so ist es ein altes Herkommensrecht, daß der Salpetersammler sie (der Schaden ist ein Nichts) abkratzen darf, nur aber kratzt er sie nie bis auf den Grund des Salpetersitzes ab, und der Einwohner darf sie auch nicht ganz umreissen. Die Wände sind so dicke, und werden durch das Abkratzen so oft gereiniget, daß ich wenigstens nie gehört habe, daß Schaden der Gesundheit entstanden wäre, und an den Gebäuden selbst, in denen sehr wohlhabende Bauren wohnen, ist nicht viel zu verderben. Doch möchte ich von einem Medico jener Gegenden genauer wissen, ob er nie schädliche Folgen verspürt hat?

§. 212.

Vom unreinen Saamenfluß.

Die Gonorrhee, oder Saamenfluß, war auch eine bürgerlich und kirchlich verunreinigende Krankheit: ob sie eigentlich Saamenfluß heißen soll, d. i. ob das, was abgehet, wahrer Saamen ist, überlasse ich gern den Medicis, die mir bisweilen Einwendungen wider den Namen gemacht haben: ich gebrauche ihn, weil er einmal gewöhnlich ist, und ich nicht Medicin zu lehren habe. Vielleicht aber würde ihnen der, den Moses sezt, Fluß aus den Schaamtheilen (eigentlich, Fleische) richtiger vorkommen, nur daß ich ihn in der deutschen Bibelübersetzung nicht schiklich setzen könnte.

Die Verordnung stehet 3 B. Mos. 15, 1—13. Zweifelhaft ist es, von welchem Saamenfluß Moses rede, ob von der seit je her gewesenen, blos aus einer Schwäche entstehenden, und mit keinem Schmerz verbundenen gonorrhoea benigna, oder von der virulenta. Dies leztere ist auf den ersten Blik sehr unwahrscheinlich, weil man weder die luem veneream, noch die etwan 50 oder 60 Jahre nach ihr entstandene gonorrhoeam virulentam vor der Entdeckung von Amerika gekannt hat, und ganz gewiß weder griechische und lateinische, noch arabische Aerzte vor dem 15ten Jahrhundert sie beschreiben. Und doch kann man sich, wenn man Mosis Gesez lieset, kaum enthalten, zu glauben, daß damals zwar nicht die eigentliche lues venerea, aber doch die gonorrhoea virulenta unter den Israeliten gewesen seyn müsse: und dies geht so weit, daß bisher noch immer die Medici, denen ich 3 B. Mos. 15, 3. vorlas, und sie fragte, ob die Worte sich irgend zur gonorrhoea benigna schikten, mir sagten, sie wüßten sie nicht anders als von der gonorrhoea virulenta zu verstehen.

Ich will mich nicht eigentlich darauf berufen, daß Moses alles, worauf der Kranke gesessen oder gelegen hat, so sorgfältig für unrein erklärt, als könnte wenigstens

stens eine Sorge der Ansteckung dadurch seyn, da die gonorrhoea benigna gar nicht ansteckend ist: denn hier könnte man mir antworten, daß er auch wegen der monatlichen Reinigung ähnliche Verordnungen, obgleich nicht so umständlich, macht. Allein folgende Gründe sind mir wichtiger:

1) Er sezt V. 3. zweyerley Gattungen dieser Krankheit, eine, da sie fließend ist, und die andere, da sich der Fluß verstopft hat, und sagt, daß beyde unrein sind. Dies ist nun gerade der Fall bey der gonorrhoea virulenta, wo noch dazu die gestopfte und nicht geheilte Gonorrhee die gefährlichste ist: was es hingegen bey der gonorrhoea benigna seyn sollte, weiß mir kein Medicus zu sagen, denn so bald man die gestopft hat, ist es nicht mehr Gonorrhee, und der Zwek der Kur erreicht.

2) Er verordnet V. 7. ausdrüklich, der solle unrein seyn, der die Schaamtheile des Kranken berühret. Dies Gesez scheint überflüßig zu seyn, wenn von der gonorrhoea benigna die Rede ist, denn da wird ordentlich niemand die Schaamtheile berühren: es sezt zum voraus, daß dies leztere geschehe, und so häufig geschehe, daß der Gesezgeber etwas deshalb zu verordnen habe. Dies wäre wohl der Fall bey der gonorrhoea virulenta, bey der bisweilen chirurgische Operationen erfordert werden.

3) Auch das, was V. 8. vom Speichel stehet, und sonst gar bey keinem Gesez von Unreinigkeiten vorkommt, sieht sonderbar aus. Man kann sich kaum enthalten, dabey an die gonorrhoeam virulentam zu denken, die durch Salivation kurirt wird. Auch das weiß ich wohl, daß der medicinische Gebrauch des Queksilbers ehedem unbekannt war: aber kann nicht eine ältere Zeit gewesen seyn, da man die Krankheit hatte, und das Gegenmittel wenigstens als Arkanum der Aerzte oder Priester wußte? Wird nicht

manches längst vorhin bekannte, nachher aber vergessene, von neuem erfunden? Doch wir wissen nicht einmal den hebräischen Namen vom Quekſilber: alſo gehört dieſe dritte Wahrſcheinlichkeit zu denen, auf die ich mich nicht beziehen will.

Etwas gewißes ſage ich nicht, denn ich fühle die Stärke des Einwurfs, daß von Hippokratis Zeit bis auf die Entdeckung der neuen Welt keine lues venerea oder gonorrhoea virulenta bekannt geweſen iſt. Allein hier kommt doch der Hauptautor, der von beyden Krankheiten geſchrieben hat, Aſtrüc, meiner Vermuthung zu Hülfe. Er beſchreibt, was für Perioden die aus Amerika zu uns gebrachte Krankheit gehalten habe, und wie ſie in jeder gemildert ſey, dabey er endlich mit dem Gedanken ſchließt: wenn nur keine neue Infektion aus Amerika ſelbſt herüberkäme, ſo wäre wahrſcheinlich, daß ſie ſich noch mehr mildern, und endlich gar verlieren würde. Vielleicht iſt das, was er ſo wahrſcheinlich von neuem erwartet, ſchon einmal zwiſchen Moſis und Hippokratis Zeit geſchehen, denn beyde ſind doch wenigſtens 1000 Jahre, (ich glaube wegen gewiſſer chronologiſchen Urſachen, die ich hier nicht ausführen kann, noch um etwas mehr) von einander entfernt. Die Krankheit mochte aus dem ſüdweſtlichen Afrika ehedem nach Egypten gebracht ſeyn: ſie hatte ſich ſchon ſehr gemildert, und war keine lues venerea, ſondern nur Gonorrhee: ſo brachten ſie die Iſraeliten aus Egypten mit nach Aſien. Zu Davids Zeit war ſie noch, denn der wünſchte ſie und den Ausſaz den Nachkommen Joabs. (*) Allein als Hippokrates, ein Zeitgenoße des Perſiſchen Artaxerxes, lebte, ohngefähr ſechſthalb Jahrhundert nach David, war ſie ſo verſchwunden, daß griechiſche Aerzte ihrer gar nicht erwähnen. Würde nicht Aſtrüc ſagen, oder hat er nicht geſagt, daß eben dieſer Fall ſich nach ſechſthalbhundert Jahren wieder ereignen würde,

falls

─────────────

(*) 2 Sam. 3, 29.

falls wir nur nicht mit Amerika Gemeinschaft hätten? Leid thut es mir, daß ich diesem großen Arzt, der sich mit Mosis Büchern so viel beschäftigte, (*) diesen ihm nie beygefallenen und doch aus ihm genommenen Gedanken nicht zur Beurtheilung vorlegen kann: recht begierig wäre ich gewesen, zu wissen, was er dazu gesagt haben würde.

Nehme ich an, daß die gonorrhoea virulenta schon zu Mosis Zeit gewesen ist, so läßt sich die Absicht des Gesetzes leicht verstehen. Moses verordnet,

erstlich, der Saamenfluß soll levitisch unrein seyn, so daß der damit behaftete wieder einen jeden, der ihn, wenn er sich nicht vorher gewaschen hat, oder sein Bette, Stuhl u. s. f. berühret, verunreiniget. Angestekt wird freilich durch eine bloße Berührung niemand werden, allein der GeseZgeber, der seinen Zwek erreichen will, muß bey Ansteckungen mehr verbieten, als der Medikus. Mosis Gesez hindert auf eine andere Art, und durch die Heiligkeit der Religion, die Ansteckung aufs kräftigste: niemand, der den Saamenfluß, es sey den gütigen oder den giftigen, hatte, durfte es verhelen, und sich als ein Reiner in die bürgerliche Gesellschaft wagen; er mußte sich als einen Unreinen bekennen, bis er wieder geheilet war; und nun konnte sich die Infektion nicht so sehr durch den Beyschlaf ausbreiten, denn vor dem bekenntlich Inficirten wird sich nicht blos jede aus Schwachheit und Liebe sündigende, sondern auch ordentlich die noch nicht inficirte, andern vor Lohn feile unzüchtige Person hüten. Um nun dies zu erhalten, nahm Gott, der sich zum bürgerlichen Gesezgeber der Israeliten herabließ, das allerkräftigste Mittel, die Religion zu Hülfe, deren Zerimonial-Gebote mancher gewissenhafter und heiliger hält,

---

(*) Er ist der Verfasser von dem 1753. herausgekommenen Buche, *conjectures sur les mémoires originaux, dont il paroit, que Moyse s'est servi pour composer le livre de la Genese.*

hält, als die moralischen, weil keine so starke sinnliche Neigungen gegen jene streiten, als gegen diese. Bey wem aber das Gewissen nicht wirksam genug wäre, der mußte sich doch scheuen, eine levitischunreine Krankheit zu verhelen, weil auf der wissentlichen Verhelung, wenn man als Unreiner zum Heiligthum kam, vom Osterlamm aß, oder doch die vorgeschriebenen Reinigungen unterließ, die Ausrottung stand. So bald nur das Bekenntniß der Unreinigkeit da war, mußte auch wohl der Infektion durch den Beyschlaf ziemlich vorgebeuget seyn: und in Europa schleicht sie blos im Finstern fort, weil niemand den Reinen vom Unreinen zu unterscheiden weiß.

Zweytens, Bette, Stuhl, Bank u. s. f. des mit der Gonorrhoe behafteten ward unrein. Ob durch Dinge dieser Art die Infektion fortgepflanzt werden könne, darüber wird gestritten. Gewiß ist es, daß von denen, die eine Ansteckung besorgen, die Sache sehr übertrieben wird, denn sonst müßte unter Reisenden, die je ausgekleidet in Wirthshäusern schlafen, wo man jedem Passagier von gutem Stande, ohne ihn zu visitiren, ein Bette einräumet, selten einer ohne Ansteckung davon kommen. Der Erfahrungen wider die Infektion durch Betten sind zu viel, und der giebt sie gemeiniglich vor, der die wahre Ursache verhelen will. Und doch findet hier eine große Ausnahme wegen des Grades der Krankheit statt; denn niemand wird wohl leugnen, daß die Krankheit, wenn sie einen gewissen Grad erreichet hat, wenigstens eben so gut anstecket, als die Schwindsucht in einem gewissen Grade, daher vernünftige Aerzte das Bett eines an der Schwindsucht gestorbenen verbieten. Allein ohne mich auf alles dies einzulassen, muß ich nur erinnern: wenn unsere Aerzte sagen, die venerische Krankheit werde nicht durch die Betten fortgepflanzt, so reden sie von unsern jedesmal neu mit frischer Wäsche überzogenen Betten, würden aber niemanden rathen, in dem Bette eines mit dieser Krankheit behaf-

behafteten, darauf kein reiner Ueberzug gelegt ist, zu schlafen. Unsern Reichthum an Leinewand muß man nie in den Orient hineindenken, wo er noch jezt ein Luxus blos für die sehr Reichen wäre: man muß sich dort immer mehr, erstlich Wolle, die ansteckender ist, und dann immer einerley Stük, seltener gewaschen, wenn es nicht für unrein erklärt ward, auch dabey zwischen dem, was man Bette nennet, und dem bloßen Leibe, weiter nichts als ein Tuch, darinn sich der Schlafende einwickelt, und auch das nicht, sondern wohl nur den bloßen Leib vorstellen: und so könnte ein Bette gar wohl inficirend seyn, ob ich es gleich vom Stuhl, Bank, und der Stufe zum Bette, davon Moses auch redet, nicht bejahen will. Und überdas muß man sich noch erinnern, daß wirklich viele eine solche Furcht haben, und der gute Gesezgeber soll bey ansteckenden Krankheiten nicht blos das untersagen, was wirklich, sondern auch was nach der gemeinen Meinung seines Volks wegen der Infektion gefährlich ist, denn ungegründete Furcht ist auch ein Uebel, und der Kranke hat kein Recht, es seinem Nebenbürger zu verursachen, und ihn dadurch zu beunruhigen. Wer z. B. jezt noch so gewiß zu seyn meint, daß rein überzogene Betten diese Krankheit nicht fortpflanzen, wird doch wohl nicht das wunderliche Gesez machen, daß sie auch im Jure als nicht inficirend angesehen werden sollen, sondern es beym bisher gewöhnlichen Recht lassen, weil sich doch der größere Theil der Menschen vor solchen Betten scheuet. — — Am Ende zwang Mosis Gesez zu weiter nichts, als, Bette, Stuhl, Bank, Bettstufe, zu waschen, ehe ein Reiner sie berühren konnte, ohne verunreiniget zu werden.

Das übrige, wodurch der Saamenflüßige verunreinigte, und wie er nach seiner Genesung ein Opfer zu bringen hatte, um öffentlich wieder rein gesprochen zu werden, will ich nicht wiederholen: man kann es bey Mose nachlesen.

So viel in der Voraussetzung, daß zu Mosis Zeit die gonorrhoea virulenta bekannt war: gesezt aber, dies wäre unrichtig, so weiß ich von seinem Gesez nichts weiter zu sagen, als: er giebt es nach den damaligen Sitten seines und der benachbarten Völker, hatte auch etwan den Endzwek, jeden mit der gonorrhoea benigna Behafteten desto mehr zu nöthigen, sich durch Gebrauch medicinischer Mittel, oder (denn dies ist oft von großer Wichtigkeit) durch Aenderung der Wohnung, von einer nicht schmerzhaften, aber dabey äusserst verderblichen, langsam entkräftenden, und die Fortpflanzung des Geschlechts hindernden Krankheit los zu machen. Weil kein Schmerz mit ihr verbunden ist, und man sich doch schämt sie zu gestehen, läßt mancher, der sie hat, die Sache gehen, und das Uebel zu weit einreissen; sezt auch wohl die Selbstbefleckung, die oft die Ursache der Krankheit zu seyn pfleget, noch immer fort, bis sie zu einem unheilbaren Grad, der völlig zum Ehestande untüchtig macht, gestiegen ist. Allein ein solches dem Anschein nach hartes Gesez zwang zur Sorge für die Gesundheit, auch wohl zur Flucht des sie zerstörenden Lasters, dem Moses auf mehr als eine Weise vorzubeugen scheint.

§. 213.

Warum von Pest und Pocken nichts verordnet ist?

Vielleicht würde nun ein philosophischer Leser des Mosaischen Rechts, der sich in dem Fall befände, Mosis Gesezbücher selbst noch nicht gelesen oder nicht im Andenken zu haben, etwas von Pest und Pocken erwarten. Die leztern fallen ganz weg, denn sie sind erst lange nach Christi Geburt, durch Siege oder Handlung der Sarazenen, aus dem innersten Afrika zu uns gebracht. Jezt verdienten sie freilich Polizeigeseze: über ihre Inokulation hat man sie auch wirklich in einigen amerikanischen

§. 208. **Levitische Unreinigkeiten,**

schen Kolonien der Engländer, und zwar das etwas kräftig, gegeben, und das Parlament zu Paris, so nicht eben alle Vorwürfe verdient, die ihm von eifrigen Medicis aus Misverstand seiner Absicht gemacht wurden, hatte vor, sie zu geben.

Aber ist denn nichts wegen der Pest verordnet? Sie ist eine eigentlich egyptische Krankheit, in Egypten so zu Hause, daß bisher noch nie in andern Ländern eine Pest gewesen ist, die nicht unmittelbar oder mittelbar aus Egypten gekommen wäre. Die Israeliten giengen aus Egypten aus, und sollten in der Nachbarschaft von Egypten wohnen. Die hebräische Sprache hat den Namen der Pest, **Deber**, der häufig in der Bibel vorkommt. Zu Davids Zeit ist wirklich eine schwere Pest in Palästina gewesen: (*) Hiskiä Krankheit, deren Krisis eine Beule ist, und die Krankheit, an der zu eben der Zeit 185,000 Assyrier in Palästina starben, weiß ich auch für nichts anders, als für Pest zu halten. (**) Verdiente diese Krankheit nicht vorzüglich im Gesez mit einer levitischen Unreinigkeit belegt zu werden, um die Ansteckung zu hindern?

Geschehen ist es nicht: ich zweifle aber auch daran, ob ein weiser Gesezgeber es thun sollte. Sie ist keine lang daurende Krankheit (denn sonst würde sie bald aus dem Lande eine Wüste machen) sondern nur eine auf kurze Zeit überfallende: gegen sie sollen, wenn sie da, oder aus der Nachbarschaft zu befürchten ist, nach den jedesmaligen oft sehr verschiedenen Umständen auf kurze Zeit Verordnungen gemacht werden, nicht aber ewige Gesetze. Das ewige stets daurende Gesez würde entweder in Zeiten, da keine Pest ist, unnützerweise und unerträglich lästig seyn, und alle Handlung, ja so gar die Freyheit des gemeinen Lebens, schädlich einschränken:

oder

(*) 2 Sam. 24.
(**) Syntagma Commentationum T. II. S. 162. in der Anmerkung unter dem Text.

ober wenn es nicht so hart wäre, würde es zur Pestzeit nichts helfen, sondern blos durch Langsamkeit des Verfahrens die Pest ausbreiten. Eine so ausserordentliche Noth erfodert etwas von despotischer Gewalt, so wie Rom bey einem ungewöhnlichen Nothstande einen Diktator haben mußte: und immer ist die erste Frage, **ist die Pest vorhanden?** das man oft sorgfältig zu leugnen pflegt, und sich nicht nach juristischen Regeln ausmachen läßt: denn wirklich die Pest kann da seyn, ohne daß gerade in der Zeit viele sterben, weil die Witterung nicht so ist, wie die Pest sie zu ihrer Ausbreitung erfodert; ein gewissenhafter Arzt entdekt sie etwan alsdann an einigen ausserordentlichen Symptomaten, die doch noch nicht eigentlich juristisch erweisend sind, und wenn er das nicht thut, so wird sie sich schleichend ausbreiten, und bey geänderter Witterung desto fürchterlichere Verwüstungen anrichten.

§. 214.

Unreinigkeiten vom Wochenbette, Selbstbefleckung, Beyschlaf, monatlichen Reinigung, Blutfluß.

Nun folgen einige Unreinigkeiten von zerstreueter Art, bey denen ich nicht immer einen Endzwek des Gesezgebers anzugeben weiß, und mich alsdann mit der allgemeinen Anmerkung befriedigen muß: ein Gesezgeber soll, wenn er seinen Endzwek erreichen will, sich auch nach den Sitten, ja selbst nach den Vorurtheilen seiner Nation richten. Wollte Moses Aussaz, Gonorrhee, Berührung der Todten, wegen eines wichtigen Polizei-Nuzens für bürgerlich unrein gehalten wissen, sein Volk aber hielt etwan wegen eines undenklichen Herkommens die Wöchnerin für unrein, so mußte er dies Herkommen nicht aufheben, sondern bestätigen, um dem Gesez, an dem ihm mehr gelegen war, die nöthige Folgsamkeit zu verschaffen. Dabey mag es auch sehr wohl seyn, daß er in einigen dieser Gesetze theologische Wahrheiten bildlich vorstellete: dies gehet mich aber nach meinem jetzigen Endzwek nicht an, sondern gehört in die typische Theologie.

1) Jede Wöchnerin war unrein. 3 B. Mos. 12. Moses unterscheidet hier sehr genau.

a) die *Lochia rubra*, oder wie er es nennet, die Unreinigkeit der Krankheit. Während dieser ist die Wöchnerin levitisch unrein, verunreiniget also den, der sie berühret, oder das, worauf sie lieget. Diese Zeit, (wie wir es im Deutschen nennen, das Wochenbette, in so fern es der Wochenstube entgegen gesezt wird,) bestimmet er bey einem Sohn auf sieben, und bey einer Tochter auf vierzehn Tage.

b) *Lochia alba*, oder wie wir es im Deutschen nennen, Wochenstube, nach Mosis Ausdruk, reiner Blutgang. Während dieser war die Wöchnerin zwar rein, mußte sich aber noch zu Hause halten, und nach Zurüklegung derselben ein Opfer bringen. Moses sezt sie auf 33 Tage, wenn das Kind ein Sohn, und auf 66, wenn es eine Tochter ist.

Ich muß hier noch das wiederholen, was ich in der Anmerkung zu 3 B. Mos. 12, 4. geschrieben habe, weil wenigstens meine Leser ausserhalb Deutschlands die Bibelübersetzung nicht haben. Moses sezt den Lochiis rubris und albis keine medicinische Gränzen, welches auch nicht möglich wäre, indem sie bey der einen Wöchnerin früher, bey der andern später aufhören, sondern juristische: hatten sie auch früher aufgehöret, so mußte doch die Wöchnerin sich die gesezte Zeit halten. Hätten sie aber länger und über die Zeit gedauret, so würde die levitische Unreinigkeit auch so lange gedauret haben, als die physikalische Ursache vorhanden war. Ob übrigens in südlichen Ländern die Zufälle des Wochenbettes länger anhalten, wenn die Wöchnerin von einer Tochter, als wenn sie von einem Sohn entbunden ist, weiß ich nicht: die alten Griechen behaupten, und unsere neueren Aerzte

leugnen

leugnen es von unsern Ländern, wenigstens die, so ich darum gefragt habe. Von jenen südlichern Ländern kann man es so lange nicht mit Gewißheit leugnen, bis man von dortigen Aerzten das Gegentheil hört: denn das Klima macht doch in Sachen dieser Art einen Unterschied, wie man sogar bey Fiebern und andern Krankheiten bemerkt, wenn man den Hippokrates erklärt. So viel zeiget sich, daß die Hebräer und Egyptier zu Mosis Zeit in diesem Stük eben so gedacht haben müssen, als die Griechen: vielleicht schreibt sich die Rechnung zuerst aus Egypten her, denn die Israeliten hatten in Egypten gewohnt, und die Griechen haben viel von den Egyptiern angenommen und gelernt. Wollte jemand der Sache bis auf den ersten Grund nachspüren, so müßte er aus Egypten Anmerkungen über die Wochenstube haben. Doch eigentlich um diese medicinische Wahrheit unbekümmert, erklärt ein Gesezgeber die Wöchnerinnen so lange für unrein, oder halbunrein, als sie von dem Volke dafür angesehen werden. Je weniger die ganze Sache Nuzen oder Schaden hat, sonderlich unter einem Volk, wo die Mutter selbst das Kind stillet, also sich nicht sechs oder zwölf Wochen, sondern länger des Beyschlafs enthalten wird: desto billiger ist es, daß er den hergebrachten Meinungen in einer unbedeutenden Nebensache Plaz läßt.

2) Wem der Saamen entgieng, der war bis auf den Abend unrein, und mußte sich alsdann baden: auch worauf der Saame gefallen war, Bette, Kleidung, Leder u. s. f. mußte gewaschen, und bis auf den Abend für unrein gehalten werden. 3 B. Mos. 15, 16. 17. Also verunreinigte sowohl die sogenannte pollutio nocturna, als auch die wissentliche Selbstbefleckung.

Dies Gesez war schon wichtiger. Es sezte auf die Selbstbefleckung eine unangenehme Folge, die den Selbstbeflecker zum Ehestande nöthigte, wenn er nicht bey diesem keinen Stillestand kennenden, immer zunehmenden, gefährlichen Laster fast täglich hätte unrein, d. i. vom

Umgang

§. 214. Levitische Unreinigkeiten.

Umgang mit andern ausgeschlossen seyn wollen. Es machte die Söhne selbst, und auch ihre Eltern, nicht blos auf die vorsezliche Selbstbefleckung, (dies Laster, das wirklich medicinisch-fürchterlicher und moralisch-abscheulicher als Hurerey ist) sondern auch auf die unwillkührlichen pollutiones nocturnas aufmerksam, die gemeiniglich beyde so lange unbekannt bleiben, bis etwan erst großer Schade der Gesundheit aus ihnen entstanden ist, und lehrte die Eltern, ein Gegenmittel zu suchen. So leicht zu verhelen war auch die willkührliche oder unwillkührliche Befleckung bey einem gemeiniglich nur einfach gekleideten nicht tief in Betten eingehülleten, und wohl gar das Betttuch des Tages anstatt eines Oberkleides umhängenden (*) Volk nicht, als bey uns. Ich kann mich hier in den medicinischen und moralischen Unterschied beyder Gattungen der Pollution nicht einlassen. Allein das sieht man leicht, daß frühe Heyrathen die natürliche Folge des Gesetzes seyn mußten: denn dem jungen Menschen konnte die öftere bürgerliche Unreinigkeit, die auch nur von nächtlichen Befleckungen entstand, nicht anders als sehr beschwerlich seyn, und Eltern, die jezt oft ganz sorglos sind, so lange nur ihr Sohn sie nicht zu Großeltern macht, wurden auf das, was geschahe, aufmerksam, hinderten also wohl nicht, wie bey uns, die Heyrath zu lange, und bis die Gesundheit verdorben war. Bey Reichern konnte der Konkubinat entstehen, der §. 87. beschrieben ist. Er ist freilich weder moralisch noch medicinisch gut, aber doch besser als das größere Uebel, Selbstbefleckung. Bey sehr vielen aber wird auch Scham vor einer Schande, die bekannt werden mußte, die wissentliche Selbstbefleckung verhindert haben: und dies war immer die beste Folge des Gesetzes. Denn die gar zu frühen Heyrathen sind wohl zu Erzeugung vieler, aber nicht eben starker Kinder vortheilhaft. Die

---

(*) §. 150. oder im dritten Theil. S. 50.

§. 214. Levitische Unreinigkeiten.

Die Folgen der wissentlichen Selbstbefleckung sind, wenn sie einen gewissen Grad der Gewohnheit erreicht hat, medicinisch und moralisch so fürchterlich, daß man immer das Gesez in seinem Herzen segnen muß, das ein Kunststük erfindet, ihnen vorzubeugen. Die schreklichste ist, daß sie zulezt eine Untüchtigkeit zum Ehestande bewirket, also das einzige Mittel, von ihr wieder los zu werden, dem unglüklichen Lasterhaften raubet. Tissot hat genug von ihr geschrieben, das ich nicht wiederholen darf. Strafen darf man nicht auf die Selbstbefleckung sezen, denn sie kann fast nie erwiesen werden: selbst wo die sichtbaren Zeichen von ihr vorhanden sind, ist es doch unmöglich, ohne eigenes Bekenntniß des Schuldigen, der keinen Mitschuldigen hat, auszumachen, daß sie willkührlich gewesen ist. Also weg in der gesezgebenden Klugheit mit allen Strafen! sonderlich da diese am meisten unerwachsene Knaben treffen würde, die mehr der elterlichen Zucht, als der obrigkeitlichen Strafen Gegenstand sind. Aber Unbequemlichkeiten sezte Moses darauf, Absonderung auf einen Tag lang von der Gesellschaft, Entdeckung der geschehenen Sache vor den Augen der nicht so nachläßigen, sondern aus Scheu vor dem Zerimonialgesez auf ihrer Söhne Wäsche aufmerksamen Eltern. Dies mußte mehr wirken, als Strafen.

3) Jeder Beyschlaf, den ehelichen nicht ausgenommen, verunreinigte auf eben die Weise bis an den Abend beyde Theile. 3 B. Mos. 15, 18. (*) Dies Gesez war eine unvermerkte Hinderniß der Vielweiberey: denn da jeder Frau wöchentlich einmal die eheliche Pflicht geleistet werden sollte, so ward die Polygamie unbequem. (S. 118. und §. 95.) Ueberdas aber schränkte es auch die eheliche Beywohnung so ein, daß sie nicht wohl täglich geschehen konnte. Zu oft wiederholt, erschöpft sie

die

(*) Etwas dergleichen berichtet auch Herodot B. I. §. 198. von den Babyloniern: sie mußten sich nach dem Beyschlaf des Morgens waschen, und durften nichts anrühren, ehe dies geschehen war.

die Natur: seltener, und gewissermaßen durch etwas gehindert, und, wenn ich es so nennen darf, verboten, pflegt der Beyschlaf nicht blos fruchtbarer zu seyn, sondern auch stärkern und lebhaftern Kindern das Daseyn zu geben. Der Medicus macht darüber Anmerkungen: er weiß nur mannigmal bey solchen Fällen, wo wirklich daran gelegen ist, nicht, wie er seine theoretischen Anmerkungen nuzbar machen soll. Aber der Geseʒgeber, der mit jedem Beyschlaf eine solche Unbequemlichkeit verbindet, als Moses gethan hat, scheint nicht übel für die Fruchtbarkeit des Beyschlafs, Erzeugung der besten Söhne, und Erhaltung der Gesundheit, gesorgt zu haben. Doch scheint dies alte beybehaltene Sitte mehrerer orientalischer Völker zu seyn, daher ich nicht gewiß behaupten will, daß alle nüzliche Folgen des Gesezes auch Endzwek Mosis waren.

Monatliche Reinigung, und lange über die Zeit anhaltender Blutfluß der Frauenzimmer, gehörten auch zu den levitischen Unreinigkeiten, 3 B. Mos. 15, 19:33. Dies scheint als Nationalsitte beybehalten zu seyn, denn das war es schon lange vor Mosis Zeit. Laban scheut sich 1 B. Mos. 31, 35. seiner Tochter Rahel zu nahe zu kommen, da er hört, daß sie eben ihre Zeit habe, und hat nun gar keinen Verdacht, daß sie in einem so unreinen Zustande gar auf den gestolnen Göttern siʒen werde. Weiter sage ich also hier von diesem Geseʒe nichts, denn die Frage, ob der Beyschlaf zur Zeit der monatlichen Reinigung in jenen Gegenden schädlich sey? gehört nicht hieher, sondern in das peinliche Gesez, wo er unter Lebensstrafe verboten wird.

§. 215.
Menschliche Leichen verunreinigen.

Alle menschliche Leichen wurden als unrein angesehen. Wer sie berührte, ward auf sieben Tage unrein, und mußte sich am dritten und siebenten Tage durch gewisse meinen Lesern nicht interessirende Zerimonien, (sie wären hier zu umständlich zum Erzählen) reinigen: Wer um die Zeit in dem Gezelt war, (vermuthlich nachher, als die Israeliten Häuser hatten, in der Stube, denn auf das ganze Haus möchte ich den Schluß vom Gezelt nicht ausdähnen) da jemand darinn starb, ward auf sieben Tage unrein; eben so wurden es auch alle darinn befindlichen Gefäße, die nicht zugedekt und zugebunden waren: wer in das Gezelt, darinn jemand gestorben war, hinein gieng, ward auf sieben Tage unrein: wer auf dem Felde einen Leichnam, oder Menschenknochen, ja wer nur ein Grab berührte, ward auf eben so lange Zeit unrein. 4 B. Mos. 19, 11—16.

Bey den Priestern gieng dies noch weiter, und so gar die Trauer über den Todten durch äussere Zeichen, z. B. Zerreissen der Kleider, verunreinigte sie: daher diese Zeichen der Trauer dem Hohenpriester schlechterdings, und andern Priestern mit Ausnahme der allernächsten Verwandten, um die zu trauren ihnen erlaubt blieb, untersagt war. 3 B. Mos. 21, 1—4. 10—12.

Dies leztere Gesez gehörte blos zum Wohlstande des Gottesdienstes nach den damaligen Begriffen und Sitten der Völker. Die Diener der Gottheit sollten sich von allem enthalten, was das Volk auch nur in einer großen Entfernung unrein nannte. Allein die übrigen waren auch als Polizeigesetze, zu Erhaltung von Leben und Gesundheit, wichtig.

Erstlich minderten sie wenigstens die Ausbreitung ansteckender Krankheiten, an denen etwan jemand verstorben ist. Ich rede hier nicht von der Pest, denn gegen die möchte es zu wenig Verwahrungsmittel seyn, das Gezelt auf sieben Tage für unrein zu erklären: sondern von andern ansteckenden Fiebern, vorzüglich denen von der faulichten Art, die wegen des Gestanks nach dem Tode noch ansteckender werden, als sie vorhin waren. Mancher, der bey uns unnützer Weise in das Todtenhaus gehet, holet sich da eine Krankheit, die er weiter

Leichen.

ausbreiten wird: kann man aber nicht in das Gezelt gehen, ohne sich auf sieben Tage zu verunreinigen, und von anderer Gesellschaft auszuschliessen, so wird man es unterlassen, falls man nicht wichtiger Ursachen wegen hineingehen muß. Freilich stirbt nur der wenigste Theil der Menschen an ansteckenden Krankheiten, bey denen eine solche Vorsorge nöthig wäre: allein der Gesezgeber erhält seinen Endzwek am gewissesten, der mehr verbietet, und nicht viel Ausnahmen macht. Redet er blos von ansteckender Krankheit, so wird man leugnen, daß sie ansteckend gewesen sey. Weswegen das Zubinden der Gefäße befohlen ist, will ich nicht bestimmen; von einigen derselben, Kisten, Koffern, Schränken, darinn giftfangende Waaren, wollene Zeuge, Leinewand u. dgl. liegen, versteht sich, daß, wenn jemand an einer sehr ansteckenden Krankheit stürbe, und sie stünden offen in der Stube, sie die Infektion annehmen, und künftig weiter ausbreiten können. Auf solche Geräthe scheint auch wohl Moses hauptsächlich zu zielen, denn wenn man seinen Ausdruk aus dem Arabischen erläuterte, so würde er ganz bequem so übersezt werden können: **über denen keine lederne Decke, und zwar diese zugebunden, ist.** An Trinkgeschirr ist vielleicht nicht eben gedacht, und wenn denn die auch wegen des allgemeinen Ausdruks, dessen sich das Gesez bedienet, unrein wurden, so war so viel nicht daran gelegen, weil doch alle im Gezelt befindlichen Personen, die aus ihnen zu trinken hatten, gleichfalls unrein waren. Wir würden vielleicht das Gesez so ausgedrukt haben: **alle Möbeln, darinn etwas verwahrt wird, Kisten u. dgl. die nicht zugeschlossen sind, werden unrein:** allein die Israeliten mochten damals wohl noch nicht viel Schlößer haben.

Damit man mir nicht den Einwurf mache, die Juden begrüben ihre Todten so geschwind, daß, wenn der Kranke bey seinem Leben das Gezelt nicht inficirt hatte, (und es ward doch nicht durch seine bloße Krankheit unrein)

rein) er gewiß nicht Zeit behielt, es nach seinem Tode zu thun; muß ich erinnern, daß sich von dieser bösen Gewohnheit der Juden, über die wirklich mancher unter ihnen lebendig begraben wird, vor dem babylonischen Exilio nicht die mindeste Spur findet: vielmehr hatte zu Mosis Zeit Joseph anderthalbhundert Jahr in einem Sarg unbegraben über der Erde gestanden, und noch wenigstens vierzig Jahre lang, so lange die Israeliten in der Wüsten waren, blieb er unbegraben. 1 B. Mos. 50, 26, 2 B. Mos. 13, 19. Jes. 24, 32. Auch Sara scheint ziemlich späte begraben zu werden: Abraham ist bey ihrem Tode nicht gegenwärtig, kommt aber um sie zu betrauren, und kauft erst ein Grab, nachdem er die tiefste Trauer, die bey spätern Hebräern wenigstens sieben Tage währet, geendiget hatte. 1 B. Mos. 23, 2. 3. 4. Man sehe auch nach Kap. 25, 9. 35, 29. wo der Vater nicht ehe begraben wird, als bis beyde entfernt von einander wohnende Söhne beysammen sind, und Kap. 50, 1—13. Blieb nun die Leiche noch so lange im Gezelt, bis zu einem anständigern Begräbniß Anstalt gemacht war, auch sich die gewissen Zeichen des Todes, unter denen der Anfang der Fäulniß das zuverläßigste ist, zeigten, so konnte er gar wohl nach dem Tode anstecken.

Die andere Folge war, daß die Israeliten gezwungen wurden, etwas früher zu begraben, als sie vielleicht vorhin gewohnt gewesen seyn mochten: und es in Egypten noch mehr gelernt hatten. Denn in Egypten behielt man die einbalsamirten Leichen seiner Vorfahren, recht so, wie es mit Joseph geschehen ist, bis auf Enkel und Urenkel im Hause, ja was noch mehr ist, man versezte sie und borgte Geld darauf: und die Stellen, die ich vorhin vom Begräbniß der Sara, Abrahams, Isaaks und Jakobs angeführet habe, zeigen wenigstens, daß bey den Vorfahren der Israeliten ziemlich späte Begräbnisse üblich gewesen sind. Diese können ihren Schaden haben, denn der Körper geräth in Fäulung, und kann
dadurch

Leichen.

dadurch Krankheiten verursachen: auch bey einem Einbalsamirten ist man wenigstens nicht gewiß, ob nicht durch ihn noch ziemlich lange Krankheiten, sonderlich bey der ihr günstigen Witterung, fortgepflanzt werden können, wenn der Todte an einer ansteckenden Krankheit gestorben ist. Bey der Pest wäre wohl kaum daran zu zweifeln; allein gewisse Gattungen von faulichten Fiebern kommen ihr so nahe, daß doch auch hier Sorge entstehen könnte. Diese Sitte des allzulangen Aufbewahrens der Todten scheint Mosis Gesez auf eine unvermerkte Weise abzuschaffen, und zum voraus zu setzen, sie sollen vor dem siebenten Tage, mit dem die Hebräer ihre tiefste Trauer endigten, begraben seyn. Wer sie aus übertriebener Liebe noch länger hätte im Gezelt behalten wollen, der wäre mit seinem Gezelt unrein geblieben.

Zum dritten, auch solche Todten, die uns nicht angiengen, konnten nun nicht unbegraben liegen bleiben, und das Gesez nöthigte das Publikum oder die Polizei, sie zu begraben, weil es für die Lebendigen zu unbequem war, immer durch sie verunreiniget zu werden. Was bisweilen de facto, sonderlich in unruhigen Zeiten eines großen Landesunglüks geschehen seyn mag, will ich nicht bestimmen: aber dies war doch wenigstens die Folge des Gesetzes, daß man nach einer Bataille, die innerhalb der Gränze von Palästina vorgegangen war, sich angelegen seyn lassen mußte, die Todten zu begraben. Dies ist sonst nicht eben morgenländische Sitte: man läßt sie den Vögeln, (sonderlich den Rachams, einer Art von Geyern) den Hunden, den Schakals, und Hyänen zur Speise liegen, wovon nicht blos die morgenländischen Poeten voll sind, sondern Reisebeschreiber erzählen dasselbe, auch noch neuerlich aus Indien. Die Sache ist freilich dort so schlimm nicht, als wenn es bey uns geschehe, weil die vorhin genannten Thiere früher reine Bahn machen, als etwan in Deutschland geschehen möchte, wo wir keinen Racham, Schakal, und Hyäne haben. Allein ohne Schaden kann es doch auch selbst in Asien nicht seyn, wenn bey einer grossen Niederlage die Körper doch wohl einen bis zwey Monat lang die Luft inficiren: und mehr mögen leicht an den davon entstehenden Krankheiten umkommen, als in der Schlacht geblieben waren. Wie weit die Sorgfalt alsdann gieng, die das Gesez Mosis blos durch die Unbequemlichkeit der Verunreinigung einprägte, siehet man auch Ezechiel 49, 15. wenn man nach einer grossen Schlacht noch irgendwo Todtengebeine fand, so richtete man ein Maal dabey auf, damit diejenigen, denen es oblag, es finden und begraben möchten, und niemand weiter verunreiniget würde. Ezechiel erzählt zwar dort keine Geschichte, sondern weissaget, aber das thut er so, daß er die Sitten seiner Zeit mit ausdrükt. Hier geschahe also nicht blos das zur Erhaltung einer reinen Luft nöthige, denn bloße Gebeine werden sie nicht inficiren, sondern wieder etwas mehr. Auch Missethäter durfte man nunmehr nicht auf dem Felde liegen und verfaulen lassen; ja wegen dieser war noch ein eigenes Gesez vorhanden, das verordnete, den Gehenkten vor Sonnenuntergang abzunehmen und zu begraben, mit dem Zusaz: er verunreinige das Land, wenn er über Nacht hängen bliebe, denn weil noch nach dem Tode an ihm Strafe geübet werde, (man hieng nemlich nie lebendige, sondern zu Tode gesteinigte, blos zur Schande) so werde er angesehen als ein von Gott verfluchter, dessen Tod noch nicht genug Büssung für sein Verbrechen gewesen sey. 5 B. Mos. 21, 22.23. Für die Gesundheit der Lebenden, auch für ihren Geruch, war dies Gesez ohne Zweifel besser, als unsere Gewohnheit, Malefikanten am Galgen verfaulen zu lassen, oder auf das Rad zu flechten: die Vorbeygehenden empfinden oft davon die Unbequemlichkeit, die gar wohl eine Krankheit veranlassen kann, wenn die faulen Effluvia einen der Kontagion empfänglichen treffen; und sind die Gerichtsplätze nahe an den Städten, so hört man noch mehr Klage darüber, eigentlich zwar nur über den Gestank, aber daß der Krankheiten verursachen müsse, wird wohl kein Medicus zweifeln.

Die Juden dähnten die Gesez so weit, daß auch die Anrührung eines Grabes verunreinigen sollte. Für die Wahrheit dieser Erklärung stehe ich nicht, wäre sie aber richtig, so zwang das Gesez die Israeliten, die Wohnungen der Todten hinlänglich von den Wohnungen der Lebendigen abzusondern, weil man auch kein Grab berühren konnte, ohne sich zu verunreinigen. Häuser und Städte hätte man also wissentlich (*) auf Todtengräbern nicht bauen können, anstatt daß unter unsern Kirchen oft zum großen Nachtheil der menschlichen Gesundheit und Lebens Gräber sind, die Aberglauben zuerst veranstaltet hat, und jezt Stolz oder doch Mode, und Gewinnsucht erhalten. Wie wichtig auch diese Folge des Gesetzes sey, wird man aus dem Beyspiel des Gegentheils bey unsern Kirchen sehen. Oft pflegen die Gräber einen sehr übeln Geruch von sich zu geben, sonderlich wenn sie so schlecht zugedekt sind, als in einigen Kirchen, oder wohl gar Wasser durch sie läuft: ein andersmal ist das Uebel schleichender, und verräth sich nicht durch den Geruch; doch aber stecken die Krankheiten der Begrabenen die Lebenden an, denn zeiget es sich einmal heftiger, wenn, wie noch in diesem Jahr aus Frankreich gemeldet ist, Gräber geöffnet werden und so giftige lange verhaltene Dünste von sich geben, daß auf einmal der größere Theil der in der Kirche befindlichen tödtlich krank wird. In einigen Ländern hat endlich die Gesezgebende Gewalt des abscheuliche Begraben in den Kirchen völlig verboten: und mich wundert, daß es nicht noch an mehr Orten geschiehet, sondern die Sache immer unter dem Vorwande beybehalten wird, es sey eine Einnahme für die Kirche; gerade als wenn die Einnahme des steinernen Gebäudes mit Leben und Gesundheit derer, die sich darin versammlen, in Vergleichung gesezt werden könnte. Wie wünschte ich,

wenn

───────────────

(*) Ich setze des Wort hinzu, weil gesagt wird, daß Tiberias auf Todtengräbern gestanden habe. Es kann seyn: aber man wußte es beym Erbauen nicht.

wenn ich einige Kirchen in Göttingen vor mir sehe, daß auch in unserm Lande des Uebel einer höhern Aufmerksamkeit gewürdiget, und ihm durch Gesetze abgeholfen werden möchte.

§. 216.
Wie fern Thiere nach dem Tode verunreinigen. Folge des Gesetzes.

Ein reines Thier, das nicht vor dem Messer gestorben, sondern umgefallen war, verunreinigte den, der es berührte, bis auf den Abend. 3 B. Mos. 11, 39. unreine Thiere thaten eben dies nach dem Tode, sie mochten gestorben seyn auf welche Weise sie wollten, 3 B. Mos. 5, 2. 11, 8. 11. 24. 25. 27. 28. 31. 5 B. Mos. 14, 8.

Auch von diesem Gesez war die Folge, daß man das Aas eines umgefallenen Thieres nicht auf dem Lande liegen ließ, sondern es beyscharrete, um nicht jederman in die Gefahr der Verunreinigung zu setzen. Wenigstens einer solchen für die Gesundheit sehr nachtheiligen Unreinlichkeit, als Haßelquist (*) zu Kairo beschreibt, wo die Aeser umgefallener Thiere auf den Straßen liegen bleiben, und die Luft inficiren würden, wenn nicht eine Geyerart, Racham, dort in so großer Menge wäre, und sie verzehrete, war vorgebeuget. Einen solchen ärgerlichen Plaz, als in Deutschland der Schindanger ist, wo die umgefallenen Thiere noch dazu in Menge unbegraben hingeworfen werden, und alsdenn bisweilen die Reisenden durch den Gestank incommodiren, wenn der Wind von einem eben in die Fäulniß gehenden Aase nach dem Wege zu wehet, erwartete Moses vielleicht bey seinem Volk gar nicht, (sonst hätte es freilich eine Echapade der Faulheit und Unreinlichkeit gegen das weise Gesez seyn können) denn

die

(*) Reise nach Palästina, S. 288. 289.

die alten Egyptier begruben schon Thiere, folglich waren die Israeliten des Begrabens der Thiere gewohnt worden. Ich rede hier nicht eigentlich von den den Egyptiern heiligen Thieren, die man gar einbalsamirte, und denn in kostbaren Grabtempeln, oder wie ich es nennen soll, beysezte, (*) wiewohl doch auch dieses einem in Egypten wohnenden Volk das Exempel des Begrabens gegeben haben würde; denn dies war ein der Religion Mosis und der Israeliten gerade entgegen stehender Aberglaube. Sie begruben aber auch andere Thiere: Bären, sagt Herodotus B. 2. Cap. 67. deren es doch in Egypten wenige giebt, und Wölfe, die aber nicht viel größer sind als Füchse, (**) begraben sie, wo sie sie liegen finden. Des scheint kein heiliges Begräbniß zu seyn, sondern blos eins, um das Aas des Thieres wegzuschaffen.

Ich muß hier noch einmal der vielen Eydexen-Arten gedenken, die Moses erzählet, alle namentlich für unrein erklärt, und dabey verordnet, daß jeder, der sie todt berühret, und jedes Gefäß, Trinkgeschirr u. s. f. darein sie fallen, nachdem sie todt sind, unrein seyn soll. 3 B. Mos. 11, 30—38. Es kommt mir vor, hier liege etwas jenem Himmelsstrich, und vielleicht besonders Egypten, eigenes zum Grunde. In Egypten ist eine sehr große Menge Eydexen, auch eine dem Kenner der Naturgeschichte importante Verschiedenheit von Gattungen, deren manche Haßelquist beschrieben hat. (***) Nun habe ich aus dem Munde eines Medici, der es von einem andern Medico zu Kairo hatte, nach den Ueberschwemmungen des Nils finde man todte und verfaulende Eydexen auf den Aeckern in sehr großer

Menge,

(*) Herodotus l. II. c. 66. 67. 74. 75. Diodorus Siculus L. 1. c. 83. wo noch Weßelings Anmerkungen zu vergleichen sind.
(**) Dies ist in Afrika an mehreren Orten so; sie sind nicht so groß, als bey uns.
(***) Reise nach Palästina, S. 344 — 363. Nummer LIII. bis LIX.

Menge, und der Medicus zu Kairo hielt des für eine Haupturſache der Peſt, deren erſtes Vaterland immer Egypten iſt. Urtheilen kann ich ſelbſt nicht, auch will ich die Namen der Erzählenden nicht eher nennen, bis ich Erlaubniß dazu habe, die ich mir, indem ich des ſchreibe, wegen groſſer Entfernung nicht erbitten kann, denn es wäre möglich, daß bey einer blos im Gedächtniß behaltenen Nachricht ein Fehler eingeſchlichen wäre, den ich immer lieber mir tayen, als meinem Freunde, der ein Medicus iſt, zugerechnet wiſſen will. Ich erzähle nur wieder, ſo gut ich mich zu entſinnen weiß: und hieſigen Medicis, mit denen ich davon geredet habe, iſt die Vermuthung ihres Egyptiſchen Mitbruders wegen des ſehr volatiliſchen Salzes der Eydexen nicht eben unwahrſcheinlich, aber darum noch nicht gleich wahr oder gewiß, vorgekommen. Ueberhaupt ſcheint es doch, als wenn die nie anders als in Egypten von ſelbſt entſtehende Peſt in den alten Zeiten dort nicht völlig ſo gewöhnlich geweſen ſeyn möchte, als ſie jezt iſt. So viel hören wir da nicht von ihr, und wir finden Länder, die mit Egypten ſteten Handel treiben, das ſehr ungeſunde Rom, das ſein Korn aus Egypten jährlich erhielt, aber die doch die Peſt nicht ſo ordentlich mit bekamen, als das viel geſunder liegende Konſtantinopel, als Smyrna, und ſo viel andere unglükliche Oerter der Türkey. Möchte vielleicht ein Theil der Urſachen darin liegen, daß man im alten Egypten durch eine ſehr groſſe Reinlichkeit und ſonderlich durch das Begraben aller todten Thiere, die der Nil zurük läßt, unter denen die Eydexen die ſchlimmſten ſind, dem Entſtehen der Peſt vorbeugte? und daß man jezt das gerade Gegentheil thut, und es blos den Vögeln überläßt, durch Verzehrung der umgefallenen Thiere die Luft einigermaßen zu reinigen? Dieſe Vögel hielt das alte Egypten auch in Ehren, und ſie waren ihm heilig und unverlezlich: allein es überließ ihnen nicht alles, ſondern legte ſelbſt Hand mit an, und vergrub verfaulende Thiere

oder

oder Inſekten. Vielleicht hat nun Moſes etwas, das die Iſraeliten in Egypten ſchon gewohnt waren, und das dort zu Erhaltung einer reinen Luft freilich unentbehrlicher, aber doch auch in Paläſtina und jedem andern Lande nüzlich iſt, beybehalten: nur ſo, daß er nicht eigentlich befiehlt, **ihr ſollt begraben**; denn bey einem ſolchen Gebot fragt jeder, **wer ſoll es thun?** und der es thun ſoll, nimmt Geld dafür, und unterläßt es: ſondern daß er eine Unbequemlichkeit auf die Berührung jedes Aaſes ſezte, die alle aufmerkſam machte, es aus dem Wege zu ſchaffen. Wie ſie das nun thun, wie ſie die Polizei dazu einrichten, und wenn die Aufſeher ſäumig wären, ſie zu ihrer Pflicht anhalten wollten, überließ er ihnen ſelbſt; denn es erfordert ſtets neue Mittel, und Vorbeugungen gegen Saumſeeligkeit und Unterſchleife. Genug, das, was ſchädlich iſt, unter dem Geſtank unbegrabener Thiere zu ſeyn, machte er auch ſo inkommode, daß der gegen Geſtank unempfindliche, und wegen Folgen für die Geſundheit unbeſorgte, doch um der täglichen Unbequemlichkeit willen auf Reinlichkeit denken, und andere dazu mit anhalten mußte.

§. 217.

Geſetze wegen verunreinigter Geſchirre. Sonderbare Gunſt gegen kupferne, und Ungunſt gegen irdene Geräthe.

Da ein Hausgeräthe auf mehr als eine Weiſe verunreiniget werden kann, als

1) durch das Hineinfallen eines unreinen Thiers, 3 B. Moſ. 11, 33.

2) wenn es offen in einem Gezelt oder Stube ſtehet, darin jemand ſtirbt, oder eine Leiche iſt, (§. 215.)

3) durch das Berühren eines mit der Gonorrhee behafteten, 3 B. Moſ. 15, 12.

ſo macht Moſes einen für die irdenen Geräthe ſehr ungünſtigen Unterſchied. Sie müſſen, wenn ſie verunreiniget

reiniget sind, zerbrochen werden: hölzernes Geräthe hingegen wird durch bloßes Waschen wieder gereiniget. 3 B. Mos. 11, 33. 15, 12. Hier scheint nun anfangs zwar der Unterschied einzutreten, daß das irdene Geräthe vermuthlich zum Kochen der Speisen gebraucht wird, das hölzerne aber ein Hausgeräthe, z. B. Schrank, Schieblade, Kasten ist, und die Reinlichkeit bey Kochgeschirren noch um einen Schritt weiter gehen soll. Allein so läßt sich ein anderes Gesez, 3 B. Mos. 7, 28. (nach andern Bibeln V. 21.) nicht erklären. War Opferfleisch in einem irdenen oder kupfernen Geschirr gekocht, so ward beydes, wie soll ich sagen? unrein, oder zu gemeinem Gebrauch zu heilig: und da war es genug, wenn das kupferne Geschirr gescheuret ward, das töpferne aber mußte zerbrochen werden. Eben so ist es vermuthlich auch bey wahren Verunreinigungen mit kupfernen Geschirren gehalten worden.

Hier scheint es, als wäre Moses dem irdenen Kochgeschirr nicht recht günstig, denn sonst hätte es ja eben so gut recht rein können ausgewaschen werden. Freilich ist es von geringerem Werth und weniger an ihm verloren als am kupfernen: allein wenn der Verlust oftmals kommt, macht er doch schon etwas, und ist sonderlich dem Armen empfindlich. War es, daß der Gesezgeber die Israeliten von irdenen Geräthen, bey denen doch immer wegen ihrer Zerbrechlichkeit mehr Verlust ist, als bey den theurern kupfernen, ab, und zu kupfernen Geschirren, die ein solider Reichthum sind, gewöhnen wollte? Ich bestimme nichts. Es könnten auch sehr wohl andere Ursachen gewesen seyn, die wir nicht errathen können, so lange wir nicht wissen, wie die irdenen Gefäße in dieser alten Zeit beschaffen waren: Moses konnte den irdenen Geschirren darum nicht hold seyn, weil sie eine der vorzüglichen Manufakturen Egyptens sind. (*) Allein ich durfte doch nicht ganz von

dieser

(*) Siehe die 178ste Anmerkung zu Abulfedá Egypten.

Geschirre.

dieser Partheylichkeit der Gesetze Mosis stille schweigen, weil die Gunst, die er hier den kupfernen Geschirren erzeiget, manchen sehr sonderbar vorkommen muß, die von den Warnungen gegen kupfernes Kochgeschirr das Echo in Deutschland gehört haben, und nicht recht wissen, wie sie sich in einen so sonderbaren Widerspruch der gesezgebenden Klugheit gegen ihre gesezgebende Klugheit finden sollen. Franzosen würden noch mehr Ursache haben, sich über ein Gesez zu wundern, das in Frankreich wirklich sehr schädlich seyn müßte.

Der ganze Zweifel ist: der Gebrauch des Kupfergeschirrs in der Küche ist mit vieler Gefahr verknüpft, weil sich so leichte Grünspan davon auflöset, der schlimme Zufälle, oder in etwas größerer Portion den Tod zuwege bringet, wovon man, hauptsächlich in Frankreich, fürchterliche Beyspiele hat. Französische Medici, sonderlich Herr Thierry, haben deswegen vor den Gebrauch des Kupfers in der Küche mit solchem Erfolg gewarnt, daß die Nation sich einigermaßen davon bekehrt, und schon im vorigen Kriege kein Kupfergeschirr mit zu Felde genommen hat. Wie kommt nun Moses dazu, das Kupfergeschirr in der Küche so zu begünstigen?

Unter der Rechtswohlthat, daß man mir meine Fehler zu gut halte, wenn ich von einer blos medicinischen Sache reden muß, wage ich es, meine Meinung zu sagen: und etwas zuversichtlicher thue ich es, da selbst Herr Thierry, der große und patriotische Widersacher des kupfernen Küchengeschirrs in Frankreich, meine bey einer ganz andern Gelegenheit ihm überschriebenen Gedanken gebilliget, und zwischen Deutschland und Frankreich einen Unterschied erkannt hat. Damit es mir aber niemand als Impertinenz und Zudringlichkeit auslege, daß ich einem so großen Medico meine Gedanken über eine gar nicht in mein Fach der Wissenschaften gehörige Frage überschrieben habe, muß ich hinzusetzen, daß ich keinen beßern Freund in ganz Frankreich habe, als Herrn Thierry, und zwar dies auf eine

solche

solche Weise, daß ich immer in seiner Schuld bin, und vermuthlich darinn bleiben werde.

Es scheint, bey der Gefahr, die vom Kupfergeschirr in der Küche entsteht, so viel nationelles: das ist, viel kommt hier auf Reinlichkeit und Unreinlichkeit, Unvorsichtigkeit, und Sorgfalt, des Volks an, auch wohl darauf, ob man mehr Köche (die sind gemeiniglich etwas unreinlicher) oder Köchinnen hat. In Frankreich ist die Unreinlichkeit und Unvorsichtigkeit in den Küchen groß, und da hat man auch oft fürchterliche Folgen vom Kochen in kupfernen Geschirren. In Deutschland, wo wir in der Küche reinlicher sind, auch die Speisen nicht so zusammen sezen, daß der Geschmak gleichsam betrogen wird, und Gift verhelen kann, ist die Gefahr schon viel geringer. Auf keinen unpartheyischen Richter kann ich mich berufen, als auf Herrn Thierry selbst. Als er mich 1768. mit der zweyten Ausgabe seiner These wider den Gebrauch des Kupfergeschirrs beschenkte, lies ich in der Antwort einfließen, mir käme es vor, in Deutschland sey nicht eben die Gefahr von Kupfergeschirren, als in Frankreich, und wirklich höre man bey uns selten von dergleichen Unglük, das in Frankreich häufiger sey, und so gar in Zeitungen bis zu uns komme: höchstens sey bisweilen bey uns das Essen, wenn die Verzinnung abgegangen, geküpfert, aber doch nur in so geringem Grad, daß es die fürchterlichen Folgen nicht habe, und alsdenn warne uns noch dazu der uns ungewohnte widrige Geschmak. Ich sezte hinzu: zu Halle speiseten im Waisenhause täglich 600. oder gar 900. Personen zusammen, es werde in großen kupfernen Keßeln gekocht, die noch dazu, so viel ich mich erinnerte, unverzinnet wären, allein nie hätte ich dort von schädlichen Folgen gehört; ich müßte aber auch sagen, daß die Reinlichkeit ganz exemplarisch sey, mit Vergnügen und Verwunderung sehe man den Nachmittag die Küche vollkommen rein, und die Kupfergeschirre so blank, als er sich es vielleicht aus meinem Briefe kaum vorstellen möchte, überhaupt sey bey diesem Waisenhause die Reinlichkeit im hohen Grad charakteristisch und ein Werk seines Stifters August Herrmann Frankens. Seine Antwort war: (*) daß er die Anmerkung gegründet fände, auch davon Gebrauch machen würde, wenn einmal die dritte Ausgabe seiner These herauskäme, und daß selbst diese Erzählungen aus Deutschland seinem Saz nicht zuwider wären, sondern ihn vielmehr bestärkten.

Ueberhaupt führet das Gesez Mosis eine sehr große Reinlichkeit bey den Israeliten ein, und bey der haben kupferne Geräthe unschädlich seyn können. Indeß wünschte ich, nachdem ich meine Gedanken gesagt habe, die mir noch kein völliges Genüge thun, noch die Gedanken anderer, sonderlich Aerzte, über diese uns fremde Prädilektion des Gesezgebers für kupferne gegen irdene Gefäße zu hören.

Es versteht sich, daß dabey manche Untersuchungen aus den Alterthümern, wie alt das Verzinnen sey? ob töpferne Geräthe Glasur gehabt haben? wie diese beschaffen gewesen sey? ob sie vielleicht noch leichterer angegriffen und in Gift verwandelt sey, als reinlich gehaltenes Kupfer? vorkommen würden: die ich hier nicht anstellen kann.

Verbote, gewiße Dinge von verschiedener Gattung mit einander zu verbinden.

§. 218.

Verbot, den Acker mit zweyerley, d. i. mit gemischtem Saamen, zu besäen.

Moses giebt einige Gesetze, in denen er verbietet, gewiße Dinge verschiedener Art, (heterogenea, oder wie

____

(*) Vom 28sten October 1769.

wie er sie hebräisch nennet Chilaim, mit einander zu verbinden. Sie gehören zwar, das eine zum Feldbau, das andere zur Viehzucht oder Gebrauch des Viehes, und das dritte zur Kleidung: weil sie aber doch bey Mose gemeiniglich beysammen stehen, und man in ihnen eine gemeinschaftliche bildliche Absicht zu finden gemeint hat, will ich sie nicht von einander trennen. Ob sie eine bildliche Absicht haben, allenfalls diese, die Israeliten zu lehren, sie sollen sich nicht mit andern Völkern vermischen, wage ich nicht zu bestimmen: vielleicht könnte dies, oder etwas anders eine Moral seyn, die selbst der Gesezgeber mit seinem Gesez verband, um es nach einem mehrmals bemerkten Kunststük ehrwürdiger und unverlezlicher zu machen, allein wenigstens einige dieser Gesetze konnten nicht anders als so wichtige und heilsame Folgen für den Ackerbau hervorbringen, daß man sich kaum entbrechen kann, die Folgen für den Endzwek des Gesetzes zu halten; und wenn auch Moses so unglaublich kurzsichtig gewesen wäre, den ökonomischen Vortheil, den sein Gesez dem Feldbau brachte, nicht zu merken, oder zur Absicht zu haben, so würde doch wohl Gott, der durch ihn Gesetze geben ließ, die Folgen übersehen und zum Zwek gehabt haben.

Das erste und wichtigste von diesen Gesetzen verbietet, den Acker mit zweyerley Gattungen von Saamen zu besäen, und das unter Strafe, daß sonst Saat und Erndte geheiliget, das ist, Gott und dem Priester verfällen seyn sollte. 3 B. Mos. 19, 19. 5 B. Mos. 22, 9.

Ich glaube, es wird kaum nöthig seyn, zu erinnern, daß hier nicht verboten wird, den Acker in kleinere Felder einzutheilen, auf deren einem dieses, auf dem andern jenes stehet, sondern nur, zweyerley unter einander gemischten Saamen, z. B. Gerste mit Weitzen gemischet, auszusäen. Auch das ist aus dem Buchstaben des Gesetzes klar, daß es nicht auf den beynahe unvermeidlichen Fall gehet, wenn etwan von der vorigen

Erndte

zweyerley Saat.

Erndte Körner in die Erde gefallen sind, und nun unter der andern Art von Getraide, mit der der Acker des Jahr bestellet ist, aufgehen; oder von des Nachbars Acker einige fremde Körner auf unsern Acker fallen; oder der Wind Saamen von Unkraut, Flughaber und dergleichen, darauf brächte: denn da habe ich ja nicht Saamen von verschiedener Art gesäet, und es wird auch allenfalls an gewissen Merkmalen, z. B. wenn sich die Mischung mehr am Rande des Ackers, oder eben so stark in der Mitte findet, kenntlich, ob sie von unreinem Saamen oder sonst durch einen Zufall, für den ich nichts konnte, entstanden ist. Das Gesez will weiter nichts als, der Saame soll möglichst rein, und mit dem größesten Fleiß ausgesucht seyn, um nicht zweyerley Gattungen von Körnern zu haben. Wenn ich nicht allein selbst dies thue, sondern meine unter gleichem Gesez stehenden Nachbarn in Aussuchung des Saatkorns eben so sorgfältig sind, so wird mein und ihr Acker zwar nicht vollkommen, aber doch ziemlich rein seyn, und um das in Deutschland bekannteste Exempel zu wählen, Drespe wird nicht leicht unter meinem Rocken wachsen, oder es wird doch, wenn man ja Unkraut nicht ganz vermeiden kann, dessen nur sehr wenig seyn.

Darüber ist unter den Juden selbst gestritten, ob gewisse Arten von Aftergetreide mit demjenigen Getreide, unter dem sie gern wachsen, von einerley oder von verschiedener Art, (*homogenea* oder *heterogenea*) sind? z. B. ob Weitzen und Lolch (*lolium*) so wohl das berauschende, als das unschädliche, zwey Gattungen Korn oder nur Eine ausmachen. Die meisten Juden erklären es für Eine, und wollen: (sie reden etwas theologischer, als unsere Hausväter, die eben den Irrthum von Umartung des Getreides haben) als die Menschen vor der Sündfluth ausarteten und so sehr lasterhaft wurden, so habe auch Gott Weitzen und andere Getreide ausarten lassen. Wirklich der Thalmud hat sie gleich im Anfang des Traktats, der von dieser Materie handelt, gleichfalls

für

für einerley Gattung erklärt. Allein Naturkunde, gesunde Vernunft, und so gar der Augenschein sagt das Gegentheil: auch würde Mosis Gesez, wenn man etwan Weitzen und Lolch für einerley halten wollte, und den Weitzensaamen nicht vom Lolch reinigen dürfte, gerade das schädliche erlauben, und nicht den geringsten Nutzen haben, sondern nur zur Beschwerde gereichen. Allein die Thalmudisten, die ein Paar Jahrtausende nach Mose lebten, und nachdem die Juden ihre väterlichen Sitten und Gelehrsamkeit längstens ins Exiliis und unter viel fremden Herrschaften verloren hatten, sind überhaupt schlechte Ausleger der Mosaischen Gesetze; doch nirgends sind sie wohl so unzuverläßig, als wenn von Ackerbau-Gesetzen die Rede ist, denn sie trugen ihre Sammlung aus Hörensagen zusammen, als die Juden schon ziemlich lange durch Titum Vespasianum ihr Vaterland verloren, also ordentlich keinen Ackerbau mehr hatten. Man frage dagegen den Kenner der Botanik; er wird das gerade Gegentheil von dem sagen, womit sich der Thalmudische Traktat, der unser Gesez zu erklären so unglüklich übernimmt, anfängt: ohgleich vielleicht mancher seinen alten Vorurtheilen folgende Landhaushälter, der sich noch jezt wider allen Augenschein zu seinem und seiner Nachbarn Schaden einbildet, Rocken und Drespe seyn von einerley Art, und eins arte in das andere aus, die Ehre hat, mit dem Thalmud gleich zu denken. Wollte man auch zu Entschuldigung des Thalmuds ihn so erklären, daß Weitzen und Lolch blos nach dem Jure, und nicht nach der Natur für einerley ausgegeben würden: so würde doch auch dies unerweißlich seyn. Auf das bloße Wort anonymischer, mehr als zweytausend Jahr nach Mosis Zeit lebender Stubengelehrten, die selbst weder Ackerbau trieben, noch Naturkenner waren, auch keine alte Bücher, sondern blos Hörsagen älterer Lehrer zitiren, wird dies niemand, der irgend eine logicam probabilem gelernt hat, annehmen.

zweyerley Saat.

So viel scheint wenigstens aus dem Gleichniß Christi vom Unkraut im Acker, Matth. 13, 24—30. gewiß, daß man zu Christi Zeit, das ist, da die Juden noch in ihrem Lande wohnten, und ihren Acker baueten, nicht aber blos in Rabbinenstuben Ackergesetze auslegten, Weitzen und Lolch (*lolium*, griechisch ζιζάνια) für verschieden hielt, reinen Weitzensaamen aussäete, und denn gar nicht erwartete, daß dieser in Lolch ausarten könnte. Es ist der Mühe werth, dies Gleichniß, das ein jährliches Sonntags-Evangelium ist, einmal faßlich und verständlich zu erklären: und wenn dies mancher Prediger auf dem Lande am fünften Sonntage nach Epiphaniä thäte, so würde seine Gemeine die Moral, die darinn liegt, besser fassen, als gemeiniglich geschieht, aber auch vielleicht in ihrem Hauswesen sehr gebessert, und von alten Vorurtheilen, die den Ackerbau verderben, geheilet werden. Es würde eine im hohen Grad ökonomisch nüzliche Predigt seyn, auf die man eine Prämie setzen möchte, die sie ungeachtet aller Unvollkommenheiten und Kanzelmoden des Ausdruks haben sollte.

Also, wenn ich einmal eine Predigt über das Evangelium am fünften Sonntage nach Epiphaniä anfangen darf, ohne einen schwarzen Rok anzuziehen, nur so weit, als sie zum Verstande des Textes nöthig ist: „ein, wie „es aus allen Umständen erhellet, wohlhabender Mann, „der mehrere Knechte hatte, bestellete seinen Acker, und „nahm lauter guten rein ausgesuchten Saamen dazu. „Unter dem Säen aber legten sich seine Leute, vermuth„lich bey der Mittagshitze, nieder und schliefen: ein „Feind von ihm, der die Gelegenheit abgepasset hatte, „gieng über den noch nicht zugeegten Acker und streuete „überall Lolchsaamen aus. Lolch kennet ihr vermuthlich, „Geliebte Freunde, vielleicht besser, als mancher Ge„lehrter, der es mit seinem lateinischen Namen lolium „in einem alten Schriftsteller gelesen, und nie etwas bey „dem Wort gedacht hat, er erinnert sich aber doch dabey „immer einer sehr schönen Stelle des Poeten Maro,

„inter-

„*interque nitentia culta,*
„*Infelix lolium & steriles dominantur avenae.*
„Allein das ist für die Gelehrten in unserer Versamm=
„lung: ich wende mich wieder zu euch, meine übrigen
„Freunde, und erzähle euch nach dem Evangelio, was
„weiter geschehen ist, wovon ihr auch einmal in eurem
„Ackerbau Nutzen haben könnt. Das einzige sage ich
„euch nur vom Lolch, wenn ihr, oder doch die Gelehrten
„unter euch, ihn nicht kennetet, daß er gern unter dem
„Weitzen wächst, und daß das Brodt, darunter Lolch
„gebacken ist, berauschet: dies thut es am stärksten, wenn
„es frisch ist, behält aber seine berauschende Kraft noch
„ziemlich lange bey. Ihr könnt leicht denken, daß ein
„solches Brod nicht gesund ist, und daß man dabey lei=
„det, wenn man sich täglich durch essen berauschen muß,
„und alsdann Kopfschmerzen und allerley andere Uebel
„erfähret. Ich will jetzt nichts davon sagen, wenn ich
„euch, oder auch euere Oberen, (ich meyne niemand)
„bisweilen berauscht gesehen habe. Gut und recht war
„es nicht: aber es ist auch der Gesundheit nicht zuträglich,
„und eben darum ist es nicht recht. Schlimm genug,
„wenn ihr euch in Bier und Brantewein, oder eure Obern
„(ich meyne, wie ich gesagt habe, niemand) in Wein,
„oder was dem gleich ist, betrinket: aber sich trunken zu
„essen, das käme täglich, und wäre für die Gesundheit
„noch schlimmer. Und das geschieht vom Lolch. Die=
„ser von einem Feinde ausgestreuete Lolch gieng nun auf,
„und die Knechte des Gutsherrn sahen endlich mitten un=
„ter dem Weitzen Lolch stehen. Sie waren weit davon
„entfernt, zu glauben, der Weitzen hätte sich in Lolch
„verwandelt, denn sie waren in unserm Lande nicht erzo=
„gen: sondern sie meinten, der Saame müßte nicht recht
„ausgesucht, und noch Lolch darunter gewesen seyn, und
„daß sie darin Recht gehabt haben mögen, habe ich
„auch auf der Universität in Kollegiis gehöret, als ich
„mich zum Dienst dieser Gemeine zubereitete, und da
„manches hörte, von dem ich nicht wußte, wozu es
„mir

„mir nutzen sollte, aber es gefiel mir doch, und es ist
„mir wirklich ganz nützlich gewesen. Die Knechte zeig-
„ten also die Sache endlich dem Gutsherrn an, und frag-
„ten ihn, ob er auch gewiß sey, daß der Saame rein
„gewesen wäre? denn es stünde so viel Lolch unter dem
„Weitzen! und wo könnte der herkommen, wenn der
„Saame rein gewesen wäre? Der Gutsherr sagte ihnen
„freilich nichts von Verwandlung des Weitzens in Lolch,
„wie unsere Nachbarn im andern Dorfe glauben, der Ro-
„cken werde zu Drespen, er sagte auch nicht, Unkraut
„wüchse von selbst und ohne Saamenkorn aus der Erde,
„sondern er merkte wohl, was geschehen seyn müßte.
„Das hat ein Feind gethan, antwortete er, und
„darinn hatte er recht. Nun wollten die Knechte den
„Lolch ausziehen. Das verbot aber der Gutsherr. Die
„Wurzeln von Weitzen und Lolch sind, wie ihr alle wiß-
„set, obgleich mancher Gelehrte nicht daran gedacht, son-
„dern den Text anders erkläret, und gemeint hat, sie
„würden Lolch und Weitzen nicht unterscheiden können:
„aber so dumm ist der Bauer nicht, und ich lobe mir
„meine liebe Gemeine gegen manchen Gelehrten: ihr
„wisset, sage ich, die Wurzeln von Lolch und Weitzen
„sind so mit einander in der Erde durchwachsen, daß man
„den Lolch oft nicht ausziehen kann, ohne den Weitzen
„mit zu verletzen, oder doch umzuroden. Es soll also
„beydes bis zur Zeit der Erndte wachsen, alsdann aber
„soll der Lolch nicht mit unter dem guten Weitzen bleiben,
„denn sonst würde er nicht blos die Menschen, die von dem
„Brodt essen, das davon gebacken wäre, krank und
„trunken machen, sondern auch die ganze künftige Aus-
„saat wieder verderben; denn wo man Weitzen und Lolch
„säet, da erndtet man Weitzen und Lolch, und wo man
„reinen Weitzen säet, da erndtet man Weitzen. Der
„Gutsherr will nicht einmal haben, daß er mit gedroschen
„wird, denn so sorgfältig man auch, wenn man klug ist,
„das Saatkorn würfelt, oder gar mit der Hand aussucht,
„wobey sich die Gelehrten unter uns den Vers eines alten
„Dichters erinnern werden, „ni

§. 218. *Heterogenea*,

„*ni vis humana quotannis*
„*Maxima quaeque manu legeret*,
„so kann doch wohl ein Korn von schlechterer Gattung
„unter dem guten bleiben. Er läßt es also lieber schon
„auf dem Felde Halm für Halm aussuchen, auch nicht,
„wie einige etwas unvorsichtig thun, in den Mist wer=
„fen, wo es doch wieder könnte auf den Acker kommen
„und wuchern, noch weniger, wie ein wohlseliger Herr
„Amtmann, zu Brodtkorn verkaufen, sondern verbren=
„nen. Nachdem ich eurer Liebe den Buchstaben dieses
„Gleichnisses erkläret habe, so lasset uns nun auch den
„Sinn ansehen, und daraus betrachten, u. s. f." — —
Das übrige dieser Predigt, die ich mir von einem der
Sache kundigen Landgeistlichen, der eine schlechte Pfarre
hat, ausarbeiten ließ, werden meine Leser wohl hier
nicht erwarten. Ich komme vielmehr zu den Folgen des
Gesetzes.

Wenn ein gemischter Saame verboten, und Aussaat
sowohl, als Erndte an den Priester verfallen ist, so wird
jeder den Saamen genau aussuchen, um keinen andern
als reinen zu säen. Der Priester, an den die unreine
Erndte verfallen ist, wird doch vermuthlich nicht ganz
schlafen, und sein Eigennuz macht ihn zum Aufseher der
Ackergesetze und ihrer genauen Beobachtung.

Das Aussuchen und Reinigen des Saatkorns wird
auf dreyerley Art geschehen können,

1) wie bey uns, sonderlich in größern Landwirthschaf=
ten, da der gute Hauswirth das Korn oftmals wer=
fen läßt.
2) Durch Aussuchen der Saat Korn für Korn. Dies
geht bey kleinern Haushaltungen an, und der Bauer
kann seine Kinder damit beschäftigen, denen es über=
das nüzlich ist, etwas zu thun zu haben, und nicht in
träger Indolenz aufzuwachsen: wiewohl ich doch wirk=
lich aus dem Jahr 1771 einen größern Hauswirth
hier im Lande weiß, der aus patriotischem Eifer wider
die Drespe selbst mit den Seinigen die Aussaat mit
der

der Hand auslas, nachdem er sie schon hatte werfen lassen. — — Dies muß wahrscheinlicher Weise die gewöhnliche Folge des Gesetzes Mose seyn: denn die Ackerportionen waren klein, und das Zusammenkaufen mehrerer Aecker in Einen grossen, (latifundia) hatte der Gesezgeber zu vermeiden gesucht, ob gleich vielleicht sein Gesez nicht immer gehalten seyn mag. (S. 73. und 76.)

3) Durch Verbrennen des Afterkorns, z. B. des auf dem Acker gesammelten Lolchs, Flughabers, u. s. f. daß auch dies nicht ungewöhnlich gewesen ist, wird man aus der vorhergehenden Predigt am fünften Epiphaniä sehen: und wenigstens bey Lolch war dies desto nüzlicher, weil er billig nicht unter das übrige Eßkorn kommen soll, denn das davon gebackene Korn berauscht, und ist ungesund, und eben deswegen heißt es auch bey den Botanikern lolium temulentum. Als berauschend beschreiben es auch die arabischen Botanici. (*) Verlust ist es nicht, wenn man Gift verbrennet, sondern Vortheil und Gewinnst für Leben und Gesundheit der Bürger: und Gift ist es auch, was der Gesundheit Schaden thut, ohne eben auf Einmal zu tödten.

Den großen Nutzen eines solchen, zum Aussuchen des Saatkorns zwingenden Gesetzes, kann ich nicht besser zeigen, als wenn ich das, was nach dem Mosaischen Recht erfolgen müßte, mit dem vergleiche, was wir in Deutschland anders finden, und gerade hier im Hannöverischen so tadelhaft, daß das Land bey der allerglüklich-

---

(*) Abulfadli unter *Zivan*. Das Buch ist nicht gedrukt, ich zitire es aber nach einer Abschrift dieser Stelle, die ich aus der Upsalischen Bibliothek habe. Abulfadli merkt noch an, der Rausch, den Zivan (so heißt das lolium temulentum bey den Arabern) zuwege bringe, sey nicht frölich, wie der vom Wein ist, sondern mit Traurigkeit und Niedergeschlagenheit verknüpft. Man sehe auch Niebuhrs Beschreibung von Arabien, S. 160.

sten Tage in ganz Deutschland, die es hat und haben kann, doch gewiß in Absicht auf den Ackerbau mehr Schaden leidet, als manche andere unbegünstigteren Länder.

Ich will nicht von Lolch reden, der giftig oder doch der Gesundheit schädlich ist, sondern nur von Drespe, und hernach noch ein Wort von Kornblumen. Es ist klar, wenn wir Mosis Gesez hätten, so dürfte unter unserer Rockensaat keine Drespe seyn, denn sonst wäre die Erndte dem Priester, oder wir wollen statt dessen lieber eine andere sich Recht verschaffen könnende Person nennen, dem Gutsherrn oder Amtmann verfallen. —— Wie blühend würde unser zur Ausfuhr des Korns so glüklich zwischen der Weser und Elbe, Bremen und Hamburg gelegenes Land seyn, wenn wir das Mosaische Recht hätten! Der Bauer würde wirklich die Erndte weder dem Priester, noch dem Gutsherrn, noch dem Amtmann oder Gutspächter gönnen, also recht genau das Saatkorn aussuchen, oder durch seine Kinder aussuchen lassen. Die langen Abende im Winter könnten auf die Art mit nüzlicher Beschäftigung angewandt werden, und dies hätte noch dazu auf die Bildung der ganzen Nation, und ihrer Industrie, einen wichtigen Einfluß. Geschähe nun dies, so bekämen wir reines Korn, ohne Drespe. Dies wäre schon wirklich für uns hier im Lande viel mehr zu unserer Nahrung, und eine bessere Einkunft des Ackers, als wenn wir von unsern zum Theil sehr fruchtbaren Feldern nur ein Gemische von Rocken und Drespe erndten. Auch Auswärtige würden uns unsern Ueberfluß in glüklichen Jahren abkaufen, und denn könnte der Bauer seine Erndte zu Gelde machen. Nicht Thüringisches Korn, sondern unser Korn würde man auf der Weser verführen; und gewiß würde der Harz nicht aus dem Preußischen und Sächsischen das Brodtkorn empfangen, und Klage über den ganz periodisch geschehenden Zuschlag jener Länder entstehen, wenn unser wirklich an vielen Orten fruchtbares Land, und das mehr Einwohner, als es hat, erhalten könnte, in Absicht auf den Ackerbau hinlänglich genuzt würde. Allein bey uns herrscht ein weit ausgebreitetes Vorurtheil, dem vernünftige Haushälter oft widersprochen haben, das von Sorgfalt für reine Aussaat abhält: Rocken verwandle sich in Drespe. Der Bauer ist also gewohnt, und ward es in den allzufruchtbaren Jahren, die auf den Krieg folgeten, noch mehr gewohnt, sorglos unreinen Saamen zu säen, und die Folgen davon waren:

1) In gewöhnlichen und mittelmäßigen, auch in den guten Jahren, erndtete er nicht reine Frucht, sondern Rocken und Drespe, also wenn auch die Zahl der Scheffel ansehnlich war, in der That viel weniger, als er bey reinerm Saamen hätte erndten können, weil Dreps überaus viel weniger Mehl giebt. Wie viel dieser Unterschied beträgt, ist in ökonomischen Schriften, sonderlich dem hannöverischen Magazin, von praktischen Kennern der Haushaltung ausgeführt.

2) Da wir in den bald auf den Krieg folgenden allzufruchtbaren Jahren mehr Korn hatten, als wir verzehren konnten, und die Disproportion der Erndten gegen die Konsumtion dadurch noch grösser ward, daß der Menschen durch den Krieg sehr viel weniger geworden waren, und darüber das Getreide zu einem allzuniedrigen Preise fiel, auch noch tiefer gefallen seyn würde, wenn nicht einige reiche Adeliche und Amtleute, (zum Theil mit ihrem grossen Schaden, denn die guten Jahre währten länger, als man es erwarten konnte) viel Getreide aufgeschüttet hätten: so hinderte uns die Unreinigkeit unsers Getreides, es völlig nach Wunsch auszuführen und zu Gelde zu machen. Um eben die Zeit war in England Miswachs und Theurung. Die Engländer essen zwar kein Rockenbrodt, allein wir haben nicht blos Rocken, sondern auch andere Getreidearten im Lande; und selbst Rocken hätte doch beym Brantewein, wäre es auch von den Branteweinsbrennern nur heimlich gehalten, ein Substitut seyn können. Wirklich ward auch aus Thüringen

viel

viel Frücht die Weser hinunter nach Bremen geführt, und einige Kornhändler im Hannöverischen thaten zulezt ein gleiches. Doch wenn ich mich bey vielen Haushaltern, die sich über das wirklich große Unglük der für den Ackerbau verderblichen und künftige Hungersnoth prophezeihenden allzuwohlfeilen Zeiten beklagten, erkundigte, ob denn kein Mittel sey, den uns zur Last werdenden Ueberfluß nach dem über Mangel tumultuirenden England zu schicken? so sagten sie mir, nein! es sey nicht möglich. Endlich aber hörte ich von einem Haushalter, der der Bremischen Landwirthschaft, und zugleich des Kornhandels in Hamburg und Bremen kundig war, (*) die Schuld liege nur daran, daß das Getreide zu unrein sey, und daher keine Käufer finde. Ich muß es um desto mehr glauben, weil doch einige andere große Kornaufschütter im Lande, die reiner Getreide haben mochten, diesen Weg des Absatzes, sonderlich im Jahr 1769 (dem ersten unter den schlechten Jahren, also etwas zu spät) gebrauchten.

Nicht den nöthigen Absaz für sein Korn zu haben, ist ein grosses Unglük. Bey anhaltenden allzuguten Erudten muß dieser Mangel endlich den Kornpreis so tief herunter bringen, daß der Bauer gar nicht mehr dabey bestehen kann, weil das Getreide ihm selbst mehr kostet, als er dafür bekommt: und hiervon wird die Vernachläßigung, zulezt aber gar Verlassung des Ackers, und denn endlich bey spät wieder eintretenden schlechten Jahren Hungersnoth die Folge seyn. Das Land, das vor ihr sicher seyn will, muß in gewöhnlichen Jahren mehr Getreide hervorbringen, als der Einwohner nöthig hat; und das kann es nicht lange thun, wenn es keinen auswärtigen Absaz an Korn hat.

3) Kommt

(*) Ich will ihn nennen, es ist der Herr Schazeinnehmer Scharnweber, der durch so manche ökonomische Aufsäze im Hannöverischen Magazin auch als Schriftsteller bekannt ist.

zweyerley Saat.

3) Kommt einmal ein Miswachs, und zwar einer, der nicht von Dürre, sondern von einem zu nassen Jahre entstehet, so vermehrt sich die mit ausgesäete Drespe ausserordentlich, und verbringet fast den Rocken: und da man nun nicht allein weit weniger Scheffel, als sonst gewöhnlich, sondern auch Scheffel von schlechterer Qualität und die viel weniger Mehl geben, erhält, so wird hiedurch das Uebel des Miswachses verdoppelt, das doch nur einfach gewesen wäre, wenn man überall reine Frucht gesäet, also zwar nicht vollkommen reine, aber doch auch nicht so sehr mit Drespe gemischte geerndtet hätte.

Zu dem schädlichen ökonomischen Vorurtheil von Verwandlung des Getreides, kömmt noch das zwar gütige, aber vielleicht dem Ackersmann, für den es gütig seyn will, nachtheilige kanonische Recht, dem man in der Materie von Zehnten folget. Nach ihm ist der Zehntpflichtige nicht schuldig, bessere Frucht zum Zehnten zu geben, als er geerndtet hat, auch nicht einmal denn, wenn wirklich der Zehnte scheffelweise abgetragen wird: ist der Rocken mit Drespe gemenget, und so anderes Getreide jedes mit seinem Unkraut, so liefert er ihn, wie er ihn hat. Allerdings ein Schein der Billigkeit! aber doch auch wirklich, so bald von Reinigkeit des Getreides die Rede ist, nur ein Schein: denn reinere Frucht auf dem Acker zu haben, kommt auf die Bauren selbst an; sie dürfen nur alle rein ausgesuchten Rocken säen, so werden sie auch eine reinere (*) Erndte haben, denn von einzelnen Körnern Drespe, die etwan auch unter dem sorgfältigst ausgesuchten Saamen seyn möch-

---

(*) Darf ich einmal für allemal erinnern, daß ich den Comparativum, reinere, mit Bedacht seze, und nicht gern wollte, daß jemand dabey, reine, dächte. Eine vollkommen reine Erndte wird niemand erwarten, weil der Zufall immer Unkraut auf den Acker bringen kann, aber doch eine viel reinere, wo möglichst gereinigter, als no gemischter Saame ausgesäet wird.

möchten, ist jezt nicht die Rede. Gütig soll das Recht seyn, allein das ist es so, daß es dem Bauren den größesten Schaden thut, und ein entgegengeseztes härteres Recht ihn vielleicht zum reichen Mann machen würde. Dürfte derjenige, der die Zehnten empfängt, dem Bauren die Frucht werfen, die Drespe zurükgeben, und dafür so viel reine Frucht verlangen, daß die Scheffelzahl voll würde, (wie es wirklich de facto in einigen Gegenden Deutschlandes eingeführt seyn soll) so würde zwar der Bauer sehr darüber klagen, allein er würde bald lernen, künftig reiner Korn zu säen, und da gewönne der Zehntherr einfach, und der Zehntpflichtige neunfach, denn seine neun Zehntheil, die er behält, wären nun auch besser Korn. —— Aber, wird man mir einwenden, so ist ja zu erwarten, daß der Bauer seines eigenen neunfachen Vortheils wegen so reine Saat aussäen wird, als ihm nur möglich ist! Wer den Einwurf macht, kennet den Bauren mancher Gegenden nicht: gemeiniglich ist er zu träge, sich von einer alten bequemen Gewohnheit loszureissen, wenn ihm nicht der Schade sehr sichtbar wird, durch den Aerger aber, daß er die unreine Frucht zurük nehmen, und bessere liefern muß, wird er in Bewegung gesezt, und aufmerksam: auch ist er wohl wirklich gegen den, dem er Zehnten geben muß, so misgünstig und bösartig gesinnet, daß er ordentlich das Zehnpflichtige Feld sorgloser bestellet als das andere, und den Schaden an neun Scheffeln gern trägt, wenn nur der böse Mann, der den Zehnten bekommt, auch an Einem den Schaden hat: und endlich steckt er voll alter Vorurtheile, die er aber abzulegen genöthiget würde, wenn das Zehntrecht einmal den Saz annähme: wer reine Frucht säet, wird reine Frucht erndten, und darum ist jeder schuldig reine Frucht zu säen, thut er das aber nicht, so muß er den Schaden tragen. Die Folge dieses Ueberbleibsels aus dem kanonischen Recht, das nie den Zwek hatte, nach gesezgebender Klugheit der Oekonomie

zweyerley Saat.

womit Ländern aufzuhelfen, sondern wo es am besten und redlichsten war, der vermeinten Billigkeit folgte, ist darinn am sichtbarsten, daß wirklich Zehntpflichtiges Feld mit viel unreinerem Getreide bestellt zu werden pflegt, als anderes. Die Sache ist so bekannt, daß Zehntroken, Zehnthaver u. s. f. hier im Lande immer, selbst nach der Kammertaxe, wohlfeiler ist, als anderer, wie denn auch kein Käufer für ihn den ordentlichen Marktpreis würde bezahlen wollen, so bald er nur weiß, was Zehntroken, Zehnthaver u. s. f. heißt.

Beynahe noch schlimmer ist das Recht, das sich an manchem Orte die Meyer nehmen, unreine Frucht zu liefern, und wohl gar mehr Drespe unter das Korn zu mischen, um ja nicht zu viel wahres Korn zu geben; allein ich will nicht alle Gegensäze unseres Rechts dem Mosaischen gegenüber stellen. So viel ist gewiß, hätten wir nur einigermaßen ein solches Recht, als hier das Mosaische ist, so würde unter unserm Rocken die Drespe ein seltenes Unkraut werden.

Von Drespe habe ich bisher das Beyspiel hergenommen, weil ich in einem Rockenlande schreibe, wo sie am häufigsten ist; und nicht, als wenn ich glaubte, daß Moses gerade die Reinigung des Ackers von Drespe zur Absicht gehabt haben möge. Vermuthlich dachte er mehr an andere Arten des Aftergetreides, und sonderlich an das *lolium*, das unter dem Nahmen Zivan bey den Arabern und im Thalmud bekannt ist. Dieser Name kommt zwar nie in der Hebräischen Bibel vor, allein ich vermuthe das *Rosch* (ראש) wo es nicht Gift überhaupt, sondern ein gewisses häufig auf dem Acker befindliches giftiges Gewächse (*) ist, nichts anders als

---

(*) Hosea 10, 4. Siehe auch 5 B. Mos. 29, 18. Amos 6, 12. Ps. 69, 22. An andern Orten, wo von Rosch-Beeren, und Rosch-Saft die Rede ist, halte ich es nicht für Lolch, sondern für *solanum*, Nachtschatten. Dies kann ich hier nicht ausführen; wer Botanik und Orientalische Sprachen zugleich versteht, wird schon das

als das lolium temulentum seyn möge, wovon ich die Gründe in den Anmerkungen zur neuen Ausgabe des Celsius anzeigen werde. Doch auch nicht mit diesem, sondern mit allem Unkraut, so den Saamen des Getreides zu verunreinigen pflegt, führt der Gesezgeber Krieg. Ja überhaupt war es verboten, zweyerley Gattungen von Getreide-Saamen unter einander zu mischen. Dies leztere geschiehet auch nicht selten in Deutschland: allein Oekonomen haben längstens erinnert, daß es Verlust sey. Beyde Gattungen reifen nicht zu Einer Zeit, woraus folget, daß man bey der Erndte immer an Einer verlieren muß; auch sind beyde nicht gleich hoch; die höhere benimmt also der Aehre der niedrigern Sonne, freye Luft, und Wind.

§. 219.

Insonderheit von dem die Weinberge betreffenden Gesez, 5 B. Mos. 22, 9.

Ob Moses im fünften Buch, Kap. 22, 9. noch ein besonderes Gesez wegen der Weinberge gebe, kann einigem Zweifel unterworfen seyn: denn das Wort, das man Weinberg übersezt, Kerem, (*) hat mehr Bedeutungen. Auch ein Oelgarten heisset so, ja vielleicht jeder Garten: eigentlich bedeutet er, das edlere Land, dem gemeineren Lande, d. i. dem Aker entgegen gesezt, doch an der Abstammung liegt am wenigsten, und ich führe sie nur an, um begreiflich zu machen, wie es zugehen mag, daß das Wort eine so weitläufige Bedeutung hat. Doch noch mehr, der Syrer hat hier wirklich, Acker, noch dazu, Pflug-Acker, übersezt, und zwar mit einem Wort, das vom Hebräischen blos in Einem Buchstaben unterschieden ist, (**) der in den morgenländischen Sprachen häufig verwechselt wird, denn für

---

das meiste errathen, andere aber haben Geduld, bis die neue Ausgabe des Celsius abgedrukt ist.
(*) כרם
(**) כרב

für M hat er ein B. Man könnte also wirklich fragen, ob er hier anders gelesen hat?

Wenn ich die Stelle mit Beybehaltung aller ihrer Zweydeutigkeit oder Dunkelheit, also, des Hebräischen Worts Kerem, meinen Lesern vorlegen soll, so würde sie so lauten: du sollst dein *Kerem* nicht mit zweyerley besäen, damit du nicht alles heiligest, die Saat, die du säest, und die Erndte des *Kerem*. Hier möchte jedem beyfallen: ein Weinberg wird ja ordentlich nicht gesäet, sondern gepflanzt; und selbst Moses (*) gebraucht das Wort, pflanzen, wenn von der viel ältern Zeit des ersten Erfinders des Weinbaues, Noa, die Rede ist. Doch was sich auf den Zweifel antworten läßt, wird man so gleich sehen.

Nimmt nemlich Moses das Wort Kerem im engern Verstande, und redet wirklich von Weinbergen, so scheint eins von beyden, oder beydes, was ich jezt nennen will, und über dessen Nüzlichkeit oder Schädlichkeit die Meinungen der Oekonomen sehr verschieden sind, verboten zu werden.

Erstlich, man pflegt den Weinstock an Bäumen, sonderlich an Ulmen und Pappeln zu ziehen, welches die Lateiner *maritare vitem* nennen. Die Natur selbst scheint die erste Veranlassung dazu gegeben zu haben, denn der wild wachsende Weinstok, für den die Hand der Menschen noch nicht gesorgt und ihm keine Weinpfähle gesezt hat, pflegt sich an den ihm nahe stehenden Bäumen empor zu schlingen, wovon man Nachrichten aus Nordamerika und Persien in den Bemerkungen der Churpfälzischen physikalisch-ökonomischen Gesellschaft (**) von Herrn *Medikus* gesammlet antrift. Vermuthlich ist dies die älteste Art den Weinstok zu ziehen, indem man der Natur nachahmete, ohne Anfangs darauf zu denken,

---

(*) 1 B. Mos. 9, 20.
(**) Th. 1. S. 256—261.

denken, ob man sie auch durch Kunst übertreffen könnte: bey den Römern war es das gewöhnliche, wie Virgil es nennet, (*) und Herr Medikus versichert, (**) daß
ulmis adjungere vites;
es jezt noch in Italien geschehe. Beydes Ulm- und Pappelnbäume pflegte man zu säen, und hernach zu verpflanzen, (***) also würde sich das Wort einigermaßen schicken, und der Sinn seyn: in deinem Weinberge sollst du nichts von anderer Art, nicht Ulmen- und Pappelnbäume, die du künftig zu Hältern des Weinstocks gebrauchen willst, säen. Inz 3 bleibt doch noch wegen des Ausdruks eine Schwierigkeit, man müßte denn etwan annehmen, es sey gewöhnlich gewesen, den zum Weinberge bestimmten Plaz vorher mit Ulmen zu besäen. — — Wo man den Weinbau zur höchsten Vollkommenheit zu bringen sucht, ist viel darüber raffinirt, ob der Wein an Bäumen oder an Weinpfählen besser gerathe, in vielen Gegenden Frankreichs glaubet man das leztere, und ist noch wohl dazu genau in der Wahl der Weinpfähle. Ich kann nicht so dreist seyn, der einen oder andern Meinung beyzutreten; da ich die Oekonomie nie studirt habe, und nie in einem Weinlande gewesen bin. Die Oekonomen, die ich frage, sind für die Weinpfähle, ob sie gleich nicht gerade zu entscheiden wollen, weil sie den Weinbau nicht in Weinländern selbst, sondern aus Büchern kennen; der vorhin ein

paar-

(**) Georg. I, 2.

(**) S. 263.

(***) Plinius hist. nat. l. XVI. §. 15. *Ulmorum priusquam foliis vestiantur samara* (Ulm-Saamen) *colligenda est circa Calendas Martias,* — — *deinde biduo in umbra siccata serenda* — — *Deferenda ex arearum venis post annum in ulmaria. Maritas ulmos* (die Ulmenbäume, die mit Weinstöcken gepaart werden sollen) *autumno serere utilius, quia carent semine, nam eae e plantis seruntur. In arbustum* (den Ort, wo sie Weinstöcken zur Haltung dienen sollen) *quinquennes sub Urbe transferunt.* — — — *Populis eadem ratio semine, qua ulmos; serendi; transferendi quoque e seminariis eadem & silvis.*

paarmal angeführte Herr Medikus ist für das Ziehen an Bäumen. Handelt Mosis Gesez irgend von dieser Sache, so muß er für das Ziehen an Weinpfählen, und wider die Ulmbäume gewesen seyn (*). Man wird aber auch leicht aus dem vorhergehenden gewahr werden, daß es sehr zweifelhaft ist, ob er von Ulmen oder Pappeln, die zwar gesäet, aber nicht in Weinberge gesäet, sondern hinein gepflanzt zu werden pflegen, verstanden seyn will.

Zum andern pflegt man auch wohl den Weinberg auf doppelte Art zu gebrauchen, und in den Zwischenräumen zwischen den Reihen der Weinstöcke, etwas zu säen, um Gartengewächs zu ziehen. Hierdurch gewinnet man den Plaz, der sonst brach liegen würde: allein manche Haushälter sind dagegen, wollen, es werde dem Weinstok etwas entzogen, und seine Wurzeln stünden zugleich in Gefahr, beym Umgraben des Landes, das besser blos mit einer spitzigen Hacke locker gemacht würde, verlezt zu werden. Auf beyden Seiten sind Gründe, und es scheint bey der Entscheidung darauf etwas anzukommen, ob der Wein nur mittelmäßig, also der Vortheil des auf andere Weise genuzeten Erdreichs größer, — — oder ob der Wein die Hauptsache, und jener kleine Plazgewinnst gegen seine Veredlung nicht zu rechnen ist. Für Palästina ist der Wein, und zwar recht die edelsten und schönsten Gattungen von Wein, das Hauptgeschenk

R 2 der

---

*) Einige wollen Lucä 13, 6. von dem Ziehen der Weinstöcke an Bäumen erklären. Haben sie recht, so muß dies zu Christi Zeit in Palästina gewöhnlich, und von den Juden für erlaubt gehalten seyn. Allein die Stelle leidet auch eine andere Erklärung: ἀμπελών (Weinberg) kann in eben dem Umfange genommen werden, als das hebräische *Kerem*, und denn hätte der Feigenbaum nicht in einem Weinberge, sondern in einem Garten gestanden. Dies ist mir wahrscheinlicher, denn wenn der unfruchtbare Feigenbaum einem Weinstok zur Stüze gedient hätte, so wäre er doch nicht so ganz unnüz, und man konnte ihn nicht abhauen, ohne dem Weinstok Schaden zu thun: dies würde auch der Gärtner eingewandt haben.

der Natur, dem Kohl und Rüben nachstehen müßten, wenn ihre Gewinnung dem Wein auch nur etwas schadete. Wiederum, ob sie dies thun, weiß ich nicht: Leser, die in Weinländern wohnen, werden viel besser urtheilen können. Vielleicht sind einige so gütig, ihrem zu nördlich wohnenden Autor Belehrungen mitzutheilen: nur wünsche ich sie eigentlich von keinen andern, als die die besten Weingegenden kennen, z. B. Johannisberg, Hochheim, Tokay. Aus andern Gegenden, wo der Wein nicht die höchste Vollkommenheit erlangt hat, würden sie mir unentscheidend und gleichgültig seyn.

Diesmal wird ausdrüklich die Strafe der Vermischung, die in der andern Stelle 3 B. Mos. 19, 19. nicht erwähnt war, hinzugesezt: **damit du nicht alles heiligest, die Saat, die du säest, und die Erndte deines Kerem.** Die Meinung ist, wenn jemand wider das Gesez handelt, so ist beydes, so wohl die Weinlese selbst, als auch was er von andern Gartenfrüchten in den Weinberg gesäet hat, Gott verfallen, und was Gott verfallen ist, das bekommt der Priester. Indeß entstehet hier wieder ein neuer Zweifel, ob auch Moses wirklich von Weinbergen reden möchte, denn so hätte er ordentlich **Weinlese**, (Bazir, בציר) und nicht Erndte (Kazir, קציר) sagen müssen, wobey ich jedoch nicht leugne, daß auch Kazir bisweilen weitläufiger von Obst, auch wohl gar von Weinlese gebraucht wird, wiewohl sich bey den meisten für diesen weitläufigern Gebrauch angeführten Stellen noch was erinnern läßt.

Diese Strafe ist zwar, wie ich eben gesagt habe, dem andern Gesez 3 B. Mos. 19, 19. nicht ausdrüklich beygefüget: ich habe aber doch im vorigen §. angenommen, daß sie der Analogie nach auch bey dem mit zweyerley Saamen besäeten Acker eintrete, weil ohne Strafe jenes Gesez ganz unnüz, und nie in Uebung zu bringen gewesen seyn würde. Wenn einer mit Ochsen und Esel zugleich pflüget, so sieht man es, und kann sie ihm ausspannen: allein wer aus Faulheit oder Vorurtheil den

Saamen

Saamen sich nicht aussucht, sondern unrein säet, der thut es unbemerkt, und wird immer fortfahren es zu thun, wenn keine Strafe darauf stehet. Wäre aber gar 5 B. Mos. 22, 9. nicht vom Weinberge die Rede, sondern das Gesez mit 3 B. Mos. 19, 19. parallel, so hätte ich noch mehr Recht gehabt, §. 218. die Strafe des Verfalls auf den zweyerley Saamen zu setzen.

Juden haben das Inokuliren der Obstbäume für verboten ausgeben wollen. Dies sind aber bloße Erklärungen und Aufsätze der Aeltesten, von der Art, als sie Christus in seinen Predigten so oft mit Verachtung beschreibt: denn Moses verbietet das Inokuliren mit keinem Wort. Ob es zu seiner Zeit auch nur bekannt gewesen ist, kann kein Mensch sagen: die älteste Spur davon in der Bibel meyne ich Jes. 17, 10. (*) gefunden zu haben: Gesezt aber, die Erfindung wäre schon zu Mosis Zeit bekannt gewesen, so kann man doch ohne ein ausdrükliches Verbot nicht aus der bloßen Analogie annehmen, daß Moses eine so sehr nüzliche, und zur Gewinnung der besten Gattungen des Obstes wichtige Kunst misbilliget habe, da sonst seine Geseze so haushälterisch sind: war sie aber damals unbekannt, so ist es noch wunderlicher, seine Geseze auf eine nicht genannte, nicht unter dem allgemeinen Verbot begriffene, und noch nicht erfundene Vereblung des Obstes zu dähnen. Er verbot ja doch gewiß nicht alles, was von zweyerley Art war, nicht ein Haus von Holz und Stein, eine Wand von Stein und Kalk u. s. f.

§. 220.

(*) Schöne Bäume pflanzest du, und propfest sie mit fremden Reisern. Die Stelle aber ist noch sehr dunkel, und ungewiß, und mit entbehrlichen philologischen Untersuchungen will ich den Lesern des Mosaischen Rechts nicht beschwerlich fallen.

§. 220.

Verbot, Thiere von verschiedener Art zusammen zu laßen. Ochsen und Esel zusammen vor den Pflug zu spannen, und ein halbleinenes und halbwollenes Kleid zu tragen.

Ich komme nun zu einigen andern ähnlichen Verboten, von deren Absicht ich weniger sagen kann.

Erst sollen die Israeliten die Paarung von Thieren verschiedener Gattung nicht veranstalten: 3 B. Mos. 19, 19. Vielleicht war dies verboten, um ihnen einen desto grössern Abscheu vor der in südlichen Ländern so gewöhnlichen Schande mit Vieh einzuprägen, oder doch ihnen nie das Exempel einer solchen unnatürlichen Vermischung, auch da, wo sie ohne Moralität ist, zu geben. Doch scheint es nicht verboten gewesen zu seyn, Thiere, die aus einer solchen Vermischung entsprungen waren, zu haben und zu gebrauchen: wenigstens findet man seit Davids Zeit öfters den Maulesel als zum Reiten gebraucht erwähnt, und in der That wäre es nicht einmal vernünftig, ein mit den Worten: *du sollst nicht Vieh von zweyerley Gattungen zur Paarung zusammenlaßen*, gegebenes Gesez, auch auf den Gebrauch solcher Thiere auszudähnen, denn wie kann doch der Israelite, der Heerden in der Wüste hat, wißen, ob sein Hirtenhund ihm nicht eine halbe Fuchs- oder Wolfes-Art wirft?

Ochsen und Esel durfte man beym Pflügen nicht zusammen spannen: 5 B. Mos. 22, 10. Dies ist vermuthlich ein Ueberbleibsel der alten Hochachtung und Dankbarkeit gegen die Ochsen, und auch bey Thieren sollten sich die Israeliten nicht zum Undank und verächtlicher Begegnung gegen den beßer verdienten gewöhnen. Siehe §. 166. sonderlich S. 114. wo schon von diesem Gesez gehandelt ist.

Endlich durfte man auch nichts aus Leinen und Wolle zusammengeseztes, also wie wir es nennen würden,

keine

§. 220. *Heterogenea.*

keine halbwollenen oder halbleinenen Zeuge tragen. 3 B. Mos. 19, 19. 5 B. Mos. 22, 11. Es kann seyn, daß dies Gesez auch auf leinene Kleider gieng, die mit Wolle gestikt waren, und dies nimmt man zum Theil an: ich wills nicht leugnen, aber auch nicht als gewiß behaupten. Josephus (*) giebt eine ganz wahrscheinliche Ursache an, **dergleichen Kleidung sey blos den Priestern erlaubt:** denn dessen Kleider sollen Leinewand mit gefärbter Wolle bunt gestikt gewesen seyn. Auf die Art wäre dies ein Kleiderordnungs-Gesez, das dem gemeinen Israeliten verböte, sich über seinen Stand zu kleiden. Ich bin aber doch wirklich zweifelhaft, ob die Priester zu Mosis Zeit aus Leinen und Wolle zusammengesezte, oder auch nur leinene mit Wolle gestikte Kleider getragen haben. Zu Josephi Zeit muß es freilich geschehen seyn, denn er war selbst ein Priester, und mußte wohl wissen, wie ein priesterliches Kleid beschaffen war; allein von dieser Zeit gilt auf Mosis seine kein Schluß, und Moses, der die Kleidung der Priester so ausführlich beschreibt, redet blos von Leinewand, und nie von Wolle, denn wenn er im zweyten Buch Kap. 28, 5. gewiße Farben nennet, **Dunkelblau, Purpur, Kochenille,** so folgt ja gar nicht, daß dies Wolle seyn müsse, Leinewand nimmt diese Farbe auch an, sonderlich die bey den Hebräern unter dem Namen der Leinewand mit begriffene Baumwolle. Mir kommt es vor, daß nach Mosis Gesez die Kleidung der Priester eben so ungemischt mit Wolle seyn mußte, als anderer Israeliten ihre, nur daß gemeinen Israeliten erlaubt war Wolle zu tragen, der Priester hingegen keine andere als leinene Amtskleider tragen durfte. Gold war freilich darunter gearbeitet: allein Gold ist ja keine Wolle; und nur Wolle mit Leinen gemischt hat Moses verboten. —
— Ich will also lieber wegen der Absicht dieses lezten Gesetzes meine Unwissenheit bekennen.

(*) Antiqu. IV, Kap. 8. §. 11.

§. 221.

Früchte der Obstbäume in den ersten drey Jahren zu essen unerlaubt.

Die Früchte der gepflanzten Obstbäume durften in den drey ersten Jahren nicht gegessen, sondern mußten wie unrein, oder nach Mosis Ausdruk wie Vorhaut angesehen werden. 3 B. Mos. 19, 23. Der ökonomische Endzwek dieses Gesetzes ist in die Augen fallend. Jeder Gärtner lehrt uns, im ersten oder den ersten Jahren die Bäume nicht tragen zu lassen: sondern die Blüten abzubrechen: und sagt uns dabey, sie werden alsdenn desto besser bekommen, und künftig reichlicher tragen. Darf man ihre Frucht in den drey ersten Jahren nicht kosten, so wird man gern die Blüten abbrechen, und der Sohn wird dies vom Vater lernen: selbst der Ausdruk, wie Vorhaut ansehen, lehrt, sie abzubrechen: abzuschneiden will ich nicht sagen, weil man wohl ordentlich die Hand, und nicht das Messer gebrauchen wird.

§. 222.

Kleidungsgesetze.

Ausser dem, was kurz vorhin von halbleinenen Zeugen, und §. 211. vom Kleiderausfaz da gewesen ist, gehört zu den Kleidungsgesetzen noch 5 B. Mos. 22, 5. wo Frauenspersonen verboten wird, Mannskleider, und Mannspersonen weibliche Kleidung zu tragen. Der Endzwek dieses Verbots fällt in die Augen. Die Ehre eines unschuldigen Frauenzimmers kann in die größeste Gefahr kommen, wenn der Verführer sich in ein Frauenzimmer verkleidet, (so wie man wohl in London das Exempel gehabt hat, daß eine Mannsperson sich als Dienstmädchen in eine Boordingschool, darinn junge Frauenzimmer erzogen wurden, vermiethet hat, wovon die Folgen nach einigen Monaten sichtbar wurden:) und wenn eine wohlaussehende junge Mannsperson auch nur

zum

§. 222. **Kleidungsgesetze.**

zum Spiel als Frauenzimmer gekleidet ist, so kann dies in einem südlichern Klima, wo die unnatürlichen Laster so gewöhnlich sind, sehr üble Folgen haben, und die erste Veranlassung zur Knabenschande geben. Die Phantasie des Verführers wird durch die Kleidung aufgebracht, und von nun an stellet er dem nach, den er als Mädchen verkleidet gesehen hat. Gegen dies gefährliche Laster kann man in einem südlichen Lande kaum zu sorgfältig seyn.

Das bey Gelegenheit eines begangenen Verbrechens den Israeliten gegebene Gebot, an den vier Ecken eines großen Tuchs, so man statt eines Oberkleides gebrauchte und überhieng, vier Quäste zu tragen, um sich dabey künftig der Gebote Gottes zu erinnern 4 B. Mos. 15, 37—40. sollte wohl eigentlich weiter nichts, als Beschämung und Demüthigung der Israeliten seyn, denn Moses so oft sagt, daß sie ein sündiges Volk, gar nicht frömmer und heiliger, wie andere Menschen, sind, und manche bildliche Gesetze so einrichtet, daß sie gleichsam eine Anklage, oder, wie Paulus sagt, Erinnerung der Sünde sind. Trägt man täglich vier Quäste, so wird einem der Anblik so gewohnt werden, daß man sich dabey nichts erinnert, und gesündiget hat, ehe man an den Quast denkt: Moses müßte ein schlechter Kenner des menschlichen Herzens gewesen seyn, wenn ihm diese Anmerkung nicht beygefallen wäre. Allein einen solchen Quast zu tragen, ist doch Demüthigung. Wer etwan einen kleinen Quast tragen müßte, um sich des siebenten Gebots zu erinnern, vor dem würden wir unsere Uhr in Acht nehmen; denn wir würden glauben, er habe das Unglük, in diesem Punkt etwas vergeßlich zu seyn. —
— Dies Gesez hat also wohl mehr eine bildliche und theologische, als politische Absicht.

5 B. Mos. 6, 8. ist, so viel ich glaube, nicht eigentlich Gesez, sondern Ermahnung; wie es denn auch blos in einer Rede, die Moses an das Volk hält, vorkommt. Die Morgenländer haben viel mit Amuletten

zu thun. (eine Materie, die ich hier nicht ausführen kann, sondern in den hebräischen Antiquitäten bey §. 26. abzuhandeln pflege.) Diese Amulette bestehen zum Theil in Edelgesteinen oder andern Schmuk, zum Theil in gewissen Sprüchen, oder wohl gar in unverständlichen Zügen und Abacatabra, die auf Zettel geschrieben, oder in Leinewand gestikt sind. Dergleichen scheinen die Israeliten damals auf der Stirn und an der Hand getragen zu haben: und jezt haben sie noch die Muhammedaner. Wie oft findet man auf ihrer Brust ein Stükchen vom Koran, das sie schußfrey machen soll, oder vielmehr es wirklich thut: denn so viel weiß ich gewiß, daß noch kein Türke, der ein solches Blättchen getragen hat, in der Schlacht geblieben oder verwundet war, den einzigen Fall ausgenommen, den sie auch auszunehmen pflegen, wenn seine Todesstunde nach dem Rathschluß Gottes gekommen war. Es scheint, die Israeliten hatten zu Mosis Zeit bey diesen gestikten Phylacteriis nicht eben immer Aberglauben, (denn sonst hätte Moses sie ihnen vielleicht verboten, sondern trugen sie blos als Zierrathe, und der Mode nach.) Wenn nun Moses die Israeliten ermahnen will, das Andenken seines Gesetzes auf alle Weise zu erhalten, und sonderlich ihren Kindern einzuschärfen; so thut er allerley Vorschläge, unter andern den, wenn sie einen gestikten Zierrath auf Hand oder Stirn tragen wollen, so sollen sie nicht allerley unnützes, noch weniger etwas abergläubisches, sondern lieber Sprüche aus seinem Gesez sticken, die ihre Kinder bey der Gelegenheit lernen werden. Aendert sich aber die Mode, und trägt man kein solches gestiktes mehr, so ist auch der Israelite nicht weiter verpflichtet, gestikte Leinewand, oder Zettel, mit Sprüchen aus dem Gesez Mosis zu tragen, und daß die Juden noch jezt beym Gebet sie unter dem Namen Thefillin haben, ist Misverstand des Gesetzes. Eine weitere Ausführung hiervon, und den Beweis, daß die Worte Mosis nicht blos bildlich zu verstehen sind, kann ich hier nicht geben, sondern thue es, wie gesagt, in den Anti-

§. 223. Von Häusern.

quitáten: mit blos antiquarischen Untersuchungen ist den meisten Lesern des Mosaischen Rechts, die einen philosophischen Blik auf uralte Gesetze thun wollen, nicht viel gedienet.

§. 223.

Gesetze von Häusern.

Eben so verhält sichs mit der gleich neben der vorigen stehenden Ermahnung, Mosis Gesetze an die Pfosten der Hausthüre anzuschreiben. 5 B. Mos. 6, 9. Man pflegt noch jezt in Syrien und andern angränzenden Ländern über die Hausthüren Inschriften zu setzen, nicht, wie bey uns der gemeine Mann thut, einen Leberreim, sondern Stellen des Korans oder der besten Poeten, die man kennet: einige in Reisebeschreibungen angeführte sind wirklich sehr hübsch. Diese Gewohnheit muß nun alt, und schon zu Mosis Zeit gewesen seyn. Wenn er die Israeliten ermahnt, sein Gesez ihren Kindern bey aller Gelegenheit einzuschärfen, so thut er auch den Vorschlag: schreibe sie an die Thüre deiner Häuser, und an deine Stadtthore. Eigentliches Gesez ist dies wiederum nicht; und wenn der Israelit keine Inschrift über seiner Hausthür haben wollte, so brauchte er keine zu machen, sondern es wird nur in einer Ermahnungsrede als Exempel angeführt, wie man früh von Kindheit auf seinen Nachkommen die Gesetze einprägen könne. Bey uns, wo Bücher durch die Druckerey so sehr vervielfältiget werden, und in jedes Kindes Hand kommen können, würden auch dergleichen Vorschläge überflüßig seyn: allein man muß sich, wenn man Mose verstehen will, in eine Zeit stellen, da das Gesezbuch nur in weniger Reichen Hände kommen konnte.

Was aber nun aus 5 B. Mos. 22, 8. folget, ist nicht Ermahnung, sondern eigentliches Gesez: wann du ein neues Haus bauest, so mußt du dem Dach eine Brustwehr geben, um nicht, wenn jemand vom Dache herabfiele, Blutschulden

auf

auf dein Haus zu laden. Die flachen Dächer der Morgenländer, auf denen man sizt, spazieren geht, bisweilen gar in den Sommermonaten schläft, ja auf denen man bisweilen, wenn die Häuser gleiche Höhe haben, von Dach zu Dach über die ganze Stadt gehet, erfodern diese Sorgfalt, und sie ist auch jezt gewöhnlich: gegen den Hof zu pflegen sie eine etwas niedrigere, und nach der Straße hin eine beynahe brusthohe Mauer zu haben. Moses scheint zum voraus zu setzen, daß manche Häuser in dem Lande, das die Israeliten erobern sollen, noch keine Brustwehr auf den Dächern haben, und alsdenn verlangt er nicht, daß das alte Haus damit beschweret werden soll, denn es möchte sie vielleicht nicht tragen können; allein ein neues Haus darf kein Dach ohne Brustwehr haben: (recht so, wie man in dem ersten Drittheil dieses Jahrhunderts bey Abschaffung der Schindeldächer verfuhr; man duldete sie eine Zeitlang auf alten Häusern, die kein Ziegeldach tragen konnten, verbot sie aber schlechterdings bey neu angelegten Häusern.)

Die Geseze vom Häuseraussaz sind oben da gewesen: und sonst finde ich von Mose weiter nichts die Häuser betreffendes verordnet, so auch nicht zu verwundern ist, denn er gab seine Geseze in der Wüste, da die Israeliten noch in Gezelten wohneten.

§. 224.
Gränzstein nicht zu verrücken.

Gränzsteine dürfen nicht verrükt werden. Dies ist genug gesagt, und braucht keine Erklärung. Nur werden noch die Israeliten dabey erinnert, **Gott habe ihnen das Land gegeben**: die Gränzsteine sollen alle gewissermaßen dem Schenker heilig seyn. 5 B. Mos. 19, 14. Wirklich bey den Römern waren die Gränzsteine geheiliget. Sie können so leicht in der Stille verrükt, und dadurch der Nachbar unvermerkt um sein Eigenthum gebracht werden, daß es hier nöthig ist, die Religion und Scheu vor Gott mit zu Hülfe zu nehmen. Moses, der

§. 225. **Verstellungen des Leibes verbot.** 269

auf Gottes Befehl Gesetze giebt, thut es mit vorzüglichem Recht: allein auch ein anderer Gesetzgeber würde es ohne Religionsbetrug thun können, denn ein Unrecht ist es doch gewiß, das Gott strafen wird, und wer gewissenhaft ist, würde den durch seine Schuld verrükten Gränzstein wieder herstellen.

§. 225.

Gewisse Moden, den Leib selbst betreffen, z. B. ein Mahl am Leibe zu tragen, Haare und Bart auf Arabische Weise zu tragen, desgleichen gewisse Zeichen der Trauer, verboten.

Die Morgenländer pflegen sich mit der ein unauslöschliches Dunkelblau zurücklassenden Al-Henna allerley Figuren und Charaktere in die Haut zu brennen, bisweilen zum Zierrath, weil sie wirklich meynen, es läßt schön, ein anderes mal aus Aberglauben, einem Abgott zu Ehren, oder auch blos zum Andenken. Einige tragen diese eingebrannten Mähler öffentlich im Gesicht und auf den Händen, andere aber an Orten des Leibes, die unter der Kleidung bedekt sind, z. B. diejenigen, die das heilige Grab, oder andere heilige Oerter in Palästina besucht haben, pflegen das Denkmal davon auf dem Arm zu tragen. Die Sitte ist gewiß alt; doch davon in den Antiquitäten. Hier muß ich nur sagen, daß Moses sie, 3 B. Mos. 19, 22. verbietet, es ist ungewiß, ob überhaupt, oder nur bey der Trauer und zum Andenken eines Todten. Das erste ist mir wahrscheinlicher; und wenigstens verdiente diese wunderliche Verstellung des Leibes, wenn auch gleich die lächerliche Göttin der Mode sie für Schönheit erklärt, wohl überall verboten zu werden. Wenn sich die Mode ändert, kann man das Mahl nicht wieder ändern, und Völkern, die nicht eben so thöricht sind, ist man lächerlich. Daß man bisweilen in der Bibel Anspielunspielungen auf diese Mähler findet, ist hiergegen kein Einwurf: denn nicht zu gedenken, daß manches den Mosaischen Gesetzen widriges üblich geblieben, oder wieder in Uebung gekommen ist, so können ja auch Redensarten und Bilder von den Sitten benachbarter Völker hergenommen werden.

Ein paar Arabische Moden, Bart und Haare betreffend, werden 3 B. Mos. 19, 27. verboten. Gewisse Arabische Völker schoren sich einer Gottheit zu Ehren, die die Griechen mit dem Bacchus vergleichen, das Haupthaar rund, und die Locken oder Haare an den Schläfen ganz weg. (*) Daß dies Moses nicht leiden will, ist kein Wunder, denn die Mode war abgöttisch. — Den Knebelbart, auf den einige andere Orientalische Völker so viel halten, pflegen sich die Araber noch jetzt nach Herrn Niebuhrs Zeugniß entweder gar abzuschären, oder ihn doch nur sehr kurz zu tragen, (**) und davon heissen schon die Araber bey Jeremia, die mit abgeschnittenem Knebelbart. (***) Auch dies will Moses nicht haben, sondern verbietet, den Knebelbart (****)

zu

───────────────────────────

(*) Herodotus libr. III. c. 8.
(**) Beschreibung von Arabien, S. 68.
(***) Jerem. 8, 25. 25, 23.
(****) Wenn ich hier das Hebräische Peah (פאה) vom Knebelbart nehme, so gehe ich nicht blos von der hergebrachten Erklärung der Juden, sondern auch von mir selbst ab: denn bisher, und noch in der deutschen Uebersetzung des dritten Buchs Mose, war ich der gewöhnlichen Jüdischen Auslegung gefolget, welche die Winkel, die das über Rundung hervorgehende Haar, an den Schläfen, hinten am Kopf, und bey einigen Leuten vorn mitten über der Stirn, macht, verstehet, also dies Verbot, den Winkel zu verderben, mit dem vorigen, das Haupt rund zu schären, für einerley hält. Meine Gründe, die gewöhnliche Meinung zu verlassen, sind 1) weil Moses hier ausdrüklich den Bart nennet, das Peath deines Bartes sollst du nicht verschimpfen. Wer wird, ich will nicht sagen die Haare an den Schläfen, denn über die könnte einmal eine Barbir-Controvers entstehen, aber den Winkel

zu verderben, oder, wie wir sagen würden, zu verschimpfen, d. i. ihn abzuschären, oder doch kurz abzuschneiden. Vielleicht war auch hiermit ein Aberglaube verknüpft, den wir nicht wissen: wäre es aber auch das nicht, so ist nach Mosis Endzwecken, der die Israeliten von andern Völkern absondern will, (§. 37.) schon genug, daß die Araber den Knebelbart abschoren, oder kürzer trugen. Auch von den Arabern, die sonst mit den Israeliten so viel in Sitten ähnliches haben, und zum Theil von Abraham herkommen, sollen die Israeliten ein abgesondertes Volk bleiben: dazu konnte die Mode des Barts dienen, freilich bey uns nicht, aber wohl bey jenen Völkern, die so sehr viel auf ihren Bart halten, und denen er so wichtig ist.

Bey der Trauer über Todte wurden gewisse übertriebene den Leib verschimpfende Zeichen des Schmerzes verboten, z. B. sich Schnitte zu geben, und dergleichen mehr. 3 B. Mos. 19, 28. 5 B. Mos. 14, 1. (*)

Trauer-

---

kel, den die Haare bey einigen in der Mitte der Stirn machen, und die Haare hinten am Kopf, zum Bart rechnen?. 2) Weil wirklich das Wort im Syrischen den Knebelbart bedeutet. Ich will es mit Chaldäischen Buchstaben schreiben, weil keine Syrische vorhanden seyn möchten, פתגא. (Patho.) 3) Weil die Araber noch wirklich nach Herrn Niebuhrs Nachricht, der nichts von unserer Frage über das Hebräische wußte, die Sitte haben, von der Jeremias sie beschreibt, den Knebelbart kurz zu halten, oder gar abzuschären, und 4) Moses gerade hier das allgemeine Wort, verderben, oder verschimpfen gebraucht, so sich auf beyde Handlungen schickt. — — Aber so lebten ja die Juden, die ihren Knebelbart abnehmen, und dies auf guten Glauben der Rabbinen und Thalmuds thun, nicht nach dem Mosaischen Gesez! Das thun sie freilich nicht; allein ich habe gleich Anfangs gesagt, daß ich nicht vorhabe, ein Thalmudisches Recht zu schreiben, und den Thalmud gar nicht für eine authentische Auslegung des Gesezes Mosis gelten lasse.

(*) Ungeachtet dieses Verbots ist doch die Sache zu Jeremiä Zeit wieder gewöhnlich gewesen, der es Kap. 16, 6. als etwas ungewöhnliches ansieht, wenn man sich über die

Todten

Trauerkleider durfte man anlegen, wie man wollte, oder auch, wenn man nur nicht Hoherpriester ward, sein Kleid zum Zeichen der Trauer zerreissen, aber nie den Leib verschimpfen. Dies, sagt Moses, schicke sich für ein Volk nicht, das Gott zum Vater hat, und den Tod nicht für das allerhöchste Uebel ansiehet, sondern jenseits desselben noch ein anderes Leben erwartet. (*) Die besondern Gattungen der Trauer verlange ich hier nicht durchzugehen: sie sind ein Stük der Antiquitäten, und nicht der Rechtsgelehrsamkeit.

§. 226.

Von Gewicht, Maas, und Elle. Erstlich einige Anmerkungen überhaupt.

Wenn die Aufmerksamkeit der Leser bey einigen kleinern, uns allzuausländischen Polizeiverordnungen vielleicht ermüdet wäre, so könnte ich es ihnen nicht übel nehmen. Allein nun kommt wieder ein Künststük der gesezgebenden Klugheit, das sie schadlos halten kann.

An einerley unveränderlichem Gewicht, Elle, und Maas flüßiger und trokner Sachen, ist ungemein viel gelegen, nur ist es schwer, das Mittel zu erfinden, wie diese unveränderliche Gleichheit erhalten werden soll. Auch bleibt noch ein ander Pröbchen übrig, wie ein in der Handlung von den Nachbarn abhängiges, seine Waaren durch ihre Hand absetzendes und ausländische Waaren von ihnen nehmen müssendes Volk, sich verhalten, und ob ihm verboten seyn soll, nach anderer Elle, Maas und Gewicht, als nach seinen eigenen unveränderlichen zu handeln.

Wenn

Todten keine Schnitte giebt. Gewohnheit und Nachahmung anderer Völker war oft mächtiger, als das Gesez.
(*) 5 B. Mos. 14, 1. 2. Argumenta immortalitatis animorum ex Mose collecta, §. 14. (diese Dissertation steht im ersten Theil meines *Syntagma commentationum*, so in Vandenhoeks Verlag zu haben ist.)

Wenn ein Volk zu Anfang durchaus einerley Gewicht u. s. f. hat, so ändert sich doch dies mit der Zeit, und es wird unvermerkt verschieden, wenn man nicht sehr sorgfältig vorbeuget. Daß der Betrug es zu ändern suchen wird, versteht sich von selbst, wie auch, daß der lange gespielte Betrug endlich gleichsam durch Verjährung zum Recht wird, und denn wieder ein neuer Betrug seine Rolle zu spielen anfängt. Aber ich will nicht einmal von Betrug reden, sondern mir alle Menschen vollkommen ehrlich vorstellen; so wird doch der Maasstab der Dinge nicht einerley bleiben. Erstlich derselbe Maasstab, das Individuum desselben, das ich jezt habe, verändert sich mit der Zeit: das Gewicht verliert durch häufigen Gebrauch etwas, so gut, wie es unsere Münzen thun, und wir jezt ordentlich keinen vollwichtigen Louisd'or von Ludwig dem vierzehnten haben, sondern unter vollwichtig im strengsten Verstande genommen einen verstehen, der zwey Aesgen zu leicht ist. Maaße von troknen und flüßigen Dingen verändern durch allerley Zufälle etwas von ihrer Gestalt, werden unmerklich ein- oder ausgebogen, bekommen eine nicht im mathematischen Verstande regelmäßige Peripherie, eine kleine Rundung statt des akkuraten Winkels, eine unmerkliche Beule, und damit ist auch ihr Inhalt, sollte es auch nur um sehr wenig seyn, geändert; sie troknen zusammen, oder dähnen sich aus; ein klein Stükchen Holz gehet inwendig ab, und nun faßt das Maas schon etwas mehr hinein gemessenes: auch die Elle bleibt nicht ewig dieselbe Elle. Je weniger derjenige, der den Maasstab gebraucht, von Mathesi, und der Wichtigkeit dieser anscheinenden Kleinigkeiten versteht, desto größer und geschwinder ist die Veränderung, dadurch er sich oder andere betriegt.

Allein die Sache geht noch weiter. Nach dem vorigen Maasstab werden neue verfertiget. Vollkommen gleich werden sie nicht gerathen, nicht so, daß etwan Leibniz wegen des Principii indiscernibilium darüber Einsage befürchten dürfte: der Unterschied ist, wenn ein recht sorgfältiger kunstverständiger Meister die Kopie macht, unendlich klein, oder besser, unmerklich; schon aber größer, wenn er nicht recht weiß, wie genau hier verfahren werden muß. Und nun untersuche man die, die Ellen, Kannen, Oxhöfte, Anker, Scheffel, verfertigen, auch die nicht ausgenommen, die es bisweilen für eine ganze Gemeinheit oder Stadt thun, deren Obrigkeit nichts von der Mathesi weiß, um von ihrer ganz unglaublichen Unkunde überführt zu werden. Doch auch der unmerklichste Fehler wird mit der Zeit größer, und wenn etwan die zehntausendste oder hunderttausendste Kopie genommen ist, so beträgt der Unterschied schon etwas merkliches und beträchtliches. Der Augenschein in unserm Vaterlande kann uns hiervon überzeugen; wie verschieden sind Gewicht, Elle, und Maas in Deutschland? Wenn ich nur in meiner Nachbarschaft bleibe, Boventen, der nächste Flecken, hat sie anders, und sehr merklich anders, als Göttingen, weil Boventen Heßisch ist: denn bey den nach und nach ungleich gewordenen Maasstäben hat jedes Land einen, vielleicht auf gerathewohl oder nach seiner damaligen Gewohnheit wählen, und zum Gesezmäßigen machen müssen, der denn vom Maasstabe des nächsten deutschen Fürstenthums verschieden ist, und zu unzähligen Irrungen und Vervortheilungen Anlaß giebt. Allein auch in eben demselben Lande ist der Maasstab gewiß nicht einerley. Die Landesgesetze gebieten es wohl, allein wenn man von Stadt zu Stadt und Amt zu Amt gehet, so wird man doch vielleicht nur eine sehr schwankende Gleichheit finden, die schon für sich schädlich ist, aber der Unredlichkeit noch eine größere Thüre offen läßt.

Der Schade dieser schwankenden Ungewißheit ist groß, oft kann man keinen recht gewissen Kontrakt schließen, und fast immer bekommen wir alsdenn vom Kaufmann für unser Geld weniger, als wir bezahlen. Wir meynen wohl gar, uns einen großen Profit zu machen, weil wir wohlfeiler kaufen, und fahren gerade denn am übelsten, weil der Maasstab kleiner, und bey einerley Namen die Sache verschieden ist. Ein anderesmal verkaufen wir, und der Käufer hat einen grössern Maasstab, sonderlich der auswärtige Kaufmann, der das Land durchreiset, und da Waaren aufkauft, oder überhaupt der Kaufmann im Grossen, und denn leidet der Verkaufende den Schaden. Das Unrecht, der Betrug, und der Selbstbetrug, der hieraus entstehet, über den endlich Städte verarmen, und blühende Gewerke wegen des zu spät kenntlich gewordenen Schadens liegen bleiben, ist nicht alle zu beschreiben. In alten Zeiten, und da man noch nicht Münzen hatte, sondern das Silber nach dem Gewicht ausgab, (wie es überall in Mosis Büchern vorkommt,) mußte noch eine schlimmere Art der Vervortheilung oder des Selbstbetruges aus einem ungewissen und schwankenden Fuß der Gewichte entstehen. Man konnte, je nachdem das Gewicht war, mehr als das bedungene erpressen, oder weniger bekommen.

Die Folge hiervon ist: jedes Land sollte sehr sorgfältig von Kennern aufbewahrte, und aller Verfälschung entzogene Originale seiner Gewichte, Ellen, Scheffel, Eimer u. s. f. haben: ich sage mit Bedacht nicht blos, jede Stadt, denn so könnte die nächste Stadt schon von der andern verschiedene Maasstäbe bekommen, sondern das ganze Land muß irgendwo einen gemeinschaftlichen Maasstab aller Mensuren haben, nach dem alle andere rektificirt werden können. In England hat man den Vorschlag gethan, (ob er ausgeführt ist, weiß ich nicht, und kann mich jezt nicht darnach erkundigen) diese Originale sollten auf der Börse zu London mit einer ganz ausnehmenden Sorgfalt aufbewahret werden, und dies unter viel Schlößern, so daß immer mehrere bey der etwan zu einem wichtigen Gebrauch geschehenen Eröfnung dieses alten Heiligthums der ganzen Nation, gegenwärtig seyn müßten. (*)

Allein noch eins. Es mangelt uns gemeiniglich an Aufsehern der Gewichte, Ellen und Maaße, die zu diesem Amt tüchtig sind. Oft überläßt sie der Magistrat, der gar die Wichtigkeit der Sache, und was ein im kleinen begangener und fortgesezter Fehler für Folgen haben kann, nicht einsiehet, gar nicht aus Untreue, sondern aus Unkunde der Mathesis, niedrigen Unterbedienten: und wie viel Städte sind wohl in Deutschland, in denen auch nicht Eine Magistratsperson so viel Mathesin verstehet, als zu dieser Aufsicht nöthig ist?

§. 227.
Was Moses wegen Gewicht, Maas, und Elle für Anstalten trift.

Ehe ich noch sage, wie sich Moses bey diesem Problem der gesezgebenden Klugheit verhält, wird nüzlich seyn, etwas von den Egyptiern anzumerken, in deren Wissenschaften Moses erzogen ist.

Die mittelste Gattung ihrer Priester, die von der Kenntniß der hieroglyphischen Schrift *Hierogrammateus* hiessen, beschäftigte sich, wie mit andern Theilen der Gelehrsamkeit, also auch insonderheit mit der Kenntniß von Maas und Elle. Ich will blos Clemens von Alexandrien hiervon anführen, doch so, daß ich die ganze Stelle von dem Hierogrammateus hersetze: (*) hierauf folget der Hierogrammateus, der Federn auf dem Kopf, und in der Hand ein Buch und Lineal

---

stehet, ist 1758 in einem sehr lesenswürdigen Buch Essay upon Money and Coins in ein Licht gesetzt. Daß die gesezgebende Gewalt darauf reflektirt, und die Sache in ernstliche Ueberlegung genommen hat, sehe ich aus dem, was von der Parlamentsgeschichte im London-Magazine Junius 1759, S. 289. 290. 1760. Junius, S. 282. stehet: ich weiß aber nicht, ob wirklich eine Parlamentsakte darüber zu Stande gekommen ist.
(*) Stromatum libro VI, S. 757. der Orfordischen Ausgabe, nach andern S. 269 oder 633.

Lineal hat, nebst einem Gefäß, (*) darinn Dinte und das Rohr, damit sie schreiben, ist. Dieser muß die sogenannten Hieroglyphen, die Kosmographie, und Geographie, verstehen, ferner den Lauf der Sonne, des Mondes, und der fünf Planeten, insonderheit noch die Spezialgeographie Egyptens, und die Beschreibung des Nils. Auch muß er die Beschreibung der heiligen Gefäße, und der ihnen geheiligten Oerter, der Maaße, und dessen, was zu heiligen Handlungen gebraucht wird, inne haben. Hier ist nicht nur klar, daß diese Gattung von Priestern die Maaßen kennen mußten, sondern es entsteht auch die wahrscheinliche Vermuthung, daß Maas und Elle zu den Heiligthümern gehört haben, und den heiligen Originalien derselben ein gewisser geheiligter Ort, den nicht jeder wußte, angewiesen war. Damit käme auch überein, daß das Maas und Gewicht in den Büchern des egyptischen Merkurs, der bey ihnen Thoth hieß, genau beschrieben gewesen seyn sollen: eine solche Beschreibung ist durch bloße Worte ohne Modelle nicht möglich, allein die vornehmsten Bücher des Merkurs, oder wie der sel. Jablonski meint, der Gott Thoth selber, waren die heiligen mit hieroglyphischen Figuren beschriebenen Steine der Egyptier, (σῆλαι) die zum Theil in den geheimsten Zimmern des Heiligthums, und wohl gar in tiefen unterirdischen Gängen verborgen waren.

(*) Diese Worte, nebst einem Gefäß, mangeln zwar im Griechischen, die Sache selbst aber zeiget, daß sie ehedem da gestanden haben müssen, denn im Lineal wird die Dinte nicht gewesen seyn. Ich vermuthe, es sey noch etwas mehr weggefallen, und die ganze Stelle habe ohngefehr so gelautet: und an der Seite ein Gefäß, darinn Dinte und Rohr, damit sie schreiben, ist. So pflegen wenigstens die Gelehrten im Orient noch jetzt zu gehen, um sich dadurch als Gelehrte zu unterscheiden, und thaten es schon zu Ezechiels Zeiten. Siehe meines sel. Vaters Dissertation, *ritualia codicis sacris ex Corano illustrata*, §. 2.

§. 227. **Gewicht**,

Unter diesen Steinen möchten denn auch wohl einige das Original der Ellen, oder auch des Kubi gewesen seyn, der dem Maaß flüßiger und trokner Dinge gleich war.

Gesezgebende Klugheit ist hier: und wenn ich mir Mose noch als bloßen Menschen vorstellete, ohne an seine göttliche Sendung zu denken, so hätte er von den Egyptiern profitirt, aber sie zugleich sehr übertroffen, und redlicher gehandelt, als sie nach ihrer mit lauter Heimlichkeit und Priesterlist durchwebten Politik; denn ob er gleich den heiligen Stamm zu Wächtern der heiligen Originale sezte, und ihm die Pflicht auflegte, Maas, Gewicht und Elle mit mathematischer Genauigkeit kennen zu lernen, so machte er doch aus Dingen, die jeden intereßiren, kein Priestergeheimniß, sondern stellete einige Modelle von ihnen allen und jeden vor Augen, und beschrieb sie auch in seinen dem ganzen Volk übergebenden Büchern. Denke ich aber an ihn als einen Gesandten Gottes, so hat Gott selbst ihm befohlen, zu thun, was in diesem Stük schon ein kluges Volk aus eigenem Triebe gethan hatte, aber dies auf eine redlichere und offenere Weise, und dabey wirklich in höherer Vollkommenheit.

Also erstlich Elle, Maas, und Gewicht waren in der Hütte des Stifts auf mehr als einerlei Art, und zum Theil vor jedermanns Augen, der Nachwelt wenigstens auf viele Jahrhunderte aufbehalten. Einige von ihnen konnten zwar durch Gebrauch und Zeit eine Veränderung leiden: allein eben darum waren mehrere Maasstäbe, damit der entstehende Fehler des einen wieder durch den andern rektificirt werden könne, und einige waren im Heiligthum selber und der Veränderung weniger ausgesezt.

Man wird vielleicht in der Beschreibung des Stiftshüttenbaues mit einigem Ueberdruß sehr viel von Ellen gelesen haben; das uns nicht intereßirt; und hat etwan unter dem Lesen gedacht, warum ließ Moses dies nicht lieber aus? ich hätte es ihm wohl geschenkt. Der eine sucht unter diesen Ellenzahlen, um ihnen doch einigen Nutzen

Nutzen anzuweisen, allerley Vorbilder und Geheimniſſe: ſo wenig ich ſonſt das bildliche mancher Zerimonialgeſetze Moſis leugne, ſo komme ich doch diesmal nicht mit ihm überein, und kann nicht begreifen, was 10 Ellen Länge, 1 1/2. Ellen Breite, und eine halbe Elle Dicke, moraliſches oder dogmatiſch-geiſtliches bedeuten möchten. Ein anderer eben ſo kurzſichtiger wird darüber, daß ihm dieſe Dinge nicht nützlich ſind, ſo grämlich, daß er ganz tief in die Theologie hinein einen Schluß macht, ſie könnten nicht auf Gottes Befehl von Moſe geſchrieben ſeyn, weil ſie ihm nicht nutzen, und nicht erbaulich ſind: gerade als wenn Gott die Bibel blos für ihn ſchreiben laſſen müßte, (die Foderung thut man ſonſt nie an ein menſchliches Buch) oder als wenn in einem auf Gottes unmittelbaren Befehl geſchriebenen Buch nichts, das nicht moraliſch-erbaulich wäre, ſtehen könnte, und nicht die geoffenbarte Religion lehrte. Gott habe ſich herabgelaſſen, der bürgerliche Geſetzgeber des Iſraelitiſchen Volks zu werden. Gerade dieſe ſo öftere Beſtimmung der Ellenzahl war eins der wichtigſten Stücke für die Polizei der Iſraeliten, und verdient in Abſicht auf die geſetzgebende Klugheit Bewunderung.

Ich will von Elle, Maas, und Gewicht beſonders reden:

1) Die Elle war der Nachwelt am mannigfaltigſten beſtimmt. Von dem Vorhofe, und ſeinen Umhängen, (*) von den Tapeten, die über die Stiftshütte gedekt (**) waren, von den aus ziemlich unveränderlichem Holz beſtehenden Brettern, (***) von der Hütte des Stifts ſelbſt, die 30 Ellen lang und 10 breit war, von dem mit Kupfer überzogenen Brandopfer-Altar, (****) iſt die Ellenzahl angemerkt, und dies in einem Buch, das jeder Iſraelit leſen ſollte.

(*) 2 B. Moſ. 27, 8—19.
(**) 26, 1—13. (***) 26, 15. 16.
(****) 27, 1.

§. 227. **Gewicht,**

Es ist wahr, die Tapeten, und das der Luft ausgesezte Holz, wird Aenderungen gelitten haben, wiewohl vielleicht ein Fehler den andern korrigiren konnte: aber jeder gemeine zum Gottesdienst kommende Israelite konnte doch hier von der Elle ein mittelmäßig richtiges Augenmaas bekommen, allenfalls auch einiges noch genauer messen, und urtheilen, ob man zu seiner Zeit die alte Elle habe, oder nicht.

Schon weniger Veränderung war bey den im Heiligthum selbst befindlichen Urbildern der Elle zu besorgen. Der Schaubrodtisch, (*) der Räuchaltar, (**) und die Bundeslade, (***) waren nach allen Dimensionen angegeben. Auch diese waren von Acacienholz und nur mit Gold überzogen. Allein das unveränderlichste Original der Elle war der ganz güldene Deckel der Bundeslade, drittehalb Ellen lang und anderthalb Ellen breit. 2 B. Mos. 25, 17. Freilich dieser blieb im dunkeln Heiligthum, wenn nicht ein ganz seltener Fall ihn an das Licht brachte, z. B. bey einem Feldzuge. Allein eben desto unveränderlicher war er, und konnte, wenn es dereinst die Noth erforderte, nach vielen Jahrhunderten befragt werden, ob? und was für Irrthümer in die übrigen Muster der Elle eingeschlichen wären?

Ich gestehe es, daß endlich einmal eine Zeit kommen mußte, da alle diese Ellenmaaßen unbrauchbar wurden, denn nichts irdisches ist ewig. Aber vorher konnte man neue Ellenmaaße nach ihnen machen, und das ist auch wirklich geschehen. Als die Stiftshütte, nach der Leseart des gedrukten hebräischen Textes, 480, oder nach einer andern, die Paulus und Josephus zu ihrer Zeit in den in Palästina gewöhnlichen hebräischen Bibeln fanden, gar 592 Jahr alt war, und gewiß ziemlich morsch seyn mußte, fieng Salomon seinen Tempelbau an. Um die Zeit konnte man noch aus den

Ueber-

(*) 2 B. Mos. 24, 23.   (**) 30, 2.   (***) 25, 10.

Ueberbleibsel der Hütte des Stifts die Elle von Mosis Zeit wissen. Diese ward in den Tempel übertragen, und dies steinerne Gebäude, das noch weniger Veränderungen unterworfen ist, sonderlich in einem südlichen Lande, wo kein harter Frost die Steine aus einander treibt, wie es bey uns geschiehet, war 60 Ellen lang und 20 breit, und erhielt, andere Hülfsmittel, die Salomon angewandt haben mag, nicht einmal in Anschlag gebracht, bis auf die Zeit Nebukadnezars, der den Tempel zerstörte, die alte Mosaische Elle. Die vielen güldenen Geräthe des Tempels, das sogenannte äherne Meer, und die nach ihrer Höhe und Peripherie beschriebenen kupfernen Säulen Boas und Jachin thaten ein gleiches. Haben wir auch so alte und eben so authentisch bezeugte Denkmäler unserer Elle, wie sie vor 480, 592, oder (bis auf Nebukadnezar zu rechnen,) 903, 1015 Jahren war? (ich weiß es nicht, sondern ich frage nur, denn man wird mir nicht übel nehmen, vieles nicht zu wissen) und sind sie, dies frage ich wirklich nicht, sondern weiß das Gegentheil, in einem Buche angemerkt, das in allen Händen ist?

Aus dem, was ich blos in der Beschreibung des Baues der Stiftshütte finde, wo es nicht einmal nach seiner Absicht, einerley Elle zu erhalten, in die Augen fällt, vermuthe ich, daß Moses noch mehr gethan, und den Priestern andere eigentliche Modelle der Elle gegeben haben wird, die sie ordentlich gebrauchen, und wieder ein Original davon heilig aufbewahren sollten. Dies sagt er uns aber nicht: und wenn es auch geschehen ist, so sollten am Ende die in seinem Gesezbuch genannte Modelle dazu dienen, daß jene nie könnten aus Sorglosigkeit oder Betrug abgeändert werden, ohne daß die Abänderung der Nachwelt klar in die Augen fiele. Dies ist wirklich noch mehr, als was im Jahr Christi 1758 der Verfasser des schönen Buchs *Essay upon Money and Coins*, projektirte, und das Parlament in Ueberlegung nahm. Wenn es nach Mosis Projekt die Elle auf die Nachkunft assekuriren wolle, so mußte es von Mathematicis der Paulskirche noch einmal auf das genaueste ausmessen, über diese Ausmessung etwas authentisches ausfertigen, und in der deutlichsten begreiflichsten Schreibart ohne Umschweife in ein Buch setzen lassen, das jeder Engländer künftig eben so gut läse, als jeder Israelite wenigstens alle sieben Jahr einmal die Bücher Mosis vorlesen hörte, allenfalls in den Katechismum, oder Kalender, der nie ohne diesen Anhang von St. Pauls-Church gedrukt werden dürfte.

Hoffentlich sind nun schon meine Leser ziemlich mit den Ellen Mosis versöhnt: sie suchen nicht mehr in den Zahlen Vorbilder, sie machen auch aus den Ellen, an denen sie sich nicht eigentlich erbauen und moralisch bessern können, ferner keine Einwendungen gegen die göttliche Sendung Mosis, und die Inspiration seiner Bücher, oder man müßte sie mit dem in eine Klasse setzen, der gar nicht begreifen konnte, wozu der Wall an der Festung diente, da man doch klar auf ihm keinen Rocken oder Weitzen zöge, und sich deshalb nicht überreden konnte, so sehr es ihm auch andere versicherten, er sey nach einem vom Könige selbst entworfenen Riß verfertiget. Er ist, dabey blieb er, zum Kornfelde nicht tauglich, und kein Rocken oder Weitzen wächst, das kann von meinem allergnädigsten Könige nicht kommen.

2) Maaße für Korn und Wein (mensurae aridorum & fluidorum) waren bey den Hebräern mehr einerley an Gehalt, als bey uns: z. B. ihr Epha, oder Scheffel, und ihr Bath, (ein Maas für flüßige Dinge,) waren gleich groß.

Gewiß ist, daß Ein Modell von ihnen im Allerheiligsten war, und vor der Bundeslade stand. Einen Gomer voll Manna, der Gomer ist aber der zehnte Theil des Epha oder hebräischen Scheffels, mußte

Mose vor Gott niederlegen, und zwar, wie es scheint, war er nicht von Holz, sondern von Gold. 2 B. Mos. 16, 33. 36. Hebr. 9, 4. Solcher Maaße waren aber vermuthlich noch viel mehrere vorhanden, obgleich Moses nicht von allen den Gehalt in sein Buch eingetragen hat. Hierüber darf niemand böse seyn, der vorhin gegen die zu oft genannten Ellen Streit erhob: in der That war auch hier das Maas nicht in sein Buch gehörig, weil doch das Originalgefäß, so etwan von Gold war, nicht ohne zu verderben, oder in Gefahr zu kommen, daß es entwandt würde; jedem Israeliten vor Augen stehen konnte, wie die nach Ellenzahl bestimmte Stiftshütte.

Doch einige vermuthliche Beyspiele der Original-Maaße zu nennen, die in dem Verzeichniß, nach welchem die heiligen Geräthe den Priestern und Leviten übergeben wurden, (*) nach ihrem Inhalt werden beschrieben seyn: der Schaubrodttisch hatte theils güldene Kannen, darinn der Wein stand, und aus denen ausgeschenkt werden sollte, (מנקיות) theils kleinere Trinkgeräthe, in Gestalt unserer Taßen, u. s. f. gleichfalls von Gold. Denkt man bey Mose auch nicht einmal an den Gesandten Gottes, sondern blos an den Schüler der oben erwähnten egyptischen Weisheit, so würden diese doch wohl alle ihr sehr genau bestimmtes Maas gehabt haben. Eben das vermuthe ich von den Schalen des Brandopferaltars: auch mag wohl zum Backen der Schaubrodte, deren Mehl das Gesez nach Scheffelzahl bestimmet, ein Original-Epha im Heiligthum gewesen seyn. Vor der Stiftshütte stand das äherne Waschbecken. Vermuthlich wird in der genauern den Priestern übergebenen Beschreibung der Geräthe gestanden haben, wie viel Wasser in daßelbe gienge, so wohl wenn es ganz, als wenn es bis an einen gewissen Strich voll wäre: wie wirklich

---

(*) 4 B. Mos. 11.

§. 227. Gewicht,

lich in den historischen Büchern beyderley Inhalt des sogenannten ähernen Meers gemeldet ist. 1 Kön. 7, 26. 2 Chron. 4, 5.

3) Das Gewicht bestimmt Moses so: zwanzig Gera machen einen Seckel des Heiligthums, (*) dreytausend Seckel des Heiligthums machen Ein Kickar, (**) oder Talent. Allein damit wäre der Nachwelt noch nicht viel geholfen gewesen, denn sie müßte fragen: wie viel ist ein Gera? und wenn man sagte, der zwanzigste Theil des Seckels, so würde sie fragen, und was ist denn Seckel? Hieße es denn wieder, zwanzig Gera, so wäre sie in eben der Verlegenheit, in der sich der böse Geist befand, als er den rechtgläubigen Köler wegen seines Glaubens examinirte. Würde mit der Zeit der Seckel kleiner, so würde auch das Gera nach eben der Proportion abnehmen.

Aber auch hier war für Modelle gesorgt. Die fünfzig Bretter, aus denen die Wände der Stiftshütte zusammen gesezt waren, ruheten jedes auf zwey silbernen Untersätzen: jeder dieser hundert Untersätze war ein Talent schwer, 2 B. Mos. 38, 27. Hier hatte man also schon 100, Originale des Talents, und aus denen war nach späten Jahren noch immer der Seckel wieder zu finden. Wenn sie auch etwas durch das Abreiben verloren, so war dies doch nach Verhältniß nur wenig, dahingegen beym kleinern Gewicht, (Seckel und Gera,) das Abreiben schon mehr beträget. Der güldene Leuchter im Heiligen mit aller seiner Zubehör wog abermals ein Talent, 2 B. Mos. 25, 39.

und

(*) 2 B. Mos. 30, 13. 3 B. Mos. 27, 25. 4 B. Mos. 3, 47. 18, 16.

(**) Dies zeiget sich aus 2 B. Mos. 38, 25. 26. wo 301775 Seckel zu hundert Talenten und 1775 Seckeln gerechnet werden. Ein Gesez hat Moses wegen des Talents nicht gegeben, wie wegen des Gera und Seckels, vermuthlich, weil über das Talent kein Streit war, sondern jeder es zu 3000 Seckeln rechnete, dahingegen der eine Seckel mehr, und der andere weniger Gera halten mochte.

und ohne Zweifel war in dem Verzeichniß, darnach die Geräthe der Stiftshütte jedem zur Verwahrung übergeben wurden, noch genauer bestimmet, wie viel der güldene Leuchter für sich allein, wie viel jede güldene Lichtputze, oder was sonst dazu gehörete, ferner wie viel jedes güldene Geräthe des Schaubrodttisches, und der güldene Deckel der Bundeslade mit den Cherubinen wogen. Auf die Weise hatte man eine Mannigfaltigkeit von Originalen des Gewichts, und wenn an einen etwan dadurch, daß das Gold sich abrieb, eine kleine Verringerung entstand, so rectificirte das andere den Fehler wieder. — Auch das ist nicht zu vergessen, daß diese Originalien, deren einige gewiß in Jahrtausenden nicht durch das Abreiben verlieren konnten, weil sie so sehr heilig aufbewahret wurden, nicht von Eisen und Kupfer waren, welche Metalle durch Rost und Ansetzen des Grünspans mit der Zeit verlieren können, falls Feuchtigkeit oder gar Säure an sie käme, sondern von Silber und Gold, das der Näße und der gemeinen Säure trozt. An vorsäzliches diebisches Abschaben des Goldes war wohl nicht zu gedenken: der Gewinnst des Kirchenraubes wäre für reiche Leute, (und das waren doch die Priester) zu klein gewesen, und wenn man sie sich auch noch so irreligiös vorstellet, so würden sie sich doch für ein Quintchen Goldstaub nicht haben in Gefahr der Steinigung setzen wollen. Auch mußten sie die unter Handen habenden Stücke, wenn es gefodert ward, nach dem Gewichte wieder liefern, und selbst der Schauder vor der Heiligkeit des güldenen Modells schrekte jeden von allem Diebstal ab. So gut es also nur in der Welt möglich ist, war für ungeänderte und zuverläßige Modelle der Gewichte gesorget.

Aber nun noch die Aufseher über Maas und Gewicht! Dies waren, ohngefähr nach egyptischer Art die Priester und Leviten; denn diesen waren die Originale von Maas und Gewicht übergeben, und zwar jedes, Stük für Stük

einzelnen

einzelnen Personen, (*) daß sie also, wenn es gülden oder silbern war, auch nach dem Gewicht wieder zu liefern im Stande seyn mußten, und überdem hatte der ganze Stamm Levi seinen Unterhalt dafür, daß er sich den Wissenschaften widmen sollte. (§. 52.) Auch finden wir 1 Chron. 23, 29. ausdrüklich, daß David, da er jedem Leviten sein Departement anwieß, einige über Maas, Elle und Gewicht (**) bestellete.

Auf die Weise waren die Maasstäbe der Dinge wirklich geheiliget, und der Ausdruk Salomons in einem Sinn, an den man nur selten bey dem Lesen denkt, wahr: **richtige Wage ist Jehova heilig, und sein Werk sind alle Gewichte.** Sprichw. 16, 11. Allein dabey verbot Moses nirgends, ich wüßte mich wenigstens eines solchen Verbots nicht zu erinnern, sich eines fremden Maaßes und Gewichts zu bedienen: und wenn er so oft den heiligen Seckel nennet, auch 3 B. Mos. 27, 25. ausdrüklich sagt: **alle Schätzungen eines Gelübdes sollen nach dem heiligen Seckel geschehen,** so scheint es doch, als habe es einen andern Seckel gegeben, den er nicht verbot, aber nur wollte, alles, was in seinen Gesetzen von Taxationen, Strafen, u. s. f. stehe, solle von dem unveränderlichen Seckel des Heiligthums verstanden werden. Allerdings scheint es auch ausser diesem heiligen noch manchen auswärtigen, und denn noch einen durch spätere Gesetze bestätigten königlichen Seckel gegeben zu haben, (***) der überaus viel kleiner seyn mochte, als der Mosaische, und von dem ich an-

derwärts

───────────

(*) 4 B. Mos. 4. das ganze Kapitel. Aus V. 32. siehet man noch, daß die Geräthe der Hütte, so gar die von minderem Werth, den Leviten Stük für Stük, oder wie es eigentlich heißt, mit Namen, überliefert waren. Jedes einzelne Stük hatte also seinen Namen, ohngefähr wie nachher im Tempel die beyden Säulen Boas und Jachin.

(**) Buchstäblich, **über alle Eintheilung und Maas.** Eintheilung wird hier für allerley Mensuren gesetzt, und Luther hat die Stelle dem Sinne nach nicht übel, zu allem Gewicht und Maas.

(***) 2 Sam. 14, 26.

verwärts gehandelt habe. (*) Er mochte etwan so entstanden seyn: da es unverboten war, im gemeinen Leben nach anderm Gewicht zu handeln, so entstand endlich daraus ein viel kleinerer, aber schwankender Seckel, und um der Ungewißheit und Vervortheilung vorzubeugen, gaben die Könige durch ein Gesez diesem gemeinen Seckel eine genauere Bestimmung, so daß nunmehr zwischen Israeliten und Israeliten nur zwey Seckel erlaubt waren, der heilige und der königliche. Selbst Moses scheint, wenn er blos Geschichte erzählt, nicht immer seiner Elle zu folgen, z. Ex. im fünften Buch Kap. 3, 11. wo er den Sarg-Og, des Königs von Basan, als **neun Ellen**, nemlich solcher, die man nach dem Ellenbogen eines Mannes misset, lang, und vier breit, beschreibet, bey welcher Stelle ich die Anmerkung zur deutschen Bibelübersetzung nachzulesen bitte.

Freilich ist mehr als einerley Gewicht und Maas eine Unvollkommenheit der Polizei, und man möchte fragen, warum Moses nicht einen Schritt weiter gegangen sey, und alles andere Maas ausdrüklich verboten habe? Allein man muß hier die Umstände des israelitischen Volks bedenken, das selbst kein handelndes Volk seyn sollte, (S. 39.) folglich wegen der Handlung von andern abhängig war; von den Phöniziern wegen des See- und von den Arabern wegen des durch das israelitische Land durchgehenden Karavanenhandels. Ein solches Volk kann nicht ganz unterlassen, sich auch einer fremden Elle oder fremden Gewichts zu bedienen, wenn es nicht von dem fremden Kaufmann, in dessen Gewalt die ganze Handlung ist, übervortheilet werden will: nur muß es doch auch einen eigenen und unveränderlichen Maasstab haben, auf den es alle andere Maasstäbe reduziren kann; und billig sollte es den, wenn der Bürger mit Bürgern handelt, stets gebrauchen. Dies leztere kann freilich durch einen Misbrauch unterlassen, und auch unter

§. 227. Gewicht, Maas, und Elle.

Bürgern eine fremde Elle u. ſ. f. üblich werden: und ich glaube, daß eben ein ſolcher Misbrauch zu Feſtſetzung des vorhin erwähnten königlichen Seckels Anlaß gegeben hat. Doch andere halten den königlichen Seckel für einerley mit dem heiligen, und wenn man das annimmt, ſo fällt manches hier geſchriebene weg.

Daß Moſes richtige Wage, und richtiges Maas, Elle und Gewicht zu haben gebietet, verſtehet ſich von ſelbſt. Die Geſetze davon finden ſich 3 B. Moſ. 19, 35—37. und 5 B. Moſ. 25, 14—16. Wenn verboten wird, großen und kleinen Scheffel, großes und kleines Gewicht zu haben, ſo iſt wohl nicht die Meinung, daß man auſſer dem Seckel des Heiligthums keinen andern, etwan zum Handel mit Auswärtigen ihren Seckel haben dürfe, ſondern daß man nicht einerley Art von Gewicht doppelt habe, nach dem gröſſern einnehme, und nach dem kleinern ausgebe.

Es ſcheint, dieſe Geſetze ſind zu Moſis Zeit ziemlich heilig gehalten worden, weil er nicht einmal einer Strafe gedenkt, die auf die Uebertretung geſez: ſey, ſondern dies für genug hält: **wer ſolche Ungerechtigkeiten begehet, iſt Jehova deinem Gott ein Abſcheu.** Gerade der Umſtand, daß man Wage, Gewicht, Maas und Elle als etwas der Gottheit geheiligtes anſahe, konnte ein annoch redliches und religiöſes Volk vom Betruge, der ein Vergreifen am heiligen war, abhalten. In ſpätern Zeiten aber findet man viele Klage der Propheten über falſches Gewicht u. ſ. f. Vom Silbergelde, ſo nicht gemünzt, ſondern gewogen ward, iſt ſchon im 82ſten §. gehandelt.

www.ingramcontent.com/pod-product-compliance
Lightning Source LLC
Chambersburg PA
CBHW031338230426
43670CB00006B/367